20世纪史学名著丛书

中国古代社会新研 历史的剖面

李宗侗 著

中国文史出版社

图书在版编目（CIP）数据

中国古代社会新研；历史的剖面 / 李宗侗著 . 北京：中国文史出版社，2024. 12. ——（20世纪史学名著丛书）.

—— ISBN 978-7-5205-5195-3

Ⅰ . K220.7

中国国家版本馆 CIP 数据核字第 2025WG1248 号

出 品 人：彭远国
责任编辑：秦千里　詹红旗

出版发行：中国文史出版社
社　　址：北京市海淀区西八里庄路 69 号院　邮编：100142
电　　话：010-81136606　81136602　81136603（发行部）
传　　真：010-81136655
印　　装：廊坊市海涛印刷有限公司
经　　销：全国新华书店
开　　本：16 开
印　　张：16.75
字　　数：278 千字
版　　次：2025 年 3 月北京第 1 版
印　　次：2025 年 3 月第 1 次印刷
定　　价：58.00 元

出版说明

　　李宗侗（1895—1974），字玄伯，河北高阳人。是我国第一位兼跨古代史与文化人类学的著名历史学家。出身于晚清世家大族，为名臣李鸿藻之孙、南皮张之万外孙。早年随叔父李石曾留学法国，毕业于巴黎大学。1924 年执教于北京大学、中法大学。1926—1933 年，任故宫博物院秘书长，参与故宫文物清理和接收。抗日战争期间，护送故宫文物南迁宁沪和重庆。1948 年，故宫文物迁台，参与清点整理。后任台湾大学历史系教授。逯耀东、许倬云、李敖等都曾是其弟子。著有《中国古代社会新研》《中国史学史》《历史的剖面》《李宗侗自传》等。

　　其弟子许绰云道：

　　　　先师一生治学，上探古史，下及近代，于中国古代社会、晚清历史、中国史学史，以致说部，均有专门之研究。于中国史学史，晚年钻研尤多，成一家之言。

　　　　于中国古代文化及社会发展，先师实为采用人类学研究方法之肇始者，是以在古史隐微处，能多所发明。

　　　　于清代史实，先师以世家子弟，多闻博识，能道人所未能道，对清代文献之熟谙及运用，恒有独到之处。

　　《中国古代社会新研》初刊于 1938 年。作者借鉴文化人类学知识印证传统经说，将希腊、罗马古邦与东周列国时的中国社会加以比较，解释中国上古时期的祀火事迹、昭穆更替、亲属称谓、宗教信仰等问题，以证明二者属于人类进化史的同一阶段；同时用图腾制度的各种遗痕来证明中国史前时代曾有过图腾社会，再进而与现代初民的图腾制度相比较，以证明他们亦属于人类进化史的同另一阶段。该书为中国古史研究新辟蹊径，获得顾颉刚、徐旭生、齐思和等史学名家的高度评价。

　　《历史的剖面》成书于 1965 年，"搜集旧文"而成，收录《古史问题的唯一解决方法》《读水浒记》《校印〈筹办夷务始末〉后记》《曹雪芹家世新考》等文章。

序 言

许倬云

　　先师高阳李玄伯先生（讳宗侗），是我国第一位兼跨古代史与文化人类学的学者。他十八岁负笈法国，入里昂大学读书，又在巴黎大学深造。1924 年返国执教于北京大学及中法大学，当时法国的古史专家古朗士，将民俗学知识引用于希腊古代史，获得丰硕成果。玄伯师借用这一种研究方法，探讨中国古代文化的一些现象，为中国古史研究新辟了蹊径，例如他从寒食易火的风俗，与古人崇拜"火"的观念中，取得民俗信仰的新解。

　　玄伯师的另一贡献，则是对于古代姓氏字源的研究。当时的民族学，于"图腾"一词，极多解释。玄伯师虽然也用图腾观念，考察"姓"的本质，他实际着力之处，则是古文字学、语音学与古代地理各方面的综合整理。根据古代族姓分合，得到合理的解释。在这一工作的另一层面，则是"姓"与"氏"的结构与相应的功能，玄伯师在这一重要课题，厘清了不少自古相传的误解，同时，他对性、姓、命、祖、祖之所自出等名词的阐释，都有精辟的见解，为这些抽象的名词找到了古代的原义。

　　玄伯师对于古代国家的性质，先是受古朗士希腊城邦研究的启示，提出了相应的理论，后来则从大量古代文献中的资料，抽绎中国古代国家的演变过程。

　　古代史是玄伯师早期研究工作的重点，除古代史以外，他在中国史学史的领域也有着全盘的考察，将各种历史的体例及其演变，理清了其特质与来龙去脉。他的《中国史学史》，纲举目张，对于中国各种史籍的特质与演变的谱系，均有交代，至今我们还未有更为完整的著作足以取代他的大作。

　　玄伯师是名门之后，他的祖父是同光间的名臣李鸿藻，帝师宰相，一时人望。家学渊源，于晚清历史，见闻渊博，是以玄伯师研究清史，常有一般学者未能想到的观点。他家藏资料十分宏富，在治史的同时，也常常兼论一些珍本典籍的传承，毋宁说在版本学的领域，也有不少贡献。

高阳相国是北方士大夫的领袖，政治立场比较保守；李鸿章则是洋务运动的领袖。高阳合肥，虽不同气，但是，玄伯师对李鸿章主持中俄交涉的过程，有极为细密的研究，其论人论事，一秉史家的公正，并不因先人的爱憎而有偏颇。

玄伯师于 1926 至 1933 年担任北平故宫博物院的秘书长，当时接收清宫文物，一切皆属创举，并无前例可循。玄伯师尽心尽力，规划博物馆体制，巨细靡遗。那时北方的国民党领袖李石曾是玄伯师的叔父，与另一领袖张人杰之间，颇有权力之争。由此而与故宫盗宝案的冤案，玄伯师受池鱼之殃，因此离开故宫。这一冤案，凡知道当时情形者，都为玄伯师抱屈。然而玄伯师从未为自己辩白。数十年后，我们在玄伯师课后侍座时，有同学请问此事始末，先师还是淡然一句："事已过去，也不必再论那些人的是非了。"故宫文物南迁，先师任上，已经着手。这一宝藏能够未经劫难，先师于有功焉。1948 年，故宫文物迁运台湾，先师又协助清点整理，设立"故宫博物院"，安顿国宝。其间玄伯师、李济之师二人均出力不少。在先师遗著中，亦有论述故宫的文章，玄伯师行文叙事，却未有丝毫谈到自己的劳苦，也未对于昔日冤案有所辩白。玄伯师为人忠厚宽容，于儒家恕道，身体力行，数十年如一日，至堪钦佩！

玄伯师另有一事，鲜为人知。七七抗战前夕，北平已风声鹤唳，当时北平图书馆决定将庋藏珍本南运上海，这批图书到沪后即寄存在玄伯师法租界住宅的车库内。抗战时，上海已成孤岛，即使租界也难以久峙，政府遂决定将这批珍本运送美国。当时负责押运北馆图书的钱存训先生，会同潜往敌后处理此事的蒋慰堂先生，遂将这批图书交外轮运送美国寄存国会图书馆。二次大战结束，内战又起，北馆图书仍存美国，在台湾稍为安定后，北馆珍本才运到台北，寄放在"中央图书馆"。我记得，玄伯师与慰堂先生在闻知北馆图书即将运回之时，两老四手紧握，感慨系之。参预此事的学界人士，今日已只有钱先生了！玄伯师保护国宝之功，也当记在此处，使这段历史，不至湮没。

我从台大二年级，即在先师指导下学习中国上古史，三年本科，三年硕士班，均承先师耳提面命、督责教导，有时为了额外指导，先师还派自用三轮车，接我到寓所加班讲课；大学毕业，先师努力张罗，想送我去法国读书，同时又与沈师刚伯先生，说服"教育部"，在台大设立文科研究所，使得在台修读硕士课程。两事同时进行，而文科研究所事，很快即已核定，我遂得留在台大，继续于先师指导下读书。那三年的时光，是我一生学习生涯中，十分怀念的一段岁月。我终身以中国上古史为专业，前后教导我的老师，都对我有一定的影响，其中从玄伯师的时间最长，负恩也最深。今日我也已七十七岁，但那一段师生情谊，大小事项，仍一一如在目前。师恩深重，难以回报，唯有将跟随先师耳濡目染的做人问学原则，也转授于自己的学生。

此时我已将玄伯师著作尽量收集成帙，至今除少数几篇先师早年有关小说考订的论文外，几乎收齐了。今幸得中华书局同意出版著作集，以往先师研究心得影为文集，当可方便学者，从先师研究的成果里，撷取智慧。我忝列先师门下，受恩最深最久，特借此机缘，介绍先师的贡献，愿国内学术界，有人从先师遗作中，也有如我一样的机会。

门下受业　许倬云　述

目　录

中国古代社会新研

蔡元培序

历史的材料，以有文字而后为限断；过此则有资于史前学及考古学。但史前学之所得，又往往零星断烂，不能为独立的说明；乃有资于旁证的民族学。自民族学发展而现在未开化人物质方面与文化方面的种种事实，乃正与开化人有史以前的事实以证明；所以史学的范围比前扩大了。

吾国号称有五千年历史；但较为明备的，不过二千六百余年，即自《春秋》所记鲁隐公元年之事以至现在。至于二千六百年以前的史事，大都不易了解；非以史前学考古学之所得为补充而以民族学之所叙为比证不可。

李君玄伯夙究心于此；读法国古朗士之《古代希腊罗马社会》而好之，译成国语，以飨学者。于序文中拟撮举吾国古代社会状况以与希腊罗马对照；而文字綦繁，不能冠于译本之上；乃别加整理而勒为《中国古代社会新研》的专著。专著凡三册，第一册仍为《希腊罗马古代社会序》，分为《家的通论》至《中国与希腊罗马古代相同制度表》之十章。其第二册及第三册，则为《中国图腾制度及政权的逐渐集中》一问题之详研；第二册偏于中国曾有图腾制度之证明；而第三册偏于政权逐渐集中的解释。承著者以初稿见示，特举其最精当的各点如下：

一、中国有图腾制。我们读《说文解字》，羌字下有"南方蛮闽从虫，北方狄从犬，东方貉从豸，西方羌从羊，此六种也"等语，总疑是异族相轻的习气。读"天命玄鸟，降而生商"的诗句，强以燕至的季候为解。著者证明吾国有图腾制的经历，上述各条均易解说；而姓氏与大小宗的由来，均洞悉源流了。

二、中国祀火的事迹。我们读《论语》钻燧改火的明文，与《周官》司爟的政令，不过认为周代的习惯罢了。寒食新火，且以介之推之死为傅会，著者证明吾国曾有祀火之典，与希腊罗马印度相同；而且木主的代表，社神的普及，方明的位置，均为祀火的演变；可谓发千载之覆。

三、中国曾有母系制。我们读《吕览》"知母而不知有父"的记录，《商颂》《周颂》之推原于有娀与姜嫄与姓之从女等等，素认为可疑。著者以中国曾行母系制释之，就无可疑了。

四、昭穆的更迭。昭穆之制，不能以孙可为王父尸，子不可为父尸之别嫌为解；而兄终弟及时期，尤滋聚讼。著者以民族学中所屡载之婚级释之，其义乃明。

五、尧舜的荐贤。尧舜的禅让，儒者传为美谈，孟子且以尧荐舜于天，舜荐禹于天缘饰之。著者以非洲民族杀耄君的典礼与埃及塞德典礼相对比，而唐虞往事，遂无复有艳称的价值。

其他新颖的发见，明通的考订，足以祛疑惑者尚多；不胜枚举，举此五事以介绍于读者。

蔡元培

一九三九年七月十五日

初稿自序

这是近几年我所写中国古代社会研究的两篇文章，现集为一编来请教于研究这问题的诸位。我平素对学术研究赞成矜慎态度，不肯轻易发表文字，但这书的提早印行有种理由：书中如主即火，图腾即姓，这些问题尚未为人提出讨论，而图腾问题的广泛，不只关于中国古史，且与人类史全体有极重要关系，我觉得实有提出供同志研究的必要，所以将这两篇提早印出。所用方法虽深信其不错，所行方向虽亦知其不误，但其中须补充改正之处尚多，所以名曰初稿，以示不敢作为定论之意。

《希腊罗马古代社会研究序》写于民国廿四年，内包括独立的文字十篇，当时虽因译古朗士书而作序，但目的系用希腊意大利诸古邦的制度与东周列国的组织相比较、观察，事实等于专篇的研究而非纯粹简单的序。彼时已稍微窥见些图腾消息，如《释生姓性旌及其他》篇内所论者。稍后对这问题研讨愈深邃，愈觉其广泛，遂有《中国古代图腾制度及政权的逐渐集中》之写作。其上篇及下篇之一部分成于民国廿五年，曾求正于友人徐旭生先生。厥后以国难日亟，古史研究之远于救亡工作也，则又中辍，而专从事于翻译欧战联军总司令福煦（Foch）上将之《军事回忆录》，藉能借镜彼邦，助我抗战。今年始有余暇再对图腾问题加以研索，完成下篇，更对上篇增改多处。

方写《希腊罗马古代社会研究序》时，我深感中西古邦制之相同，因而疑中国古民族与亚利安系各族之同源。但现在意见与此略有不同。中西古邦制只系人类进化的相等阶段，而不必由于种族之相同。其中只有少些使人怀疑中国古民族与亚利安系各族最古不无相当关系。如父与Pater之在语言上、社会上皆相同，已详于《释主》篇中。此外更有火与拉丁文之Focus。Focus者，拉丁文所以称圣火也。中国古音，火当读近佛，略如法语之Feu（火），现在广东陕西语所读仍如是。Focus之重音原在Foc，由Focus而变为火之古者，亦如拉丁语Focus之变为法语之Feu，失其尾音而已。在古代社会制度上，父及火皆甚重要，而中国古语又与拉丁语对此极相似，虽不能以此证中国古民族与亚利安系各族之同源，但对两族在史前时代相居邻接，文化上互有影响，仍不无可信之处，中西交互，似不只始于有史时代矣。

在《大宗与小宗》篇内曾论及商代兄弟权利平等，当时曾作两种假设，一种则商代社会尚在长子集权以前，一种则已进入长子集权以后。方写彼文时，颇倾向后一种。但后愈深研这问题，由各种证据证明商代社会方入于父系者，方实行弟兄共权，政权尚未集中于长支，虽然在末代已有这倾向。反觉第一种假设为近。所以《中国古代图腾制度及政权的逐渐集中》篇内论及弟兄共权时，意见与《大宗与小宗》篇者不同。这亦应当特别声明者。

总起来说，这两篇的主要用意，是在一面用希罗古邦与东周列国的社会相比较，以证明他们属于人类进化史的同一阶段；另一面用图腾制度的各种遗痕以证明中国史前时代曾有过图腾社会，再进而与现代初民的图腾制度相比较，以证明他们亦属于人类进化史的同另一阶段。因为吾人深知中国有史时代的各种现象皆是史前时代的演变，所以能说宗法社会亦出自图腾社会。希腊意大利诸古邦即曾有过宗法社会，其前亦当有过图腾社会，这假设似极近理。有些欧美民族学家所谓亚洲大部分及亚利安系大多数民族皆无图腾制度，而图腾制度乃美、澳、非三洲人的特别产品，因此亦完全非实矣。于是图腾社会遂变为大多数人类进化必经之阶段。

研究目的如此，这两篇自然只能达到极微少的一小部分，但我相信方向是不错的。

一九三八年七月李玄伯

方写这书时，曾将稿之大部分求正于徐旭生先生，极蒙其鼓励。既写成后，更求正于蔡子民世丈及张凤举先生，亦深蒙赞赏。子民世丈并为之作序，凤举先生更允为刊行。斯编之能问世者，皆师友之力，特识之以铭永感不忘。

一九三九年十二月玄伯再识

此书初刊，方在抗战，沪渝隔壅，虽流布未周，然至前年早已绝版。读者不克寻觅，常以为言。而钱默存先生，当代大师，对之亦有嗜痂之癖，屡怂恿其再刊。更与郑西谛先生介绍于开明书店，而周予同先生且自为雠校。良朋益我，感拜无涯，特向诸先生及开明诸君，致其谢意。

一九四八年六月朔玄伯识

希腊罗马古代社会研究序

古朗士（Fustel de Coulange）是法国一位著名历史家。他的研究方法，简质确实，文章亦能删除陈言，明了易解。他是史学界所谓古朗士学派的创始人。他的著作，除若干篇历史研究外，《法兰西古代政治制度史》及《希腊罗马古代社会研究》，皆是极有名的著作。后一书原名《古邦》（Cité Antique），在世界大战前版本上，古邦二字之下注有"希腊罗马古代社会研究"小字。兹为容易明了起见，采用他作译本的名称。这部书在全世界常为研究古代希罗学者所引用，在法国为中学生所共习，成为参考必需的书。在古朗士以前，欧人对于希罗古代常多误解，因此常想将古代制度复兴于当世。这亦如我国读书人误信尧舜的揖让雍容，误解周代制度，每想复行古制一样。古朗士始说明古代制度，皆生自当时的社会。古代社会既不能复活，由古代社会而生的制度，当然亦不能复兴。并且古代所谓民政，所谓自由，皆有彼时的解释，其事实亦与现代所谓民政，所谓自由不相似。若只看字面，就想将他搬到现在，不但不能实现，并且害及现代真正的民政及自由。总括起来说一句话，可以说古朗士始将希罗古代的真相还给希罗。

我从民国十三年间，就相信研究中国古代历史，须多用古器物为证明，可以说是考古学方法（见《解决古史的唯一方法》，《现代评论》及《古史辨》第一册）。近来赖友人傅孟真、李济之、徐旭生、董彦堂诸先生的努力发掘，考古学给古史的成绩斐然可观，使我这摇旗呐喊的小卒既非常钦佩，亦非常惭愧自己的毫无贡献。但近几年来，我觉着另外有两种方法，亦应同时并用，或者对古史的贡献更能增加。这两种方法，一种是社会学的方法，一种是比较古史学的方法。社会学虽是一种比较新创的科学，但对现代原始社会的观察，已经颇有可观。人类种族虽有不同，进化的途径似乎并不殊异。现代原始社会不过人类在进化大路上步行稍落后者。他们现在所达到进化大路的地段，就是我们步行稍前的民族的祖先，在若干千万年前，亦曾经过的地段。我们研究他们的现在史，颇可说明我们的古代史。现在欧美学者，对澳洲、美洲土著人的研究，已能使我们利用他，对我国古史有所说明（见下边《释生姓性旌及其他》篇）。我国广东、广西、云南、贵州、四川、湖南各省皆有苗傜侗僮倮僇各种人。若有人能亲身到以上各省，做一种切实的研究，于古史有裨益，自然更应当有成绩，一面更能多解决古史上若干问题，一面对原始社会研究全体可以有贡献，对此亦极盼国内学者的努力。

另一种是比较古史学的方法。人类制度愈进化愈繁复，愈古愈简单亦愈相似。所以研究近代史用比较方法难，研究古代史用比较方法易。譬如埃及古代有象形文字，巴比伦古代有楔形文字，与我国古代象形文字何者相同，何者互异，皆应当有切实的研究比较。以至于各种典章制度莫不皆然。如是不只对我国古史可以有所说明，或者亦可对东西民族、东西文化同源异源的问题有所解决。观序中后边所论列，当可知这种比较方法的成功。

希腊纪年的确实时代始自第一次欧灵庇亚节，即纪元前七七六年，较西周共和元年为后。罗马建城相传在纪元前七五四年。这些皆在西周东周之交。但希腊及意大利各处的邦制皆更远古。雅典末王苟德鲁斯（Codrus）相传在纪元前十一世纪，约在西周成康之际，雅典王政自然更前于此。

古朗士所欲研究者，起自纪元前十五世纪，乃至二十世纪。是为古代邦制度初创时代。自然那时的事，无从考究真确年月，只能忖度约略的时代。厥后邦制度愈为兴盛。至纪元前四五世纪时，已渐衰微。至纪元前后，经思想的变迁，经罗马的残毁，遂渐渐澌灭。再加以基督教的发展，遂更使古邦制度无踪可寻。古朗士的研究亦终止于彼时。

古朗士是一位极慎重的考证历史家，对书中所引古书莫不注明原书篇章号数。我现在把这些注皆删去，只将引用符号＂＂仍旧留存，表示这是引用古著作原句而非综括的字句。我以为要想检阅古代著作原书者，必已通晓希腊文或拉丁文，亦必至少能读英法德文中的一种。那么，自有带注的法文原书或英德文的译本可供翻阅。我说明这点以免读者疑心古朗士所说皆无出处，其实恰与相反。

至于神名、地名、人名，原书并未注明。这皆是欧人攻古代史者所深习，故亦无这种必要。但在我国，我觉着应当注出，以免读者研究费力。并且在人的时代上，可以看出制度变迁的迟早。所以我对古人生卒年，凡可能者莫不注出。

凡人名后括弧中，前者系生年，后者系卒年。凡注明纪元前者系在纪元前，否则在纪元后。凡生卒年不能确知者，则写明约在何年。书中所引人名，有只见于古代某书一次，无法详细知道他的其他故事者，亦如长沮之只见于《论语》一样。如是者则无从更注，故亦从略。书后附有注的索隐，以便使读者检阅。

这篇序的目的，在研究希、罗与中国古代制度的相同。其中最重要的莫过"祀火"典礼。两三千年以来从未被学者说到的谜，居然被我发现，解释清楚。其余各种制度，同似的亦甚多，兹将篇幅较长者列成专篇（三至八），其余皆总述在《家的通论》及《邦的通论》两篇内。家及邦的详细情形，皆见书中各卷，不必再赘叙。这两篇内，不过希罗与中国古代家及邦相同各节而已。

一　家的通论

祀祖制度的起始，当然极为古远。杜尔干（Durkheim）谓较进化的原始社会不说人民出自图腾，而说出自代表图腾的始祖。始祖与图腾，实在还是一个。由此可见祀祖不过祀图腾的接续。希罗古代祀祖以火为代表。这种制度在我国极古时代亦曾有，"主"字及各种典礼皆可证明。《释主》篇专说他，现在不赘。

由祭祀而生出主持祭祀人的重要。这个家长，在希腊文、拉丁文、印度文皆称为 Pater，三种文字相同，足证这个字是亚利安民族最早的字，在希罗人、印度人未离中央亚细亚以前，久已通用。他的古老想必亦如"祀火"典礼。我国古代"父"字，亦用以称呼家长。所以《说文解字》又部说：父，家长率教者。太公望亦称尚父，就因为他是族长。春秋时宋尚有乐父、皇父、华父、孔父，皆是族长；孔父的世系尤足为证。宋厉公弟弗父何生宋父周，周生世子胜，胜生正考父，正考父生孔父嘉。除世子胜外皆称父，可见族长称父乃当时的通俗，并不限于宗的始祖。世子胜不称父，因为他卒在他的父亲以前，尚未代宋父为家长也。古无轻唇音，且鱼虞模同韵，父字音亦与 Pater 的首音相同。父字金文中多作 ﾖ，表示手奉火之形，尤能说明家长祀火的职位。在希、罗、印中古代的家长皆称"父"，亦是一件极可注意的事。我疑心父同 Pater 就是一个字。我久已疑心中国最古语并非单音。后来第一步变化，轻音渐渐失落，重音仍旧保存。于是变成现在广东话的样子，重音后间或仍留尾音。第二步变化，尾音亦失落，再变为普通话，这就是外国人所名为单音者。一种语言变作旁的一种语言时，轻音或多或少的失落是一种普通现象，拉丁文变法文就是一个例。Pater 的重音"爸"，在父字里保存，轻音失落，亦与我所假设相合。这种假设并不妨碍象形文字。象形文字既是绘画，画一物不必一定用单音名叫。并且埃及的象形文字亦不是单音。但因此就能说中国古代语与亚利安古代语是同源么？当然不能以一个字的孤证下断语。不过观下文各篇所说希罗古代制度与中国古代的那般多的相同，实在使人对同源说有些相信。

祖先不受外人的祭享。这种意见希腊拉丁文古代著作中常常提及。《左传》僖十年，申生欲以晋畀秦，说秦将祀他。狐突对他说："臣闻之，神不歆非类，民不祀非族；君祀无乃珍乎！"可见外人祭神，等于不祭。僖卅一年卫成公"命祀相。宁武子不可，曰：鬼神非其族类，不歆其祀"。凡此皆与西方思想相同。至孔子时，这种思想虽较衰，但孔子亦说："非其鬼而祭之，谄也。"（《论语》）

中西古代皆有葬礼。古朗士以为葬礼之兴，必始自相信人死后魂体不分散的时候。虽然这种信仰，后渐有改变，但葬礼行之已久，礼节仍旧保存。希罗葬礼细目，现在已经不很清楚，只知道用器具仆婢等为殉，这亦与我国古礼相似。并且葬后应呼名字三次，这亦与古礼之"复"相似。

家的人口渐渐的增加，于是不能不分成若干小团体。各小团体总起来在希罗名为演司（Gens），实在就是我国所谓同姓。全演司人共有一姓。其余每个小团体——每支——在共有的姓外，各另有一姓以示区别。拉丁文名曰 agnomen，亦即我国所谓氏。可见氏族的组织，希、罗与我国古代亦同。族姓的说明见《大宗与小宗》篇。

演司有他的首领，有公共产业，有公共墓田。这些亦与我国古代族相同。

必须家族永远不断，祀祖方能永远不绝。故婚礼在希罗、在中国皆认为极重要。希罗的婚礼皆分为三节：第一节在女家，女父声明嫁其女；第二节从女家至夫家途中；第三节在夫家。第一二节亦与《士婚礼》中亲迎相同。希罗车前有"婚烛"为导，《士婚礼》亦言"执烛前马"。第三节在夫家，希、罗制度皆须见祖先，然后妇人及夫方有共同宗教。这节在祀祖及各家有各家的家族宗教思想里，甚为重要，婚礼的神髓亦即在此。《士婚礼》并未言庙见，但我相信古代亦曾有此礼。《左传》隐八年，郑公子忽娶于陈，"先配而后祖。鍼子曰：是不为夫妇，诬其祖矣。非礼也，何以能育！"可见应当先祖而后配，所以陈鍼讥之。

婚姻的目的在求得嗣续的人。古朗士说，结婚是由两个共同宗教的人结合起来，以产生一个第三者，以永传其宗教（卷二，第二章）。所以希罗古制度，无男子之妇必须离婚。我国古制，妇有七去之中亦有"无子去"一条（《大戴礼·本命》篇）。希罗并且禁止男子终身不娶。我国古书中虽然看不出曾否有过这种制度，但在春秋时，至少贵族里未见有不娶的独身男子。并且直至现代，士大夫阶级中，只见有多娶者，未见有不娶者。希罗古制至基督教发展而完全消灭。我国古制未受摧毁，直至清末，可以说仍是古制的延演。在清末家族思想已较衰微时尚且如此，古代家族方盛时可想而知了。

在希罗古代，女子与男子的权利不同，地位不同（古朗士对此不惮反覆申言。欧洲人早已离开家族制度，对这些不甚了解。但我国不久始在法律上承认男女地位权利的平等，不必再详细叙说），因此妇人成了附属，印度人说："妇人童年从父，少年从夫，夫死从子。"这与《大戴礼·本命》篇所说："无专制之义，有三从之道，在家从父，适人从夫，夫死从子，无所敢自遂也。"简直是一部书的两种版，字体不同而已。

反过来，对男子非常重视。希罗、印度古时，小儿初生后若干日皆须见于家神。由人抱着，绕家火行三周，并由他的父亲在族人前宣布承认是他的儿子。这亦与我国古礼仿佛。《左传》桓六年：

> 子同生，以太子生之礼举之：接以太牢，卜士负之，士妻食之，公与文姜宗妇命之。

《内则》：

> 国君世子生，告于君，接以太牢，宰掌具。三日，卜士负之。

下边又讲各级接子所用牲的种类，则生子礼不限于世子。《内则》自然是七十子以后的书，固然不能完全相信，但生子礼在我国古代亦有，似乎不甚假。

但古代男子之中，亦不甚平等。长子继承宗祀，故较余子皆高。希罗古代对此与我国亦同。古书中讲嫡长特权的地方甚多，大家皆知，不必我再引证。希罗余子分自长支而独立，亦在晚期始有。

希罗这个长子甚为重要，印度人亦说长子为继承宗祀而生者，余子不过爱情的结果。并且希罗人在某种祭祀，非有子助祭不可，无子的人常临时过继旁人的儿子一天，以应这种职务。我疑心我国古代亦须长子助祭。兄字甲骨文作 𡦀，从人跪形，即表示长子之助祭。长子既然先生，后乃渐引申为男子先生者之普通名称，不再专指长子。这种引申意亦必与余支取得长支平等权同时。祝亦从兄，古时祭时或者由长子读赞词。元字，《说文解字》训始也，与兄之训长也亦相近。金文有作元者（《邾公华钟》），亦人跪形。《召诰》两称元子：“改厥元子”及“有王虽小，元子哉”，皆指成王系上帝的长子。则元字亦表示元子的助祭。

罗马亦有如我国冠礼之成年礼。罗马人不戴冠，自然不能行冠礼，但他的袍礼亦与冠礼同。儿童穿上袍（Toga）始算成年。穿袍必须行特别的礼节。

希罗最古时，父在子不能有财产，亦与《曲礼》所说：“父母存，不有私财”相同。

各家垣墙，不得相连接。并有“垣神”管理。中国古代宫室制度，亦与相同，其详见《释主》篇。

二　邦的通论

周自武王灭殷，周公成王践奄以后，无数互相不同的古邦遂被制度较划一的各国所代。周代的各国只是古邦的蜕化。在周以前，邦的数目当比较更多。《史记》说黄帝时置左右监，监于万国，禹会诸侯于涂山，执玉帛者万国；武王伐纣，不期而会者诸侯八百。这些记载固然不一定可靠，但古代邦数之多，却是真确。这种邦的境域甚小，方是最初的古邦，方是古朗士书中所讲的希罗的古邦。

邦系由族长联合组织而成。邦之上有王。这个王虽能执行邦的事务，但要事皆须咨询各族长。并且各族长在他的族里，仍有无上威权，王亦不能过问族内部的事。邦内有若干公民。Citoyen（公民）这个字，出自 Civitas。我既译 Civitas 做邦，Citoyen 亦宜译做邦民。但近人对这个字多译做公民，兹亦从众。我疑心邦民即《左传》中所谓“国人”。据古朗士的研究，最初只有家长可以做公民，其余如各族的余子尚不能做。至于客人、奴隶，乃各族的私人，自然更不数在邦内。关于客人等阶级详《古代社会阶级》篇。

古代邦的特殊性质，就是这一邦与彼一邦毫无共同。一邦的宗教、典礼、法律，皆他所自有。各邦的纪年不同，每邦以始建之年纪年。每邦各自有他的史记、礼记。每邦自有其疆域。古人对疆界信为有神性，无论私人田产的或邦的皆然。私人田产的四周，皆栽有界石。栽界石亦是极重要典礼。据富拉古斯（Flacus）的记载，先将界上掘一条沟，然后祭祀，以牲牺的血、食品及酒倾在沟里；更以燃着的木炭置在沟里。乘着热的时候，将界石栽在沟中。界石系石制或系木制。古朗士疑心木炭系燃自祖火者，亦颇近理。因此这种界石乃亦有神性。对邻居的田界，万不可侵犯，否则等于渎神。按封字康侯封鼎作 ⼲，邦字亦从此。古时邦、⼲ 盖一个字，皆表示栽界石于地之形。

王的职务，亦即邦的政治，可以分为二种，一种是祭祀，一种是战争。《左传》成十三年，刘康公谓"国之大事，在祀与戎"。实在古邦的政治不过如此。兹分别言之。

王有护持邦火不灭的职责，他须朝夕祭祀，并时常与族长共同在神前聚餐，名为公餐。这种公餐即我国分胙肉的旧形式。祭器及祭品，亦随各邦自己的礼仪而不同，但各邦的皆一成不变，不许稍有改革。罗马祭祀有时用牛羊豕各一，亦与我国的太牢相同。有时用纯白牛，与我国古代祭祀用纯牲亦相同。且有时用牲至百牛，亦同甲骨文所记商代制度。有种祭祀须用陶器。盖陶器起自新石器时代，较铜器早。古人重保守，用陶器当较用铜器更合古礼。《郊特牲》谓郊"器用陶匏"，又谓婚礼"器用陶匏"，足证郊礼婚礼皆始自新石器时代，创行时方用陶器，尚未用铜器。后人相沿，虽铜器时代亦尚用陶器也。由此更可知铜器初兴时，只用作兵器（矢戈等）及食器，祭器尚沿用陶器，用铜作祭器较晚。

王的另一种职务在战争。古代皆骑战，步兵之创始较晚，希罗与中国对此点亦相同。现在万不可用后世军队状况想象邦军。每族族长各将其属下组成军队，由他自己帅领。联合各族军队就成邦军。王不过是邦军的统帅，邦军并不直接属于他，只由各族长间接方属于他。

出征时必先祭祷、占卜。这就是《左传》所说的"治兵于庙"及"受命于庙，受脤于社"，及"卜征"某处。出征时必载着邦火或神像。这亦就是《曾子问》所说"古者师行必以迁庙主行"。到开战时，亦先行祭祀、占卜，不吉则不开战。《左传》成十六年晋楚鄢陵之战，楚子重使伯州犁立在楚王背后，随时告诉晋军中的状况："王曰：骋而左右何也？曰：召军吏也。皆聚于中军矣。曰：合谋也。张幕矣。曰：虔卜于先君也。撤幕矣。曰：将发令也。甚嚣且尘上矣。曰：将塞井夷灶而为行也。皆乘矣；左右执兵而下矣。曰：听誓也。战乎？曰：未可知也。乘而左右皆下矣。曰：战祷也。"伯州犁以晋人而奔楚，对晋人礼俗自然知道得甚清楚。可见每次战前须"虔卜于先君"，须"战祷"。凡此亦与希罗古代相同。《左传》足证战前占卜之处尚多，惟此节述说次序最详，引此以概其余。

战事完了亦必告祭邦神。希罗皆有凯旋的礼节。《左传》隐五年，臧僖伯说：

> 入而振旅，归而饮至，以数军实。

城濮战役，晋亦"振旅恺以入于晋，献俘，授馘，饮至，大赏"（僖廿八年）。此外，齐灭莱，晋灭偪阳，亦各献俘，皆是凯旋礼。这亦是春秋时尚通行的礼节。凯旋希罗皆有乐歌。《说文解字》豈部：豈，还师振旅乐也。则古代凯旋亦有乐。

邦与邦之间亦常有联盟。盟时须祭祀，祷告誓于神。春秋盟誓常见，每次皆须"歃用牲"（襄廿六年）"加书"（昭元年）。用牲就是祭祷。加书的载书就是誓辞。兹且引亳盟的载书，以例其余：

> 载书曰：凡我同盟，毋薀年，毋壅利，毋保奸，毋留慝，救灾患，恤祸乱，同好恶，奖王室。或间兹命，司慎、司盟、名山、名川、群神、群祀、先王、先公、七姓十二国之祖，明神殛之，俾失其民，队命亡氏，踣其国家。（《左传》襄十一年）

由此可见古代邦的一切皆受宗教的支配。祭固然是宗教，戎亦受宗教管理。

三　释主

在极古时代，希腊、意大利及印度皆曾有"火"的崇祀。每家在他的里院或屋门旁，皆有永燃不熄的火。这种火多用炭或煤燃烧。家人每天早晚必祭祀他，在饭前亦必祭告。不只各家如此，即每个演司（每族）、每区、每邦，亦莫不有"火"的祭祀。据欧西学者的研究，家火当即代表祖先，因古人言语中，祖先与家火，常常互相混用，演司火似乎就是代表始祖。因为相隔极远的地方，东至印度，西至地中海，皆有同类礼节，遂使吾人相信礼节的创始，必在希腊、意大利、印度人以前。大约在亚利安族——希腊、意大利、印度各族的共祖——尚未离开中央亚细亚以前，这种礼节已经存在。厥后亚利安各族迁徙至各处时，乃将这种习俗带至各地。

据现存的希腊、拉丁、印度各书中，尚能略知这种礼节的一二细目。但这些书皆较"祀火"的极盛时代为晚近，故只能略知其礼节，而无法深知（详细见古朗士书各卷）。然就现在可以知道的，与我国古制相较，颇有能吻合者。本篇所欲研究者，亦即在此。

我国所用以代表祖先而受祭享者，习惯皆用木制的牌位："主"。按《说文》 ▲ 部："主，灯中火炷也。"主明明是灯中火炷，而偏用他叫木头做的牌位，这是何种理由？盖我国极古亦曾有"祀火"的制度，用火以代表祖先，与希腊、罗马、印度等处相同，因为是火焰，故名为主。后不知在何时，有人制木主以代火。但主这个名称已用过不知几千年，习惯已久，故相仍而不改。于是木质的牌位亦名为主矣。

木主的制度，在我国起自何时，现在颇难臆断。《论语·八佾》篇"哀公问社于宰我，宰我对曰：夏后氏以松，殷人以柏，周人以栗"。问社，《正义》谓《鲁论》原作问主。即问社亦以郑康成解作问社主为长。宰我所言古制若果确实，则木主之制，似已起自夏时。"祀火"的制度，更在夏以前矣。《淮南·齐俗训》有有虞氏社用土，夏后氏社用松，殷人社用石，周人社用栗之说，更上推至有虞。但《淮南》汉人书，更不敢相信。

不论如何，从文字上观察，我国在木主以前，曾祀火则确切也。不只如此，希腊、意大利等处祀火细节以及祀火的位置，与我国古制亦甚相合。希罗每家所祀的火，每年须止熄一次，重燃新火。燃新火的月日，各家不同，各邦不同。燃时不准用铁石相敲，如我国乡间的用火链取火，只准取太阳火，或两木相摩擦所生的火。木质亦有限制，有准用的木头，有不准用的木头，错用认为渎神。这些细节，亦与我国古制相同。每年重燃新火，即我国古代所谓"改火"。《论语·阳货》篇，宰我说："钻燧改火。"上边两句说"旧谷既没，新谷既升"，下边又说"期可已矣"，这明明说钻燧改火亦是每年的。因为改火，新者不与旧者相见，所以中须停若干时候（当然不能出一天）。这停火的时间与改火的时间，各家各邦不一定相同，其中之一即寒食的起因。

介子推，《左传》只说晋文公求之不获。及至《楚辞·九章》始有"介子忠而立枯兮，文公寤而追求"。《庄子·盗跖》篇始说："介子推至忠也，自割其股，以食文公。文公后背之，子推怒而去，抱木燔而死。"可见子推被焚之说起始甚晚。后人对寒食之说，去古已远，不能了解，遂附会到介子推身上。其实改火、寒食的制度，较古不知若干年也。

不只改火的制度，希罗与中国相同，即燃火的方法亦同。前边说过，取火只准用太阳火，或两木相摩生的火，且木质亦须用合礼的。按《周礼》司烜氏掌以夫遂取明火于日。郑康成《注》：夫遂，阳遂也。以夫遂取火于日，即以铜凹镜向太阳以引火。这不与希罗的取太阳火相同么？《周礼》这部书，当然非周公所制，并且决非西周的书。观其中有整齐划一各国的思想，如甸卫等整齐的规画，禄制的统一等等，当系厌恶战国的割据而理想统一的时代所作，其时代当在战国。但有些条里间或保存着古制度。这是著者或抄自古书，或传自习俗，不自觉的写上的。我以为明火就是其中的一条。至于以木取火，马融注《论语》改火亦说："《周书·月令》有更火之文：春取榆柳之火，夏取枣杏之火，季夏取桑柘之火，秋取柞楢之火，冬取槐檀之火。"郑康成注《周礼》司爟引郑司农以鄹子说，与此同。由此可见取火的木质须用一种固定的、合礼的，亦与希罗风俗相同。并且摩取的方法亦同。钻燧的解释，汉儒已经不甚明了，惟周柄中所引揭子宣说，颇为近理，兹抄录如下：

> 钻燧之法，书传不载。揭子暄《璇玑遗述》云：如榆则取心一段为钻，柳则取心方尺为盘，中凿眼。钻头大，旁开寸许，用绳力牵如车。钻则火星飞爆出窦，薄煤成火矣。此即庄子所谓木与木相摩则燃者。古人钻燧之法，意亦如此。（周柄中《典故辩正》）

盖每季两种木，正一种做钻，一种做盘。上边已经说过，各家各邦的改火时候并不一定相同，所以有五季取火用木的不同。如改火在春间者则用的榆柳，改火在夏者则用枣杏。其余各季各有用木，并非每季改火也。后人不懂改火与祀祖有关，见有春用何木、夏用何木之说，遂以为四时改火。故编《周礼》者，遂在司爟职掌中，写上：四时变国火。不知《月令》说"五季"者，当如上边的解释，而非四时变火。

与明火有关者，尚有明水。《逸周书·克殷解》："毛叔郑奉明水。"彼时武王方祭社，明水当然亦与礼有关。《周礼》司烜氏："以鉴取明水于月。"郑注：鉴，镜属，取水者，世谓之方诸。《说文》金部："鉴，大盆也，一曰鉴诸，可以取明水于月。"以鉴盛水，固然不错，但两君皆未说怎么样取明水于月。高诱注《淮南子·天文训》："方诸见月则津而为水"，与前说又不同，他说：方诸，阴燧，大蛤也。熟摩令热，月盛时，以向月下，则水生。以铜盘受之，下水数滴。高说甚怪，但我亦不敢轻信古人所谓明水准像他所说的那样曲折。编《周礼》的人，大约已不知明水为何物，以为明火既取自日，明水当亦取自月。但我想明水的解释并不如此。现在我们礼失而求诸"夷"罢。希罗古代皆有一种洗水，重要几与他们敬祀的火相等。古代书中常提起"火及水"。火就是家火、邦火，水就是洗水。因为被洗礼中用他，所以我译做"洗水"。取洗水的方法，是用祭台上火所燃着的炭，浸入水中。因为炭有神性，故水亦有神性。我以为古代所谓明水，取法与此相同，明火所以燃祭台上的火，明水乃浸入炭的水。因有神性，故曰明；明者，神明的意思。

因为邦中亦有祀火，邦火亦就是邦的代表。古时灭人国者，必"毁其宗庙"，毁他的邦火，所以灭人国曰"灭"，与灭火相似。若非古时有"祀火"的制度，这个灭字就无法解释了。

古时祀火由家长，家长即父。春秋时宋尚有孔父、华父，皆是家长的称谓。《说文解字》谓父从又举杖，我以为实在从又奉火。金文皆作 ，尤显火（ ）的形状。

王，金文作 （《盂鼎》，《格仲尊》），吴大澂释 为古火字。王从火，即因古代王亦祀火的教士。

由火而说到与火有关的祭肉。希罗古代祭祀，必燔肉于祭台上的火，祭后大家分食，以取因人神相感而人人相感的意思。若拒绝一个人加入团体时，可以燔肉不分给他吃，即表示不与他共事神。因此分食燔肉，尚有友谊的表示。希罗如此，再返观我国古代。据各书所记载，古代祭肉有两种名称：一种叫做脤，一种叫做膰。《左传》成十三年：

> 公及诸侯朝王。遂从刘康公、成肃公，会晋侯伐秦。成子受脤于社，不敬。刘子曰：国之大事，在祀与戎。祀有执膰，戎有受脤，神之大节也。

闵二年：

> 梁余子养曰：帅师者受命于庙，受脤于社。

《国语》卷十一，《晋语》：

> （张侯曰：）受命于庙，受脤于社。

据此则祭宗庙的肉曰膰，祭社的肉曰脤。祭宗庙的肉亦曰胙。《左传》僖九年：

> 王使宰孔赐齐侯胙，曰：天子有事于文武，使孔赐伯舅胙。

既曰有事于文武，当然是祭宗庙，故胙即是膰。归胙当是分食膰肉的变通办法，亦是共与神相感的意思。同祭则分肉，不同祭则送肉，用意相同。《春秋》定十四年尚有"天王使石尚来归脤"。《左传》尚有"太子（申生）祭于曲沃，归胙于公"（僖四年）及子产所说："孔张为嗣大夫，丧祭有职，受脤归脤。"（昭十六年）"进胙者莫不谤令尹"（昭廿七年）。可见古代凡祭必分送肉，君祭则赐胙归脤，臣祭则归胙归脤。而《论语》亦说：

> 朋友之馈，虽车马，非祭肉，不拜。（《乡党》）

由这条可见朋友亦互相送祭肉，并且足证对送祭肉的重视。古人在物质上，非常重视马。公子重耳在齐，"有马二十乘，公子安之"，就不想走。送礼亦常送马，足见对于马的重视。但不拜馈车马，而拜馈祭肉，分肉习俗之来自远古而深为人所重视可知。鲁祭膰俎不至，孔子行。有人说孔子以小事为借口，实在膰俎不至，即非友谊的意思，故甚重视，非小事也。

《说文》有脤无脤，有胙无祚，膰则作燔：

> 脤，社肉盛之以蜃，故谓之脤。天子所以亲遗同姓。从示，辰声。（示部）
> 胙，祭福肉也，从肉，乍声。（肉部）
> 燔，宗庙火熟肉，天子所以馈同姓。从炙，番声。（炙部）

其实脤与脤，胙与祚，膰与燔，仍皆相同。说天子所以以亲遗同姓，馈同姓，亦不错。最初分肉只能在同姓人内，或同邦人内。但周初大事封建以后，几乎将各邦皆变成同姓，或变成亲戚，界限扩充无限，所以分肉亦不只限于同姓。上边赐齐侯胙以外，宋对周亦"天子有事膰焉"（僖二十四年）。齐、宋在周皆异姓，而孔子于鲁亦异姓，足证归胙之礼在东周时已由同姓而扩充至异姓。

在文字上从祭肉亦引出两个字。一个是祚字。《左传》载践土之盟的要言说：

> 皆奖王室，无相害也。有渝此盟，明神殛之，俾队其师，无克祚国，及其玄孙，无有老幼。（僖廿八年）

《国语》卷三，《周语》：

> 皇天嘉之，胙（禹）以天下。……胙四岳国，命为侯伯。

做天子，做侯伯皆曰祚国，就因为祭祀必有胙肉，能祭祀就能保有国家。祚国实在同享国一样，享亦祭祀也。

段玉裁说，祚皆系胙之误。上古祚胙实在是一个字，对这个问题，这里不必讨论。

另一个是宥字。《左传》庄十八年：

> 虢公、晋侯朝王，王飨醴，命之宥。皆赐玉五瑴，马三匹。

又僖廿五年：

> 晋侯朝王，王飨醴，命之宥。

又僖廿八年：

> 晋侯献楚俘于王，王飨醴，命晋侯宥。

又《国语》卷十，《晋语》：

> 王飨醴，命公胙侑。（此与《左传》记同年的事）

韦昭、杜预皆解侑为既食以束帛侑助。王引之始解侑为与王相酬酢。王国维从其说，更引《鄂侯驭方鼎》为证。鼎有"驭方🔣王"，王谓🔣即宥侑二字，亦即《说文》友之古文🔣的本字（见《观堂别集补遗·释宥》）。我以宥就是祭后分祭肉，所以《国语》说命公胙侑。胙侑连文，尤为明了。有当是宥、侑最初的字。金文中皆从手（又）执肉。《说文解字》说他从月又声，实在不对。我以为享是古代一种极隆重的请客礼。先祭神后与客分食神余。因为享是祭神，所以这种礼亦曰享。祭后同分食祭肉，或者亦同饮祭酒，就是宥。若不同祭祀，祭后送肉至家者，则曰归胙，因参加祭祀或否而名称不同。因为同食祭肉，与神共感，故亦称其人曰友，即朋友字的起因。

将亦是祭祀的一种，将帅实在亦是引申之义。《说文解字》寸部，以为从寸，酱省声，实在不对。将当然是手（寸）献肉（夕）的象形，舆祭同意。🔣是放肉的俎形。我再引几句《毛诗》为证：

> 殷士肤敏，祼将于京。厥作祼将，常服黼哻。（《文王》）

毛训将为行。郑君注《周礼·小宰》，亦以祼将为祼送，并谓祼送即送祼。郑之训送与毛之训行似乎同意。若将真训送，作诗的人应当说将祼，不应说祼将。我以为祼将是一种祭名。分言则曰祼曰将，合言则曰祼将。殷士祼将于京，正与

《左传》僖二十四年所说"天子有事膰焉"相合。宋人正是接续殷士的职务。

因为古代主祭的人，即战争统帅军队的人，所以叫统帅的人为"将"，因为主持"将"祭的亦是他。这亦与王之从火同意。

我因为怀疑将是祭名，我就在古书中寻找将字的注解，居然在《我将》的《毛传》找到这字的古训，与我的假设暗合。

> 我将我享，维羊维牛，维天其右之。(《我将》)《毛传》：将，大享献也。

在《毛诗》几十个将字的《传》里，只有这一处如此解释。这种解释，必较毛公远古得多，汉儒对他已经不能明白。所以《毛传》对裸将两字已经不用这种解释，并且《郑笺》将"我将"亦解释为"将犹奉也"。

此外《楚茨》：或剥或亨，或肆或将。《毛传》：将，齐也。将与亨并列，自然亦是祭祀。《长发》：有娀方将，帝立子生商。《毛传》：将，大也。我以为方将亦宜解作方祭方合。方将即简狄"祈于郊禖"也。《那》及《烈祖》皆有"顾予烝尝，汤孙之将"。《毛传》谓"将犹扶助也"。其实亦宜解作汤孙的祭献。

因为祭所以引申为献。《楚茨》及《既醉》的"尔殽既将"皆作"你的殽既献"解。

希罗古代尚有一种公民代表，名曰"伴食"，专代表公民在邦火旁举行公餐，先祭然后分食。后来这种人变作固定职务的官吏。按我国有三个字，在金文上皆相同。一个是飨，一个是乡，一个是卿。《说文解字》食部，飨：乡人饮酒也。乡人饮酒就是希罗的公餐。金文𗀀象二人共食之形。因为共祭共食的人必共处一区，故亦名其区为乡。伴食是次于邦君的官吏。他们共祭共食，或者与邦君共祭共食，因名为卿。这就是后来高贵的卿士的由来。可见统军的将，执政的卿，起初皆是掌祭的教士。

方希罗祀火渐衰时，火变成一座独立神，名为惟士达（Vesda）。惟士达实在是祭台的名字，由公名变为专名。但在祭其他各神时，必先祭惟士达。印度人亦说，无论何种祭祀时，必先祭阿耆尼，阿耆尼即印度人的火。按《周礼》司爟，"凡祭祀则祭爟"。其说亦与希、罗、印度祭祀先祭惟士达或阿耆尼相同。但关于祭爟之礼，汉儒已说不清楚。郑康成亦只说礼如祭爨。以后诸家注疏，因为已经不明白"主"及"爟"皆出自古代祀火，更不能解说明白。

希罗又说祭神的祷告皆由惟士达携带着上达于神。此说又与我国民间灶王上天报告每家的善恶相似。固然无从知道民间这种传说起自何时，但民间传说时常有甚远的起源，则似乎有理。说祭灶、祭爨，亦如祭爟之出自古代祀火，大约不至于去真实太远。

古代房屋的建筑，亦与祀火有密切的关系。希腊人房屋的建筑据说传自神。房屋皆建在垣内。希腊人的习惯，分垣内地为相等二段，前段为院落，后段为房屋。火就在院落的底，进屋门的左近，等于在垣内正中间。罗马人的火亦供在垣内正中间。不过他们的房屋盖在火的四围。房屋中间有一个院落，供着火。

罗马房屋盖在火的四围，与古代宫室制度亦相同。古代宫室制度，聚讼纷纭，但我以为王国维所说的最得真相。兹引王氏《明堂庙寝通考》如下：

> 四阿者，四栋也。为四栋之屋，使其堂各向东西南北于外，则四堂后之四室，亦自向东西南北而凑于中庭矣。此置室最近之法，最利于用，而亦足以为观美。明堂、辟雍、宗庙、大小寝之制，皆不外由此而扩大之缘饰之者也。（《观堂集林》卷三）

王氏此说，卓识远过汉唐诸儒，与罗马古建筑亦若合符节。王氏又说：

> 四堂四室两两对峙，则其中有广庭焉。庭之形正方，其广袤实与一堂之广相等。《左氏传》所谓埋璧于太室之庭，《史记·封禅书》载申公之言曰：黄帝接万灵明庭，盖均谓此庭也。此庭之上有圆屋以覆之，故谓之太室。太室者，以居四室之中，又比四室绝大，故得此名。……又谓之世室。

太室、世室就是古代"祀火"的地方。罗马人所谓环以建房，即环太室以建四堂四室。太室上有顶，但顶高过四面各屋，所以名明堂、重屋（周曰明堂，殷曰重屋，夏曰世室，《考工记》文）。火畏风雨，当然应有顶。罗马记载中虽未说到这一节，似乎亦应当有。

王氏又用《卜辞》及《克钟》《颂鼎》《寰盘》《望敦》等器文，证明宗庙与明堂同制，亦有太室及四室。其实宗庙、明堂最初只是一种祀火的庙。不特明堂、宗庙为然，古人房屋之制，莫不如此。王氏谓"《丧服传》言大夫士庶人之通制，乃有四宫"，甚合古制。并且《论语》所记孔子"尝独立，鲤趋而过庭"的庭，及《孟子·离娄》下"与其妾讪其良人，而相泣于中庭"的中庭，皆四室相对中间的庭也。可见这种房屋制度，是古代普遍的。又因为四屋相向，中庭亦名中霤，王氏对他亦有详细确切的解释。古人祭中霤亦仍是"祀火"的遗制。中霤亦系极古时代火的位置。所以"祀火"礼节一经明白后，古代若干制度皆能迎刃而解。

兹依王氏意，绘古代房屋图如右。

古者"告朔之礼，天子居宗庙"（《说文·王部》）。战时亦必"治兵于庙""受命于庙"。且古代策命的礼，亦必行于庙中（《颂鼎》等器）。古代政治简单，所谓"国之大事，在祀与戎"（《左传》成十三年），祭与戎既皆在庙中，说古人上朝亦在庙中，当去事实不远。且庙从朝声，最古当系一字，朝与庙亦一件事。

不只如此，古代王亦住在庙中，殡在庙里。住在庙中，王国维亦甚有创见。兹略述他的话如下：

> 《望敦》云：唯王十有三年，六月初吉，戊戌，王在周康宫新宫，旦，王格太室。《寰盘》云：唯廿有八年五月既望，庚寅，王在周康穆宫，旦，王格太室。《颂鼎》云：唯三年五月既死霸，甲戌，王在周康邵宫，旦，王格太室。此三器之文皆云：旦，王格太室，则上所云王在某宫者，必谓未旦以前，王所寝处之地也。且此事不独见于古金文，虽经传亦多言之。如《左传》昭二十二年：单子逆悼王于庄宫，以归。王子还，夜取王以如庄宫。二十三年：王子朝入于王城。郪罗纳诸庄宫。按庄宫，庄王之庙，而传文曰逆、曰如、曰纳，皆示居处之意。

案王说甚为洽当。王既是大主教，有守护火不灭的职务，当然住所不能离火太远。我以为至少西周初年，甚至于东周初年，路寝就是宗庙的堂，并非单有路寝。后来生活繁复，或者渐另立路寝，但最初宗庙的堂与路寝并非两种。所以王时常住在庙里（住在路寝），并且应当常住在那里，所以鲁僖公薨于小寝，《左传》就说他"即安也"。

汉儒对殡庙亦颇聚讼，皆误据《檀弓》"殷朝而殡于祖，周朝而遂葬"，说殷人殡庙，周人则不殡。《檀弓》一篇甚芜杂，且甚晚，清儒对此已甚怀疑，其说当然不甚可靠。《左传》僖八年：

> 禘而致哀姜焉，非礼也。凡夫人不薨于寝，不殡于庙，不赴于同，不祔于姑，则弗致也。

夫人尚殡于庙，邦君反不殡于庙，有这种道理？并且晋文公卒，将殡于曲沃（《左传》僖卅二年），这显明为的曲沃有宗庙（《左传》言晋文公、悼公，皆说：至于曲沃，朝于武宫。可见曲沃有武公的庙）。诸家皆泥《檀弓》之说，或者说鲁用殷礼（孔广森），或者说其末世诸侯何能同也（郑康成），或谓以殡过庙（杜预），皆未能得其真相。我以为生时住在路寝，死后就在庙殡，并且据古朗士研究，极古人类皆住在田地里，亦就葬在家里，祀火之处就是始祖的坟墓。殡在庙正是葬在家的遗意。贾公彦说周人不殡于庙，而殡于路寝，他不知路寝原来就在庙中。

因为太室，我对于"至"字，亦有新释。金文中常言格于太室。《尧典》亦言："归格于艺祖。"《诗·我将疏》引郑康成曰："艺祖、文祖，犹周之明堂。"可见格于艺祖，亦犹格于太室。格，昔儒皆训为至。格当系一种请祖先来临的祭礼。《说文解字》至部，至：鸟飞从高，下至地也。从一，一犹地也。象形，不上去而至下来也。许氏这种解释实在过于勉强，我以为至仍是火形，▲ 是静的火，⊻ 是熊熊旺盛的火。"祖考来格"，神灵既至，代表他们的火也就发起光来。古人祀火必在内"室"，而不在外"堂"，所以亦名其地为室。

至字的下半或系表示祭台形。希罗祀火有祭台。我国古时庙主有石函，想系祭台的变形。《左传》庄十四年：

（原繁）对曰：先君桓公，命我先人，典司宗祏。

昭十八年：

使祝史徙主祏于周庙，告于先君。

哀十六年：

（卫孔悝）使贰车反祏于西圃。

杜预注后两条皆说：祏，藏主石函，惟注第一条说是藏主石室。祏既可徙可反，只能是石函，不能是石室。

我疑心古时家火用石祭台，变为后来的祏；邦火（社火）用土祭台，变为后来的社。古时殖民者必从旧火燃新火。后来火变为主时，既不能燃新火，亦不能分木主的一块，所以变通办法，将祭台上的土分一块给到他处去殖民的人。这就是周代封建"授土"的起因。

古代祀火演变的痕迹，列表如下：

四　释生、姓、性、旌及其他

现在先述一段古社会的推测，虽其时代较"邦"制不知更远古若干年，但据莫尔根（Morgan）所说，原始社会的团与后来的演司似乎相同。在说到邦以前，先研究他，亦甚合理。

近几十年经欧美学者的努力，实地考察、研究，对现存原始社会组织的了解，颇有相当成绩，于是用比较方法，施及古代，对古代社会组织，亦能更为明了。现在先将现存原始社会的大纲简略说明，然后再返观我国古书中的记载，有些似"若合符节"。

团（Clan）乃原始社会最习见的组织。凡一团的人皆以为共有一种图腾。图腾大约以动物或植物为表识。在极幼稚的原始社会中，其人皆自称"出自图腾"：如团之图腾为"狼"者，则团人自称出自狼。图腾乃全团所共有，团中人完全平等。亦有以人名名其团者，则谓其人为初得图腾之"始祖"。此种盖曾经若干神话的演进，由图腾而始祖化。杜尔干（Durkheim）在《宗教生活的简单形式》（Les forme sélementaires de la vie religieuse）一书中亦说："始祖之名仍然是一种图腾。……团的图腾起源及始祖由来，似乎只是一个。"

在更进一步的原始社会，如印第安人及美拉尼西亚人，不自称出自图腾，而谓与图腾有共同性质。据郝伯特（Hubert）及茂思（Mauss）所调查，美拉尼西亚人称这种共同性质为"马那"（mana）（见二氏所著《法术学理》Theorie de la magie 一书），马那不只同团人所共有，且可施之于物，如谓"某物亦有马那"是也。这种见解在原始社会中较为进化，故低级者如澳洲土人则无之。

近代社会学研究略如上述，试再推测于中国古代。按《说文》女部，"姓：人所生也。古之神圣人，母感天而生子，故称天子，因生以为姓。"则姓亦人所自出，故姓实即原始社会之图腾。而古字实只作"生"。若再观古代各姓，如姜之图腾为羊，风之图腾为凤凰，嬴之图腾为鸢鸟等，则姓之无异于图腾，更为明显。

古代各团在狩猎或战争时，必各有旗帜以为分别。古代埃及刻画中曾看见过。旗帜上所绘亦即其部落的图腾。按《说文》亦谓"旌：所以精进士卒也。"盖古代表识图腾（生）之旗谓之旌。

扩而言之，人可以性相近，人之性可善可恶，而物亦可有性，则"性"实即"马那"，亦就是图腾的性质。故"性""姓""旌"实皆出于一物："生"。中国古代社会所谓"生"，亦即现代原始社会的图腾。并且姓、性、旌三字的偏旁实后来所加，极古时当皆谓之曰"生"。

姓即图腾的结果，在文字内现在尚能看见他种遗痕。凤乃风姓的图腾。凤之雌者曰凰。因此后来团拥戴首领时，当然视为图腾的代表；又因当时尚在母系社会，故称其首领为皇（凰）。三皇皆风姓，亦足为证。后来社会变为父系的，尊称乃为男子所独有。后人未悉其因，乃造为自王之说，其实并非如此。

在风姓部落中，大家皆自以为同一图腾，同属于凤，故引申相呼为朋。此即古文凤字之朋变为"朋党"之所由来。彼时似仍在原始共产社会时期，较称首领为皇之已渐入于集权时期为早。故朋党之义或较先于称首领为凤之义。

此外我并且疑心"崩"字亦风姓所先创。山在风上，其义为死，亦颇合理。

公、伯，皆最初邦君的称谓，与王并无什么等差。《尧典》中称禹做伯禹，称夷做伯夷，就因为他们亦是邦君。我以为公、伯亦犹皇之与凰，最初亦是以松为图腾及以柏为图腾的团称他们的首领的称谓，后来渐普遍成了邦君的通称。

又如"美"字，当为姜姓所先用。《说文解字》羊部，美：甘也。从羊从大。徐铉说羊大则美，不错，但牛大不亦可以美？用羊不用牛的缘故，就因为美是赞美姜姓图腾的美。祥善义敬等字当亦如此。《说文解字》示部，祥：福也。羊部，羊：祥也。最古羊祥当系一个字。言部，善：吉也，从詰从羊。我部，義：己之威仪也，从我羊。養敬两字意尤显。食部，養：供养也，从食羊声。按《不娶敦》養作𦎫，以手事羊，即所以養其图腾。苟部之苟当即敬的古文。

许君说从羊省，从包省，从口，实在不对。羊字甲骨文常作 ⴲ。我以为 ⴲ 与 ⴲ 相同，即羊字。苟从羊从口，从口所以祝告图腾，所以敬事图腾，敬不过一种变形。

此外龚奔等字当系以龙为图腾的团所创。《说文解字》廾部，奔：悫也。与心部恭音义皆同，当系恭的古字，以手事龙表示恭敬。共部，龚：给也。古代当与奔是一字，所以《牧誓》说龚行天之罚。宀部，宠：尊居也。图腾所居的房屋，自然是尊居。这类字最古时各团皆有，各用自己的图腾为表示，但传到现在的无多。这种原因，亦甚容易知道。我们现在知道的文化，多半系周鲁文化，自然不容易有很多他种文化的遗存。从羊的字保存得特别多，正可以证明我下边所说的姜姬两姓是同一部落的两部，周亦采用姜人所造的文字。

原始社会最初为平等共有社会，稍进而为集权；最初为母系社会，稍进而为父系；最初游牧，稍进始为定居。故最初只有图腾之分，而无地域之别。所谓先有英吉利人而后有英格兰，英格兰名字，得自英吉利人。但有了英格兰以后，又变为相反的，英吉利人又变作生在英格兰的人。

由此可知，我国最古代的地名，大部是图腾的名字。用这种图腾（姓）的团，因定居在某一地，就用图腾以名其地。譬如：虞的图腾当系仁兽的驺虞，后变为地名（《诗·文王》虞芮质厥成）；扈的图腾为户鸟，后亦变为地名（有扈氏，见《甘誓》），如是者不胜枚举。

我疑心商人原来就姓商，而子姓较晚。天命玄鸟，降而生商。商亦即图腾。且"利以伐姜，不利子商"（《左传》哀公九年），商姜对言，姜系姓则商或亦姓。

近代原始社会每一部落，更自分为左右两部。部并自有其图腾。部中且常再分为若干团。两部可以互通婚姻，但同部婚姻，则绝对禁止。每部又自分为若干级，普通只两级，间或有四级者。级数的分别，同部落中左右两部必须相同，如两级皆须两级，四级皆须四级是。每部人民皆分属于某一级，但必须父子异级，祖孙同级。假使某人属于甲级，其子则属于乙级，其孙则又属于甲级。至于婚姻，左部甲级之男子亦只能与右部甲级之女子结婚，而不能与乙级者。据杜尔干的研究，这种分级的目的完全为婚姻，所以分别行辈，至于祖孙同级者，则祖孙年岁相去常五六十岁，决不至行辈紊乱而有婚姻之嫌。

以上述学说为标准，再返观我国上古史，亦得如下的推测。同姓不婚，自古悬为厉禁，与同图腾的团不婚亦同。现在能看见的古史，多由周鲁所遗传。姬姓以外的事，亦以姜姓者为多。且姬姜两姓婚姻的频繁，亦足证两族关系的密切。

后稷之母姜嫄，古公之妻姜女，武王之后邑姜，以及春秋鲁卫夫人之多为姜氏。而周初所封各国，宋以殷后，陈以大姬之外，多系同姓。独申、吕、许、齐，姜姓为多，而齐尤大邦（楚非周封；邾等附庸，乃周前旧邦之臣服者）。因此我颇疑姬姜乃古代部落中之左右两部。姬之图腾，固难索解，然乃薔之别名，或用植物为表识者（《说文》艸部，苣：薔也，从艸，叵声。又薔：楚谓之蘺，晋谓之薔，齐谓之苣）。最古姬姜历史，实难分离。黄帝炎帝或系两部的始祖。姬姜两族历世互通婚姻，尤合上述两部之说。《诗》言"厥初生民，实维姜嫄"，盖后稷以上仍系母系社会，故诗人不咏后稷之父，只述姜嫄。《诗·生民》：诞弥厥月，先生如达。《郑笺》训达为羊子。《说文》：羍，小羊也。羍系本字，達乃假借字。后稷出自姜姓，谓如羊子之生，甚合。段茂堂疑尊祖之诗不应如是，不知谓如羊，正所以尊祖。

至于分级之说，我以为即古代的"昭穆"。古代昭穆实在是固定的，某人是昭永远是昭，某人是穆永远是穆。我且引几个证据：

> 乃穆考文王，肇国在西土。（《周书·酒诰》）
>
> 率见昭考，以孝以享。（《诗·载见》。《毛传》：昭考，武王也。）
>
> 访予落止，率时昭考。（《诗·访落》）
>
> （宫之奇）对曰：大伯、虞仲，大王之昭也，大伯不从，是以不嗣。虢仲，虢叔，王季之穆也。（《左传》僖五年）
>
> 管蔡郕霍鲁卫毛聃郜雍曹滕毕原酆郇，文之昭也。邘晋应韩，武之穆也。（《左传》僖廿四年）
>
> 曹，文之昭也；晋，武之穆也。（《左传》定四年）

可见西东周人对昭穆皆有固定的指示。大王之子为昭，王季之子为穆，文王之子为昭，武王之子为穆，亦即大王为穆，王季为昭，文王为穆，武王为昭。

后儒谓天子七庙，三昭三穆。按照这种说法，某人是穆者，等到每次新君即位毁庙时，将他往上一迁，岂不又将他变为昭了么？这种不固定的说法，决非古礼。

此外更有两部相对级的男女历世互婚的证据。古称夫之父与妇之父及母之弟兄同曰舅，夫之母与妇之母及父之姊妹同曰姑，而姊妹之子及婿同为甥，即分级之所遗留。盖最古原始共产社会，同级人相视皆若弟兄姊妹，与上述称谓恰相合。

方母系社会时，子女皆从其母的图腾，两部之第一代若各从其图腾，则第二代必互换图腾，至第三代复如第一代。兹假设"狼""虎"两部，列表如下：

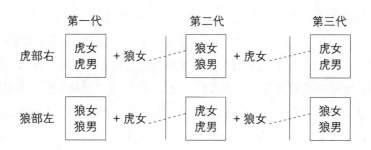

因此祖孙同图腾（姓），而父子则否。我疑周人以王父字为氏者，仍系此制度的遗痕。氏所以别族，当然不能用王父姓，最初想系用名，后改用字（周初人只有名而无字，年长则加伯仲叔季，所谓"五十以伯仲"，如叔封、叔度、季载是）。

母系社会的舅，即母亲的兄弟，对她家里有极高的威权，现在澳洲、美洲的土人仍旧如此。所以古人称异姓为伯舅、叔舅，是尊贵的名称，亦系这种古代舅权的痕迹。

五　大宗与小宗

我国古代礼制有若干种颇为后儒聚讼，大宗与小宗亦就是其中之一。其实这是一件极容易明白的制度。不过因为后来小宗之中，又有小宗，历世愈久，分析愈密，遂使研究者目迷五色，不能明了。今用比较方法，观希罗之演司，再推测最初的大小宗，然后再随着同姓、同宗、同族历世的变化，大小宗的制度当能明白。

我国何时始有大小宗的分别，当然无从确悉，但其制度似应兴自远古。方一姓人数尚未增至极多、一地物资尚足供给全姓、家长以一人力量尚能指挥全姓的时候，自然不必分析。全姓皆在由长子世袭的家长（父）之下生活着，自然亦无所谓大小宗。不过后来人数渐渐增多，一姓人数渐超过万人（罗马有些姓自有几千个战士。彼时只有贵族可以做战士，这几千个战士外，尚有几千客人、奴隶，总数当超过万人），或因宗教、统率、经济上种种不便，或因余子渐与长子争权，于是一姓内部渐渐分析，大小宗的制度始兴。此亦人类社会进化史当有的现象。

于是长支为大宗，余子就成为小宗。所以《丧服小记》及《大传》说："别子为祖，继别为宗。"别子就是我所谓余子。因为自从他方独立成一个宗，方与长子分别，所以名为别子。因为他成了独立支的家长，所以他亦成了祖。若《史记》所记可信，黄帝之子廿五人，得姓者十四人，虽尚未有大小宗的名字，但分姓的意义已经相同。商人礼制与周不同，似乎无大小宗制度。商代长子与余子权利相等（王国维《殷周制度论》谓殷人不分嫡庶，用字似乎未恰当。殷人不分长子与余子，则系事实。殷人有否庶子，尚成问题，我疑心庶妾制度始自周人，或者竟始自文王）。殷人这种制度的由来，可以做两种假设：一，殷人方自原始共产社会进入首领制度的社会，所以尚以弟兄陆续做王。二，殷人曾有过长子世袭的阶段，至成汤以后，已进入弟兄分产的社会。不过王位不可分，而亦想到周代封建的制度，所以弟兄陆续做王。由前一说，则殷代社会尚在长子世袭制以前；由后一说，则殷代社会已进入长子世袭制以后。观近来殷墟的发掘，殷代文化灿然，远在同时代周国以上，似以后说为近似。这亦没有什么足以惊奇的。都立安人到了斯巴达时，已经将从前的族姓（演司）制度废除，殷人或者亦尝如此。

现在古书里所看见的大小宗当然只是周代宗法社会极盛后的现象。但在初民社会，已有部团及支团的组织。部即最初的图腾团，后分而为若干团，团后且有时更分而为若干支团。在北美初民社会里能看出这类现象的明显痕迹。宗法社会的姓既为初民社会的团的变化，大宗亦即团，小宗亦即支团。所以说大小宗的制度不必始自周代，商人虽尚在兄弟共权阶段，但成汤以后，未见他的兄弟继立为商王，且以后诸王似乎都是成汤的子孙，而不是成汤的兄弟之后。成汤固可恰巧孑然一身而无弟兄，这种假设虽可用于后世，但不能用于初民，因在原则上说，同姓同辈者皆是弟兄，全商人不能当成汤时，这一辈只有他一人。因此商人的王位资格恐亦有相当条件，亦即说商人恐已有大小宗的现象，虽然现在的商代史料对此尚无足征。并且这与现代初民之分部、团、支团亦合。或者商人之分大小宗尚未若周人之琐细而已。因商人所分不琐细，所以能长久维持兄弟共权；周人所分过于琐细，宗愈分愈多，亦愈分愈小，亦愈能中央集权。诸国之内虽有政在邦君或政在大夫之别，然皆系一人或极少数人的独裁。

宗愈分愈宜于政权集中，汉之分诸王地以封诸王之子孙，以造成汉皇的集权，亦其佳证。罗马有包括万人的宗而周代无之，所以罗马保持议会制较久，而周代诸邦则较为集权。

小宗别自大宗，但尚未能与他完全脱离。希罗的兄弟与长兄分家时，长兄独有祖先历世相传的家火，在物质上亦有独有祖传房屋的便宜。《内则》亦说：适子庶子祗事宗子宗妇，虽贵富不敢以贵富入宗子之家。《内则》当然是七十子后学的作品。方春秋战国之交，宗法渐衰微时，所记尚且如此，更前几百年，宗法方盛时的情形，可想见更须对宗子恭敬了。

宗法若非创自周代，但利用他以封建，以扩充周国的势力，可是周人独自发明的方法。但亦因此而大宗分小宗，小宗又分小宗，繁细无底止，使后人研究宗法愈觉着歧路之中更有歧路。

宗法有两种看法：一种是横看，即所谓小宗之中，更有小宗。今用周鲁世系，列表如下：

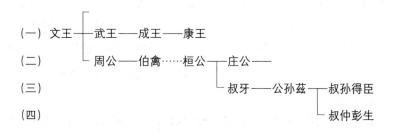

（一）文王┬武王——成王——康王
（二）　　└周公——伯禽……桓公┬庄公——
（三）　　　　　　　　　　叔牙——公孙兹┬叔孙得臣
（四）　　　　　　　　　　　　　　　　└叔仲彭生

以文王武王为大宗，周公"别子为宗"就是小宗。但周公既分以后，伯禽等成了独立的"百世不迁者，别子之后也"（《大传》），单看亦就可以看作独立的大宗。所以他又可以分出小宗（叔孙氏）。叔孙氏后亦可以照周公一样，再分小宗，遂有叔仲氏的小宗。由此表亦可以看出周代大小宗的愈分愈多了。

小宗独立以后，须经多少代，或须何种条件，方能再分出小宗，现在颇不易知道。由鲁国的制度看起，似乎小宗只许用伯仲叔季，而不得称子。臧氏出自孝公，僖伯、哀伯、文仲、宣叔、武仲、昭伯，终春秋之世，未见有称子者。展氏出自孝公，施氏出自惠公，《左传》只看见夷伯、展庄叔（展氏）、施孝叔，亦未见有称子者。只三家及郈氏称子。郈氏先有惠伯，后有敬子、成子，先称伯仲而后称子。三家的先用伯仲、后称子的次序，尤为明显。季氏称子始自第三世：季文子。孟孙氏、叔孙氏皆始自第四世：孟献子、叔孙穆子。以前皆用伯仲：共仲、穆伯、文伯、惠叔（孟孙氏），僖叔、戴伯、庄叔（叔孙氏），成季、齐仲（季孙氏）。并且孟孙第五世分出的子服氏（别子），叔孙氏第三世分出的叔仲氏，季孙第六世分出的公父氏，就仍旧称伯仲，而不称子：孝伯、惠伯、昭伯、景伯（子服氏）；惠伯、昭氏（叔仲氏）；穆伯、文伯（公父氏）。由此可见死后称子是大宗的表示。所以周初尚称康叔等为叔封、叔鲜、叔度、叔处……季载，就因那时封建初兴，各国内部尚无后来族氏的分析，宗周是大宗，列国是小宗的理由。鲁秉周礼，较其他各国保存这个制度亦长远。

宗法的另一种看法是竖的，兹仍用周代世系，列表如下：

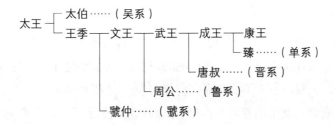

若由一个人看起，譬如由成王：则吴系是继高祖的宗，虢系是继曾祖的宗，鲁系是继祖的宗，而晋系是继祢的宗。等到成王薨后，康王即位。由康王看起：虢系变成继高祖的宗，鲁系变成继曾祖的宗，晋系变成继祖的宗，单系成了继祢的宗。所以《丧服小记》说："故祖迁于上，宗易于下。"这亦是极简单易明白的。

春秋时人大概亦觉得这种宗又分宗的繁复，所以有时亦以同姓、同宗、同族来分。如襄十二年传：

> 吴子寿梦卒，临于周庙，礼也。凡诸侯之丧，异姓临于外，同姓于宗庙，同宗于祖庙，同族于祢庙。是故鲁为诸姬临于周庙，为邢、凡、蒋、茅胙祭临于周公之庙。

由此可知姬姓对鲁是同姓，周公的儿子各支派是同宗，伯禽以下所分的各支是同族。姓、宗、族三种等级。叔向亦说："肸之宗十一族，唯羊舌氏在而已。"（昭三年）亦足证宗高于族。但万不可混宗族的宗与大小宗的宗。宗族的宗是固定的，如周公后皆为同宗。大小宗的宗是流动的，凡一支从其他一支分出，就名为小宗，看所从分出的那一支为大宗。

由上引《左传》，亦能看出周室的分宗，始自武王成王时代。所以看周室做大宗，列国为小宗。这亦与上边我所说小宗只用伯仲称呼，而康叔等只称叔某、季某，亦即小宗相符合。但在周初，周室是大宗，各宗是小宗。后来各宗又等于大宗，各族又等于小宗。这亦是各姓屡分的现象，亦是大小宗研究的纠纷的缘由。

宗并非一种空名目。"宗主"对"宗人"尚有威权，宗人对宗亦尚有义务。到春秋时，宗法已经不十分强固，而宗的威权，宗人的义务，尚有若干存在，兹分析如下：

宗主有杀宗人的权：知罃对楚子说："……首其请于寡君，而以戮于宗……"（《左传》成三年）

有放逐宗人的权："晋赵婴通于赵庄姬，原屏放诸齐。"（成五年）

国家若欲放逐某人时，须先咨询他的宗主："郑放游楚于吴。将行子南，子产咨于太叔。太叔曰：吉不能亢身，焉能亢宗。"（昭元年）

宗主在战时，就率领着宗人："栾范以其族夹公行。"（成十六年）

对宗必须尊敬："叔孙婼聘于宋，桐门右师见之，语卑宋大夫，而贱司城氏。昭子告其人曰：……今夫子卑其大夫，而贱其宗，是贱其身也。"（昭廿五年）

不准反对同宗的人："华亥欲代右师，乃与寺人柳比，从为之征曰：闻之久矣。公使代之。见于左师。左师曰：女夫也必亡。女丧而宗室，于人何有，人亦于女何有。"（昭六年）

在春秋时，尚且如此，春秋前宗主的威权可想而知。实在说来，宗主在宗内就等于君之在邦中。宗主与邦君最初皆是大主教，不过大小的不同，性质并无歧异。王国维以为君统与宗统是两件事（《殷周制度论》），尚未能明白古代邦组织的真相。

六 邦史、邦礼及教育

古邦中皆有邦史记及邦的礼记。邦史多半肇自建城之始。凡邦中祭祀、战争、灾异，一切与宗教有关的事，莫不记载其中。礼记不只包括礼节，且包括媚神的诗歌，测神意的占卜，及神的命令类似诗歌的刑律。这些在极古时，皆无写本，只由历代教士口授。古邦中的官员皆系教士，我所谓教士皆指最初邦官员而言。教士与官员最古时合而为一，古朗士书中已经详言，我在这篇中，对我国古代这种制度，亦将详细研究、解释。每邦的史记、礼记，皆只有邦中教士可以知道，邦以外的人自然不能知道，且亦不准他们知道，即邦中非贵族亦不能知道。后渐有写本，但仍由教士保存，由贵族传习。

像《春秋》一类的史记，古邦中皆应有过。他的内容虽甚干枯无味，但无一件与宗教无干。现在极简略的择若干条举例如下：

> （一）灾异　隐三年，二月己巳，日有食之。
>
> 　　　　桓元年，大水。

灾异皆是天地间的变象，古人深信是神降的灾，自然必须记在史记里，以示警戒。

> （二）祭祀　隐五年，考仲子之宫。

祭祀自然与神有关，更须记在史记里面。

> （三）即位　桓元年，公即位。

即位必告庙，自然与宗教有关。

> （四）出境　襄廿八年，公如楚。
> （五）回国　襄廿九年，公至自楚。

出境回国亦皆须告庙。

> （六）朝　隐十一年，滕侯、薛侯来朝。
> （七）聘　隐九年，天子使南季来聘。
> （八）会　襄廿一年，公会晋侯、齐侯、宋公、卫侯、郑伯、曹伯、莒子、邾子于商任。
> （九）盟　僖八年，公会王人、齐侯、宋公、卫侯、许男、曹伯、陈世子款盟于洮。

来朝来聘者必享之于庙。往朝往聘必告庙始行。会亦须告庙。盟须誓于"司慎、司盟、名山、名川、群神、群祀、先王、先公、七姓十二国之祖。"（襄十一年，亳盟）与宗教关系尤为密切。

（十）战争　隐二年，无骇帅师入极。

　　　　　　成三年，公会晋侯、宋公、卫侯、曹伯伐郑。

凡战争皆应载主以行，出师必"受命于庙，受脤于社"，自然更应书在策上。

（十一）田物　昭元年，叔弓帅师疆郓田。

　　　　　　成二年，取汶阳田。

　　　　　　桓二年，取郜大鼎于宋，纳于太庙。

古人信田界、疆界皆是神的，所以变动疆界皆与神有关。鼎是一种重器，灭人国者必迁其重器，所以取失必书。

（十二）城筑　隐七年，城中丘。

　　　　　　庄廿八年，冬，筑郿。

建城是古代宗教盛典，观希罗古代即知。

（十三）嫁娶　文四年，逆妇姜于齐。

　　　　　　庄廿七年，莒庆来逆叔姬。

古人对婚礼极为重视，观古朗士所说及士婚礼自明。

（十四）出奔　襄廿三年，臧孙纥出奔邾。

奔后大夫必盟，如盟叔孙氏，盟子家氏（昭公廿五年）。盟必告宗庙，亦与宗教有关。

（十五）生卒　桓六年，子同生。

　　　　　　宣十八年，公薨于路寝。

　　　　　　桓二年，宋督弑其君舆夷及其大夫孔父。

　　　　　　襄廿七年，卫杀其大夫宁喜。

　　　　　　僖廿八年，公子买戍卫，不卒戍，刺之。

生子必须庙见（见《家的通论》篇），卒必殡于庙，自然须书在史记里。刺与杀实在一样，不过鲁习惯说刺。杀大夫亦必告庙。

　　由以上各条看起，邦中无一事与宗教无关。最古的邦史只记与邦有关的事。夏邦只记与夏有关者，商邦只记与商有关者，其余各邦间的事，夏商并未参加，概不记载。商灭夏得到夏的史记，周灭商得到商的史记。所以周朝对夏商的历史知道得比较清楚，对其余与夏商同时各邦的历史，几乎茫然，亦即因此。譬如《竹书纪年》就是一个证据。现在所传的固然不真，但由王国维所集的各条，亦不见记载与夏商无关的史料。至周代用封建统一各邦，有事皆互相通告，因此对不关邦史的事，凡他邦通告者，皆据原文书在策上，或者尚须先告庙。否则鲁并未参加城濮战役，不必记在《春秋》。他邦的弑君、杀大夫皆与鲁无干，亦不必记载。古人对记载必用固定的方式辞句。鲁"犹秉周礼"，所用的方式自然是周式，《左传》定公四年所说封国皆带着"祝、宗、卜、史"，同姓国史记自然皆用的是周式。观春秋时宋的典制与周已甚相近，而孔子亦叹"殷礼吾能言之，宋不足征也"，宋已被周礼所同化。恐怕周时各国史记方式皆相似的。无论如何，《春秋》只据他国通告原策文直书，无所谓微言大义。譬如赵穿弑君而书赵盾者，系晋史原文，非鲁史所改，更非孔子所作。古代邦史皆由史官所掌，最初并且不准人看。各邦史的失逸，这是一种重要的缘故。

各邦另有邦的礼记。古邦的礼节既各邦不同，各邦的礼记自然亦异。不只夏与商、商与周礼节不同，即夏与他同时的各邦，商与他同时的各邦，礼节亦不同。同上面所说关于邦史一样，商灭夏得到夏的礼记，周灭商得到商的礼记。所以夏礼、殷礼虽然杞、宋不甚足征，但周时尚知道夏礼、殷礼的一部分。孔子尚说"行夏之时，乘殷之辂"，而古书中不见提起与夏同时的扈礼如何，与商同时的葛礼如何。各邦礼之亡，亦同各邦史之亡，皆由古邦的特立现状所致。

希罗所谓礼记，实在包括中国的《诗》《乐》《礼》《易》。韩宣子见《易》象与鲁《春秋》而谓周礼尽在鲁，可见古代礼记包括《易》《诗》《书》《礼》《乐》《春秋》而言。后来儒家所谓六经，实在不过古邦中的史记礼记。先只有口传，后始有写本。先只有世族传习，后始变为公开。观孔子学无常师，到处一件一件的请人去教，及孔子的先生老子是柱下史，师襄是师，郯子是邦君，皆是世族，可知公开给非世族的时候，去孔子不远。自己皆习过而用以教弟子的，或者要推孔子第一人了。

古人最迷信，在中国及希罗亦皆相同。希罗占卜的方法甚多，有鸟占、观象、观牺牲的脏腑等占法。他们尤信巫语。罗马有一种预言的专书，我国古代卜筮亦始自远古。《春秋》所言尚有望气。这些皆大家习闻，不必我再引证。《金縢》所言穆卜，我疑心他并非寻常的卜。《释诂》训穆为敬，亦未得其真实。穆卜乃看一种卜书。这种占书藏在金縢匮中，故亦名"金縢之书"。周公用龟卜后，更"启籥见书，乃并是吉"，明穆卜与卜并吉，自然两种占法不同，后在天大雷雨以风、邦人大恐时，王亦与大夫戴着弁，以启金縢之书，欲知书中所说是何种吉凶。恰看见匮中有周公自以为功的记载，于是成王明白了，天象乃"动威以彰周公之德"。所以说："其勿穆卜"，不用看占书了，我已经知道什么缘故了。盖周人每次穆卜后，仍将穆卜的结果，写在策上，存在金縢匮中。所以周公这篇记载亦在匮中，为成王启匮看见。成王穆卜，最初为知道天象变动的缘故，并不知道周公有记载藏在匮中，曰"启籥见书"，曰"以启金縢之书"，自然匮中有书，专为"穆卜"的书，而非寻常"卜"的书了。

法律古时亦附属于礼。近代所谓民法，如亲属，如继承，自然不外古代所谓礼。就是刑法，亚利安民族古代亦将他附在礼记，此节在中国虽无可考证，但"刑不上大夫"，就专为庶人而设。且审判官是士（《尧典》：皋陶，汝作士），士最初乃掌祭祀的人。这亦与古邦中审判官是教士相同。关于士的说明见下文。古邦的法律最初并无写本，中国古代亦相同。《左传》昭六年：

> 郑人铸刑书。叔向使诒子产书曰：……昔先王议事以制，不为刑辟，惧民之有争心也。……夏有乱政，而作禹刑；商有乱政，而作汤刑；周有乱政，而作九刑。三辟之兴，皆叔世也。……民知争端矣，将弃礼而征于书。

昭廿九年：

> 遂赋晋国一鼓铁，以铸刑鼎，著范宣子所谓刑书焉。仲尼曰：晋其亡乎，失其度矣！夫晋国将守唐叔之所受法度，以经纬其民，卿大夫以序守之。民是以能尊其贵，贵是以能守其业。贵贱不愆，所谓度也。文公是以作执秩之官，为被庐之法，以为盟主。今弃是度也，而为刑鼎。民在鼎矣，何以尊贵？贵何业之守？贵贱无序，何以为国？

由叔向所说，可知夏商周最初皆无刑法，至少没有写出而为各阶级皆知的刑法。且古时只征于礼。由孔子所说，贵贱不愆是为度。这种度，卿大夫以序守之，阶级须分得清楚。贱者尊重贵者，贵者方能辈辈做世族。礼不下庶人，刑不上大夫，两种阶级毫无共同。现在"民在鼎矣"，晋始有两种阶级共有的法律，贵者不再被尊视，所以说"失其度矣"。这两节文字的价值从未被研究者识出。他表示君子小人两阶级混合的开始。

史记礼记既专为世族所保存、传习，古代教育、孔子以前的教育，可以说是世族的教育。庶人的教育自然不必说起。《尧典》说"教胄子"。胄子就是世族的儿子。郑康成谓胄子为国子，《诗·崧高》疏引《说文解字》，礼谓适子为胄子是也。今文家据《史记》说为教稚子或教育子，实在未能知道古代情形。在《家的通论》篇中已讲过世族男子在宗教上的特殊地位，他应受特别教育，并不足奇异。最古时的胄子或者只指长子而言，余子或尚不列在内。古时教育情形，《内则》及《王制》亦曾说过。这两篇皆是七十子以后的书，《王制》尤是汉人所作，固然不能尽以为确实，只能作为研究的参考。《内则》：

> 十年，出就外傅，居宿于外，学书记。衣不帛襦袴，礼帅初，朝夕学幼仪，请肄简谅。十有三年，学乐诵诗，舞勺。成童，舞象，学射御。二十而冠，始学礼。可以衣裘帛，舞大夏。惇行孝弟，博学不教，内而不出。

《王制》：

> 乐正崇四术，立四教，顺先王诗书礼乐以造士。春秋教以礼乐，冬夏教以诗书。

《周礼》亦说六艺。由此可以想象古代的教育，不过诗书（历史）礼乐射御书（认字）数，一切皆与宗教有关。诗乐所以事神，书所以记载与宗教有关的事，射既用在享礼亦用在戎。御亦车战的必需。戎亦古邦宗教的一端，观古朗士所述即知。所以古朗士说，古邦教育皆为的造成教士。只有世族可以做教士，平民不能做，所以平民不必受教育。《王制》说国之俊选皆能入学，系后人以后礼说前礼的错误。世族在出生，春秋以前素未尚贤。

平民不必受教育，世族可是非受不可。《左传》昭十六年：

> 晋韩起聘于郑，郑伯享之。子产戒曰：苟有位于朝，无有不共恪。孔张后至，立于客间。执政御之，适客后。又御之，适县间。客从而笑之。事毕，富子谏曰：……孔张失位，吾子之耻也。子产怒曰：……孔张，君之昆孙，子孔之后也，执政之嗣也。为嗣大夫，承命以使，周于诸侯，国人所尊，诸侯所知。立于朝而祀于家，有禄于国，有赋于军，丧祭有职，受脤归脤，其祭在庙，已有著位。在位数世，世守其业，而忘其所，侨焉得耻之！

观孔张的地位，是那般高的世族，自然应当"世守其业"。一有错误，客人讥他，国人引为深耻，可见在春秋世族将衰之时。世族尚非深知他的"业"不可。

七　释王、卿、将、士、史、工、巫

古邦政是宗教，邦的官吏是教士。古朗士这句话说得真不错。邦中最高的邦君，这些邦称为皇、称为帝、称为王，那些邦称为后、称为伯，名称虽不同，其为邦君则一，最初毫无轩轾，他们在邦内是首领，等于父在家里。后稷既称后，大王亦称王，并无足奇异。现将名称与宗教关系最显著的几个特加研究。

王是"祀火"的教士。《盂鼎》《格仲尊》，王皆作 王。吴大澂释 🜂 为火字。王祀火，故字从火。

卿是伴食于公餐的人。他最初在宗教上是王的辅佐，后在邦政上亦是王的辅佐。

将是持肉祭祀，因而称行祭祀的人。古时掌邦祭者，战时亦统率邦军，故引申为掌军的名称。卿及将的解释，已详《释主》篇，兹不细说。

士的意义甚多。一种是卿士。《洪范》说卿士，春秋时周尚称卿士（《左传》隐三年，郑武公、庄公为平王卿士）。卿士或者是商制，周所沿用。一种是大夫士的士，较低于大夫。春秋时列国多有。一种是士师的士（《尧典》）。其实最初这三种皆相同，士不过邦君下最初的官吏。

士与史与事三字最初皆是一个字。对史事吏三字，王国维的研究已甚详细。王先生在《释史》（《观堂集林》）里，以《卜辞》《毛公鼎》《小子师敦》《番生敦》《毛诗》《尚书》《左氏传》，证明古代官皆"称事若吏即史者也"。最初只系一字，后各需专字，"持书者谓之史，治人者谓之吏，职事谓之事。此盖出于秦汉之际，而《诗》《书》之文尚不甚区别"。

我以为不只史事吏最古是一个字，士亦与同是一字。《牧誓》："是以为大夫卿士"，《洪范》："谋及卿士"，《顾命》："卿士邦君"，《商颂》："降予卿士"，《左传》隐三年："郑武公、庄公为平王卿士"，《毛公鼎》《小子师敦》《番生敦》皆作卿士，《卜辞》作卿史。周卿士中有司徒、司马、司空，《诗·雨无正》称为三事。皆足证卿士即卿史，士亦即是史、事。

士是最古时王下的官。最古时邦境甚狭，邦政甚简，或者有些邦里只有王及士。王所管名曰政，士所管名曰事。《酒诰》："有正有事"，以正（政）与事对举。《国差𦉜》亦云"立事"。孔子对冉求亦说"其事也"，以对冉求所说"政"。郑君《注》：君之教令为政，臣之教令为事（《论语·子路》篇）。盖春秋时仍沿政事之分。

后士中有几个人在公餐伴食，就称这几个士为卿士。这称呼至晚当始自商周之际。更后有的简称为卿。春秋列国多称卿，惟周室尚称卿士。古人最富保守，阶级愈高，保守性愈重。周室较列国更守旧，并非奇异的事。

古邦掌祭祀者，亦记载邦中一切史事，亦兼审判，故士亦是史，亦是士师。古代礼记既包括《礼》《易》《春秋》等书，士或史亦兼任后世祝、宗、卜、史的职务。《左传》定四年，祝佗谓封伯禽时，"分之土田培敦，祝宗卜史，备物典策，官司彝器"。似周初已将四职分开。但至春秋时，四职尚时常混杂，且就《左传》所载举几个例。

有祝宗连用者：

> 晋范文子反自鄢陵，使其祝宗祈死。（成十七年，晋）
> 祝宗用马于四墉。（襄九年，宋）
> 公使祝宗告亡。（襄十四年，卫）
> 昭子齐于其寝，使祝宗祈死。（昭廿五年，鲁）

有祝史并举者：

> 祝史矫举以祭。（桓六年，随）
> 其祝史陈信于鬼神，无愧辞。（襄廿七年，晋）
> 日有食之，祝史请所用币。（昭十七年，鲁）
> 使祝史徙主祏于周庙，……郊人助祝史除于国北，禳火于玄冥回禄，祈于四鄘。（昭十八年，郑）
> 祝史之为，无能补也。（昭廿六年，齐）

由此足见祝与史、祝与宗的职务，分得不甚清楚。郑火，使祝史祈于四鄘；宋火，使祝宗用马于四墉。更足见史、祝、宗职务的相近。并且说"祝宗卜史"的祝佗，对历史知道得就甚详细。而闵二年，卫史华龙滑与礼孔说："我太史也，实掌其祭。"尤足证史的最古职务。《史记》谓老子为周柱下史。柱即主，主下史乃在火旁掌记录的太史。

至于卜及史，分得尤不清楚，《左传》中记占卜的各条内有五条记明卜人，而八条则说明系史。

由史占者：

周史有以《周易》见陈侯者，陈侯使筮之。（庄廿二年，陈）

辛廖占之曰：吉。（闵元年，晋）

（按辛廖当系辛有之后，董史也）

初晋献公筮嫁伯姬于秦，……史苏占之。（僖十五年，晋）

邾文公卜迁于绎。史曰：利于民而不利于君。（文十三年，邾）

公筮之。史曰：吉。（成十六年，晋）

武子筮之，遇困之大过，史皆曰：吉。（襄廿五年，齐）

穆姜薨于东宫，始往而筮之，遇艮之八。……史曰：是谓艮之随。（襄九年，鲁）

晋赵鞅卜救郑，占诸史赵、史墨、史龟。（哀九年，晋）

由卜占者：

成季之将生也，桓公使卜，楚丘之父卜之。（闵二年，鲁）

秦伯伐晋，卜徒父筮之，吉。（僖十五年，秦）

卜招父与其子卜之。（僖十七年，梁）

使卜偃卜之。（僖廿五年，晋）

初，穆子之生也，庄叔以《周易》筮之。……以示卜楚丘。（昭五年，鲁）

可见占卜不一定由卜人，史亦能占之，这就因为史、卜最初并未分职。

不止史（士）能卜筮，巫亦能筮。筮字从巫，即其明证。并且《周礼》籨人有巫更、巫咸、巫式、巫目、巫易、巫比、巫祠、巫环等筮法，可见巫筮最初只是一个字（庄存与谓巫更等为古精筮者九人）。巫在古时是极有威权的人物，他是神与人的中间。在官吏就是教士的时候，他的地位不见得比邦君低。所以商的宰相"卿士"就是巫咸、巫贤。巫并且能治病，因为古时治病方法用符箓。《论语》有巫马期，想是以官为族姓，足证《周礼》所说的巫马氏不假。《论语》又说："南人有言曰：人而无恒，不可以作巫医。"（《子路》篇）这句话是那时的俗语，孔子既引他，想较孔子为早。足证巫亦就是医。《说文解字》示部：禣，祝禣也。尚是巫医的演变、遗留。

与巫类似的尚有工。不过这个字的初义早已变更，痕迹颇难看出。春秋时只余转变的意义。一种是乐工，《左传》襄四年：工歌文王之三。一种是工商，《左传》襄九年：商、工、皂、隶，不知迁业。一种是工祝，《诗·楚茨》：工祝致告，徂赉孝孙。又孝孙徂位，工祝致告。《毛传》：善其事曰工。似乎不确，工祝是一种管祝告的人。

由这些看起来，乐工能歌诗以事神，工祝能祝告以事神。工商的工能造祭器，能筑城，能建宗庙，能制戈矛，观《考工记》所载便知。他知道一切凡祭与戎，即一切与宗教有关的工艺。这些皆最初"工"的演变、分化，最初的工包含这一切。他懂得使神喜欢的一切方法。周公所谓"予仁若考，能多才多艺，能事鬼神"。就是工的最适宜的注脚。考，《史记》作巧，巧从工，多艺亦即《夏书》所谓"工执艺事以谏"的艺（《左传》襄十四年，师旷引《夏书》）。他能歌以事神，亦与巫能舞以降神同意，所以《说文解字》工部说"工与巫同意"。

工亦古时平常官吏，这邦名曰士，那邦名曰巫，另一邦名为工。因此又变为官的普通称谓。《皋陶谟》，"百工惟时"；《康诰》，"百工播民和"；《洛诰》，"予齐百工"。凡此皆谓百官。宗周最保守，如上所说卿士名称的保存，周在春秋时犹沿用百工，列国则多称百官矣。

《左传》昭廿二年，"单子使王子处守于王城，盟百工于平宫。"又"百工叛"。足证工亦就是官的旧称号。《盐铁论·刺复》篇说百工惟时为士守其职，亦可为我说工等于士佐证。且士所职亦曰士（后曰事），工所职亦曰工（后曰功），亦相同。《尧典》，"钦哉，惟时亮天工。"《史记》工作事。《皋陶谟》，"天工人其代之"。《史记》作是为乱天事。皆足证工与事相类。

《尧典》，"伯禹作司空"。司空乃百工之长。后又加司徒、司马而成三事（三士）。至春秋末，士的范围愈扩充。古时惟士能知典章礼乐，现在则庶人之贤者亦渐能知道。于是士亦随教育的公开而变为读书人的普遍名称。

兹将上面所述士、史、工、巫的演变，列表如右。最初这些字不一定是一

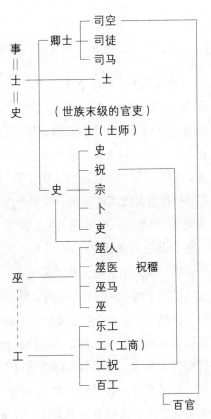

邦所用，演变中尚有各邦相互的关系。演变的途径或比这表繁杂得多，但有什么方法知道呢？

八　古邦中的阶级

西周初年封建制度的结果，自然不能不有阶级。并且周以前各小邦的组织，亦不能不有阶级。但古代阶级如何分法，及有多少阶级，亦为极有兴味的研究，亦即为此篇所想尝试者。

西周初年阶级，现在亦无甚明晰的记载；我们且仍用古朗士的方法，先看看东周春秋时代阶级如何分别，然后再上溯更古时代。后代社会，必由前代的蜕代而来，由后者亦能推测前者，或前者亦略与后者相似。

《左传》中说阶级最清楚的一节，莫过于昭七年楚芊尹无宇的话，他说：

> 故王臣公，公臣大夫，大夫臣士，士臣皂，皂臣舆，舆臣隶，隶臣僚，僚臣仆，仆臣台；马有圉，牛有牧。

观此则王、公、大夫、士、皂、舆、隶、僚、仆、台，所谓十等。另外尚有圉、牧两种人。皂舆以下八等（连圉牧在内），古人亦常混用。譬如《左传》他节，有皂隶连用者，如隐五年"皂隶之事"，襄九年"商、工、皂、隶，不知迁业"，昭三年"栾、郤、胥、原、狐、续、庆、伯，降在皂隶"；有隶圉连用者，如哀二年"人臣、隶、圉，免"；有皂牧连用者，如襄廿一年"其次皂牧舆马"；有皂隶牧圉连用者，如襄十四年"庶人、工、商、皂、隶、牧、圉，皆有亲昵"。可见这八等分别言之，固然一等与一等不同；但混而言之，亦可以算作一等，就是奴隶的阶级。

若就地域看，昭七年的是楚人的话（芊尹无宇），襄九年的是楚人指晋人而说的话（子囊），襄十四年的，昭三年的，哀二年的，皆是晋人的话（师旷、叔向、赵鞅），隐五年的及襄廿一年的皆是鲁人的话（臧僖伯、内史克）。在原来是荆蛮而渐受周文化的楚，在公族衰弱的晋，在公族仍盛、"犹秉周礼"的鲁，皆有同类阶级，可见奴隶阶级的存在是春秋时普遍的现象。

此外尚有一种阶级：庶人阶级。庶人并不完全是奴隶，这节甚须注意。春秋时说庶人及隶圉等皆分着说，并未见混在一起。襄九年《传》楚子囊说晋：

其卿让于善，其大夫不失守，其士竞于教，其庶人力于农穑，商、工、皂、隶不知迁业。

襄十四年晋师旷说：

天子有公，诸侯有卿，卿置侧室，大夫有贰宗，士有朋友，庶人、工、商、皂、隶、牧、圉皆有亲昵，以相辅佐也。

哀二年晋赵鞅誓曰：

克敌者上大夫受县，下大夫受郡，士田十万，庶人、工、商遂，人臣、隶、圉免。

由末一条，可以知道人臣、隶、圉克敌者可以免力役，庶人未说，就因为他们并非奴隶，无力役可免，反能进一步遂仕宦也。由前一条可以知道庶人力于农穑，他们的根本职业是农人。他们亦不是士，春秋时士与庶人永不并列。孔子尚说："天下有道，则庶人不议。"（《论语·季氏》篇）可见庶人干政，在孔子时尚以为不合古制。最晚至孟子时，方常连称士庶人。春秋末年，士的阶级已经不甚严格，世族、庶人内一部分聪慧者上升入士，其余仍留为农，遂与工、商变为四民。

庶字义是次一等的意思。所以姜所生子曰"庶子"，异姓曰"庶姓"（隐十一年《传》，滕侯曰：薛庶姓也），周称商人亦曰"庶殷"（《召诰》屡言庶殷）。庶人、工、商及奴隶皆非世族，古人习称为"小人"，以别于世族的"君子"。凡世族皆系家长——"父"的后人。古时父及君相同，故称他们曰君子。这亦与罗马的父族（Patriarch）之出自"父"（Pater）相同。君子包括士、大夫、卿、邦君。

由孔子所说"天下有道，则庶人不议"，可知愈古庶人愈不能干政，愈不能仕宦，君子与小人之分别愈严。只有世族能执政。所以说"礼不下庶人，刑不上大夫"。礼不下庶人，即因古朗士所说他们是无宗族宗教的人。

春秋时的社会阶级可以列表如下：

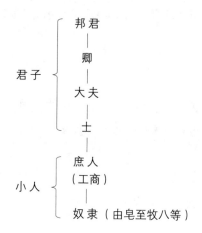

《左传》中说君子、小人的地方，凡在春秋前半者多用作贵贱之分，至后半始有用作受过教育的人及未受过教育的人的分别。《论语》中后一种尤夥。《诗》《书》中所用君子、小人皆属前一义。君子小人的分别愈古愈显，他是古邦中普遍的分别。

郭沫若先生以为奴隶制度至共和初已渐衰，似乎不确。他以为周厉王被"庶民"赶走，由共伯做了皇帝，这就是奴隶的解放。

照郭氏说来，共伯是希罗的暴君。但我们要知道《左传》昭廿六年所说的"万民弗忍"的民及《国语·周语》所说的"国人围之"的国人是否奴隶。奴隶照古邦通例看，素不数在邦中，他们是各世家的私产。《诗》《书》所说民自然不包括奴隶。至于国人，自然更指着贵族而言。《左传》定十年，宋公子辰说："吾以国人出，君谁与处？"于是他就同"仲佗、石驱出奔陈"。所谓国人指仲佗、石驱而言，国人自然指贵族而非奴隶。周厉王之被逐，依我的意见，是贵族的革命，而非奴隶的革命。所以周公、召公共理国政。史书所记自陕以东、自陕以西的话，亦就是彼时的事。周公、召公是指彼时的周、召。后儒误会周文公即周公，遂将分治之事移前。周公无谥法，观《左传》中皆只称周公足证。至于共不过是一个小国，即《左传》"太叔出奔共"之共。共伯若能由奴隶推戴为君，那时贵族势力方强，诸侯大家未必能容忍他。观春秋时晋、郑之屡次纳王，即知在西周奴隶拥戴暴君之不可能。

郭氏并且误解《吕刑》之用钱赎罪。古时奴隶皆分隶在各家族内，家长对他们有生杀的无上威权。邦中刑律管不到他们。金作赎刑是对贵族的刑律。这亦不足证奴隶的解放。

并且城濮战后，周王赏晋侯以虎贲三百人（僖二十八年）。秦伯送卫于晋三千人，实纪纲之仆（僖廿四年）。臧武仲说季武子：若大盗礼焉，以君之姑姊与其大邑；其次皂牧舆马；其小者衣裳剑带，是赏盗也（襄廿一年）。皆足证春秋时尚能把奴隶私相赠送，与田地、器物相等，奴隶制度仍然通行。

《卜辞》中已有奚、奴等字，足见奴隶制度不始自周，古邦中通常皆有。君子、小人阶级之分，亦古邦中惯例。

九　殖民

古代希腊意大利的各民族，皆有所谓殖民地。其法乃由甲邦的世族一人，燃火于邦火，然后率领若干人载新火而至乙地，举行建城的典礼。所载的火，遂为新邦的邦火，而新邦亦为甲邦的殖民地。但殖民地与其祖邦（拉丁文直译为母邦）的关系，并非如近代殖民地及统属国关系之深切。据古朗士的研究，似乎只是宗教的。燃火的人，亦即后来的建城者，必须是甲邦的世族。因为邦的制度，非世族不能参与甲邦的邦火祭祀，当然更无从燃新火；而建城必须遵用典礼，这种典礼又非世族无从与知。至于随从的人，则不一定是世族，有时甚至是甲邦以外的人。

实在说来，希腊意大利古代的殖民，就是我国古代所谓封建。《左传》定四年：

> 昔武王克商，成王定之，选建明德，以藩屏周。故周公相王室，以尹天下，于周为睦。分鲁公以大路、大旂、夏后氏之璜、封父之繁弱、殷民六族：条氏、徐氏、萧氏、索氏、长勺氏、尾勺氏，使帅其宗氏，辑其分族，将其类丑，以法则周公，用即命于周，是使之职事于鲁，以昭周公之明德。分之土田培敦，祝宗卜史，备物典策，官司彝器；因商奄之民，命以伯禽，而封于少皞之虚。分康叔以大路、少帛、綪茷、旃旌、大吕，殷民七族：陶氏、施氏、繁氏、锜氏、樊氏、饥氏、终葵氏。封畛土略，自武父以南，及圃田之北竟，取于有阎之土，以共王职，取于相土之东都，以会王之东蒐。聃季授土，陶叔授民。命以《康诰》，而封于殷虚。皆启以商

政，疆以周索。分唐叔以大路，密须之鼓，阙巩，沽洗，怀姓九宗，职官五正。命以《唐诰》，而封于夏虚。启以夏政，疆以戎索。

古书中记载封建的，以这条为最详细。伯禽、康叔、唐叔就是燃火建城的世族，祝宗卜史就是懂典礼的人（希腊意大利燃火建城的人，常常就是懂典礼的人，周代大规模殖民，不妨由几个人分担这种职务）；殷民、怀姓就是随从的人。各种皆与西方的相似，不过规模较大而已。对卫、晋，子鱼虽然未说及祝宗卜史，但我想亦应当有。

周初的封建，对中国历史甚为重要。他划分先后历史成两个时期，等于罗马的统一各邦，但比罗马早得多。罗马统一各邦在纪元前二〇七年，周之灭商则约在纪元前一一二五年，较罗莫卢斯（Romalus）建成尤早。

周灭商始由陕西进至河南，封管蔡康叔皆在彼时。至成王周公诛武庚，践奄，始更进至山东，封齐鲁等国。成王时更北伐，进至山西，封晋韩等国。昭王南征，穆王征徐，至宣王始能使荆蛮来威。周的势力于是及南国，汉阳诸姬姓国盖皆封于此时。从太王翦商起，至宣王南征止，周室皆在扩充境域。这是第一步推动，由周室直接用武力征服各邦。第二步推动较后，在齐鲁晋等国受封以后，由分封各国用武力向外扩充。齐的向东发展，鲁的向东向南发展，晋的向北发展，就是这种现象。

罗马在武力上只有第一步推动。在组织上，他未与征服的各邦以组织。各邦无论名为臣服或联盟，皆仍独立存在，只由罗马派一省长治理其地。省长每年更换，有无上威权。罗马对各邦是真正征服，周室对各邦则完全是殖民。对强的邦，他就灭了，改由周室兄弟亲戚亲封其地和殖民（譬如，《诗·文王》所说的"虞芮质厥成"的虞，即改封仲雍的子孙）；对弱邦就留做分封各国的附庸（如邾之对鲁）。所封各国除姬姓外，只有异姓的齐、纪、申、吕、许、陈、宋。齐、纪、申、吕、许皆姜姓，《释生姓性旌及其他》篇中已讲过姜姬是一个部落的两部，实在等于一个民族。陈是大姬之后，仍是一半姬姓。只有宋是被征服民族之被封者。但观封鲁、封卫，派去那般多的殷民，作洛以后迁去那般多的殷庶，就能明白彼时欲分散殷人的政策。并且鲁孝公惠公以上皆娶自商，足证想同化宋人的希望。而春秋之宋，在组织上已不见有甚显著与姬姓诸国不同的地方，孔子亦叹殷礼不足征，足证同化宋人的结果。于是全中国合为一邦。

固然周初封建与希腊意大利古代的殖民情形略有不同：希腊意大利是无计

划的，周初是有计划的。但这种不同，并不在基本观念，而由于形势。希腊意大利包含无数小邦，各邦当然无法任意殖民；而周乃当时唯一有力的民族，自然能独行其政策了。

至于周以外的民族，如夏，如商，是否已有封建制度，现在颇难征考。若据孟子所说"象封于有庳"，则封建已起自远古。但孟子时代，已不熟悉古史的真相，而深信三代是有系统的相传，自然认各种制度皆传自古代，后代不过有所损益而已。所以他所说的古代制度，尚待研究。不过后代史书记载里，常说及夏殷同姓的国。如襄四年《传》：（寒浞）使浇用师，灭斟灌及斟寻氏；如哀元年《传》：昔有过浇，杀斟灌以伐斟鄩；杜氏皆以为夏同姓国。又如伾佻亦说是商的同姓国，若这些记载可靠，夏殷同姓国的解释，只有两种可能：（一）夏民族和商民族曾在一个时期中因战争迁徙或种种现在不可知道的原因，分散居于各处。后渐在各区域内，建成无数小邦。其中一小邦渐渐强盛而变为古史中的夏国或商国；其余小邦遂成古史中的夏同姓国或商同姓国。（二）同姓国乃夏商的殖民地。这两种假设，哪一种合理，当然现在无法证明。但夏商甚至夏商以前，中国亦有无数小邦，则系的确事实。否则，孟津会的诸侯甚难达到八百的数目（八百之数目确否固不可知，当时邦国甚多则系事实）。

古邦是完全独立的。各邦的典章、政事无一相同。这一邦的人到那一邦就被看做外人，不能享公民的权利。经周封建后就不同了。照着希腊殖民的语言说，周是祖邦，列国是姊妹邦。典章政事虽有各地方的小不同，但大体上皆相似。从此可以互相庆吊，互相往来。他们不只皆与周室有关系，并且互相有关系。周室不妨衰弱，他们仍能联合起来。这就是春秋夷与夏的观念的由来。将古邦公民的观念扩充至几百千倍。至春秋时，显然全国只分两个阶级：一面是各国的世族（君子），另一面是各国的平民（小人）。一国的卿大夫出奔，适他一国，仍受世族的优礼，就足为证。亦因此而战国时盛行客卿，国界的观念亦不甚重。亦因此而秦始皇的一君式的统一容易，盖周朝已用过殖民式的统一。

罗马统一后，亦分两种阶级，但与周朝的不同。一面是罗马邦，较最初并未扩充；一面是被征服的各邦。每邦与罗马皆有关系，各邦间互相无关系。所以周室衰弱后，中国事实上并未分为文化不同、语言不同的若干国；而罗马衰弱后，各地就仍旧回复独立状况，希腊仍回复希腊，高卢亦仍回复高卢。这就因为周用殖民方法，罗马不用的缘故。于此亦可见周初封建在中国历史上的价值。

亦因周室力行同化，极力泯除古邦的界限，遂使各古邦特有的文献无从征考。若非希罗古邦足供参考，周以前邦的情形，恐难想象。后儒误信夏商与周的统一相等，亦即由此。因此古朗士这册《古邦》的研究，对我国古邦能说明不少，足供研究古史者极宽的利用。

十　中国与希腊罗马古代相同制度表

希腊及罗马	中国
祀祖	祀祖
演司	氏族
长子继承制	立嫡长制
祀火	主
火居院之中	宗庙之正中为太室
邦火	社
每族各有族墓，族人皆葬其中	族墓
无子之妇出	无子为七出之一条
长子独传家火，余子另燃新火	大宗，小宗
妇人童年从父，少年从夫，夫死从子	三从
Pater 即家长	父，家长率教者
罗马 Toga 袍礼	冠礼
神不享外人的祭祀	神不歆非类，民不祀非族
吃饭前必祭	虽蔬食菜羹必祭，必斋如也
祭祀用香料	灌鬯
在各种祭典里，必先祷告圣火	凡祭祀必先祭爟
婆罗门人食新米以前，必先供祭圣火	献新
犯重罪者不听葬	兵者不入兆域
公餐	胙，享
建城祭用纯白牛	祭牲尚纯
罗莫卢斯建城时，将从他的故乡带来的土放在沟中	封国受土自天子
羊，豕，牛三种同时用，为被洗礼的习惯	太牢
界石	封疆
王兼有政权教权	祭与政皆由邦君

贵族	世族
客人	庶人
奴隶	皂、舆、隶、僚、仆、台、圉、牧
军队只有骑兵或乘车的甲士，后始有步兵	先有车战，后始有步卒
出征必先集合，由大将祭祷	治兵于庙
出征必载着神像及邦火	出征必载主
战前必占卜，吉则战，否则否	战前必卜
凯旋时往庙中祭祀，献胜利品	入而振旅献俘
放逐	放逐
殖民	封建
主教每月初一宣布每月的佳节	告朔
邦忌，公共生活皆须停止	甲子不乐
各邦皆有记载礼仪的书	《礼记》
法律最初并无写本，后虽写出亦甚秘密	晋铸刑鼎，孔子讥之
各邦皆有史记，由教士掌管	各国宝书，亦由太史氏掌管
积木斧	殳

上中国及希罗古代相同制度共若干条，其详皆散见前九篇中。古朗士书，第一章言古邦的信仰。第二章言家族。第三章言邦，即古邦的起始及兴盛时代。第四章言革命，即古邦的变化时期。第五章言思想改变，古邦残毁，即古邦的衰落时期。由始至终，详赡无遗，足为古代社会研究著作的典式。我这篇序只杂列中国与西方的相同各节，即无古朗士的谨严，且学殖荒落，所获有限。而两年来颠沛流离，爰止无所，几乎无书可供参考。多凭记忆，难免舛错，尚希史学界多加纠正。并且希望古史学家对篇中提出诸问题加以指教。

中西相同的有这般多，我相信若细加研究，相同之处当尚不止此。汉族与西方民族同源之说，欧西学者曾屡经尝试。或以为与埃及有关，或以为与巴比伦有关。但证据皆甚薄弱，且时常只用孤证，从未见这般多的相同。以上这些条内，或者若干项是人类进化的普遍现象。但"祀火"一节，如埃及、巴比伦等古民族并未通用。然亚利安族则与汉族相同，且由祀火而出的各种制度亦相同，尚能对这些说汉族与亚利安族毫无关系么？史学家将这些问题，若加以研究，不止研究希罗古邦史能对我国古史有贡献，并且能反过来，用我国古邦史，对希罗古邦隐晦地方，亦有所说明。如此则对人类通史的帮助，真不算少。

这部书在去年上半年已经译完，下半年完全做修改及整理的工作，并将人地名等加以注释。最初我以为注释甚易，其实这步工作繁难异常，所费的时间比译全书不少。至于序中各节，草创多在去年，写出则始自今岁。附记于此，以识译此书的始末。

民国廿四年五月

中国古代图腾制度及政权的逐渐集中

上　篇

　　据最近欧美学者的研究，我们现在颇能明悉澳洲、美拉尼西亚、美洲各地土人的社会组织。为文字便利起见，就统名这类社会为原始社会。但读者不可因此就信为这是人类最古的社会，其实并不如此。这只是一种较有史时代起始时的任何社会皆低的社会。假使人类进化是有一个总方向的，那么这类社会的研究足供史前社会的推测、比较，亦因此而能说明有史社会的若干现象，说明他们的来源，只凭历史记载既不能得到史前社会的仿佛，亦无从说明有史时代的事实，以此，民族学的材料弥足珍贵。这篇文字并非欲简括报告原始社会的普遍研究，只欲以原始社会的若干事实与中国古代社会若干遗痕比较观看，以证明我国史前时代有否图腾社会，若有，则更进一步再观察由图腾社会进至政权个人化的社会的阶段如何，这就是本篇的目的。

　　先须说明何为图腾社会。原始社会组织的最小单位，常是一种非地域的团体。方人类未入农业时代，方游牧而未定居之时，迁徙无常，与地域的关系较少，不能以地域为团结的理由、特性，亦属自然。于是这种团体的团结在于共事一种图腾。图腾多系生物，"普通是动物或植物。这个团体自信出自图腾，图腾既做徽帜，亦做他们共有的姓。若图腾为狼者，各员皆信他们曾有过狼祖，他们亦各有狼性。于是他们就自称为狼的"（杜尔干 Durkheim 著《乱伦的禁止》La prohibition de I' inceste 2—3 页）。这种团体即民族学上所谓图腾团（Clan）。

　　去年我在《释生姓性旌及其他》文中，已经说明图腾实在即我国所谓姓。《左传》隐公八年：

> 众仲对曰：天子建德，因生以赐姓。

《说文解字》女部：

> 姓：人所生也。

《曲礼》：

> 纳女于天子，曰备百姓。郑《注》：姓之言生也。

《白虎通·姓名》篇：

> 姓者：生也（者字抱经堂本据《御览》增），人所禀天气所以生者也。

足证姓固然一方面代表人的姓名，另方面代表人所自出，"人所生也"。《公》《榖》定公四年：蔡大夫公孙姓，《左传》作公孙生；《书·汩作》《九共》《槀饫序》："别生分类"，亦即别姓分类；《史颂敦》，百姓；《兮甲盘》，诸侯百生；《齐侯镈》，保虘百生，皆即百姓。古代较原始字无偏旁乃其通例，这字同时表现图腾的动作，是动词而为生育、生长。因为同图腾各员皆共认出自他们共事的图腾（生），与图腾有同质（性），故皆冠以与图腾共同的名字，即姓。

由此看来，姓即是图腾，图腾团亦即原始宗族，有史时代家族的前身。

何惟特（Howitt）在东南澳洲各部落内，共查出五百个图腾名字，其中只有四十个非动植物；斯宾塞及吉伦（Spencer and Gillen）在澳洲北部调查过二百零四种图腾，其中一百八十八种系动植物。足证图腾以动植物为多系常例。我国古代姓多半系动物或植物，尤足为姓即图腾的有力证据。我在《释生》篇中已经约略说及，兹再引古籍中几个巨姓为例。

（1）风姓　风姓似是中国最古的民族，或者慎重的说，中国最古图腾团之一。风即凤，卜辞尚假凤为风（详友人董彦堂先生《甲骨文断代研究例》），足证商以前尚是一字。《说文解字》鸟部：

> 凤：神鸟也。天老曰：凤之像也，鸿前麐后，蛇颈鱼尾，鹳颡鸳思（腮），龙文龟背，燕颔鸡喙，五色备举。出于东方君子之国，翱翔四海之外，过昆仑，饮砥柱，濯羽弱水，莫宿风穴。见则天下大安宁（按风穴即凤穴，正因凤而得名。当时有人简作凡穴者，更误而为丹穴，如《左传》庄公二十二年《正义》及《太平御览》所引者。亦有作丹宫，如《初学记》所引者）。

《韩诗外传》八，天老对黄帝说：

> 夫凤象鸿前麟后，蛇颈而鱼尾，龙文而龟身，燕颔而鸡喙，戴德负仁，抱中挟义，小音金，大音鼓，延颈奋翼，五彩备明，举动八风，气应时雨，食有质，饮有仪，往即文始，来即嘉成，惟凤为能，通天祉，应地灵，律五音，览九德。

《说苑·辨物》篇：

> 凤，鸿前麟后，蛇颈鱼尾，……龙文龟身，燕喙鸡喝，骈翼而中注。

以上各书足证两汉学者所保存对凤的旧说皆略相同。因为他是风姓所敬礼的图腾，自然当有这般异貌，有这般威力，自然当是神鸟。原始人皆信图腾有非常威力，所以凤见则天下大安宁。他能在少时间飞行过这般多的地方，其速可见，因此亦名飘吹甚速之风（风雨之风）为凤。何况他原"举动八风"，风姓或亦曾有"风从龙，云从虎"（《易·乾》）的相类说法，风之起即由于凤之飞，亦未可知。《说文解字》谓他"出自东方君子之国"，而风姓定居似亦未出中国东部，凤乃风姓图腾，似非无因。这团的始祖相传是太皞。《左传》僖公二十一年："任、宿、须句、颛臾，风姓也，实司太皞与有济之祀。"有济即有齐，亦风姓，乃风姓支图腾团之一，以齐为图腾者。《说文解字》齐部，"齐：禾麦吐穗上平也"。其说近似而不十分的确。齐盖特种禾的名称，与秦同（《说文解字》禾部，秦：一曰秦禾名）。其穗上平，乃象形为齐，亦即禾部释稷之齌，或从禾，或省禾，实非异字。或者齐简直是稷，风姓名禾为齐，他姓则名禾为稷，字的来源不同，禾的种类并非歧异。总之，无论哪种解释，齐总是禾，有济以齐禾为图腾。齐地之得名即因齐团之定居其地，济水之得名亦然，各地名水名皆得自同名的图腾，考证家常谓地自水得名，实在错误，水又何自得名呢？有济在齐地，而任宿等国在鲁僖公时亦仍在鲁左近，传说谓太皞都陈，亦去山东不远，皆证风团自古即在东方。我并且疑心少皞亦风姓支图腾团之一的英雄。第一因曲阜乃少皞之虚，《左传》定公四年："命以伯禽，而封于少皞之虚。"足证少皞亦在东方；第二因为少皞以鸟名官，而凤鸟氏最尊为历正亦与风姓之凤图腾相合；第三因为《左传》昭公十七年郯子举少皞诸官，谓爽鸠氏司寇也，而昭公二十年晏子谓爽鸠氏始居齐地，亦足证少皞所属亦在东方（关于少皞诸官，下文再讨论）；第四因为太皞少皞之太少似正所以分别先后，如商人之称大甲小甲。少皞即青阳，乃皇甫谧说，不足信，《史记》《戴记》皆不如此，少皞属风姓支图腾团，而非属姬姓支图腾团，似颇近理。

（二）姜姓　姜乃以羊为图腾，其义甚明。因为姜姬两团的关系特别密切，所以我疑心他们最初乃部落中的两部 Phatry，与姬团同时讨论，似较便利。羌亦即姜，不过姜的进化较速，羌则较落后而已。晋有姜戎，亦系落后的支派。较早的姜团程度当与汉时西羌相仿佛，《后汉书》所记如下：

> 西羌之本，出自三苗，姜姓之别也。其国近南岳，及舜流四凶，徙之三危，河关之西南羌地是也（河关县属金城郡。已上并《续汉书》文）。滨于赐支，至乎河首，绵地千里。赐支者，《禹贡》所谓析支者也。南接蜀汉徼外蛮夷，西北鄯善车师诸国。所居无常，依随水草。地少五谷，以产牧为业。其俗氏族无定，或以父名母姓为种号。十二世后相与婚姻。父没则妻后母，兄亡则纳釐嫂，故国无鳏寡，种类繁炽。不立君臣，无相长一。强则分种为酋豪，弱则为人附落。更相抄暴，以力为雄，杀人偿死，无他禁令。（《后汉书·西羌传》）

羌乃姜姓之别，系沿用《续汉书》旧文，这句话颇为重要，足证两姓的同源；不立君臣，足证他们彼时尚系平等社会，尚未有首领出现；其俗氏族无定，盖因他们尚未脱离母系时代，尚姓母姓，父子不同姓，在汉人以父系社会眼光观之，自然以为无定。但已能用父名，则社会已渐向父系转变。最重要的在无君臣，而同时社会方在母系父系之际，这与多数原始社会父系与首领同时出现，亦颇相合。纳釐嫂乃兄弟共妻制（Levirate）的遗痕，亦原始社会常行的习惯。

（三）姬姓　姬之意义颇隐晦，其文古作㛐，与莔同字，我在《释生》篇已经说过：莔乃虋之别名，或亦用植物为表识者。《说文解字》艸部：

> 莔，虋也。又虋：楚谓之蘺，晋谓之虋，齐谓之莔。

此外《离骚》：岂维纫夫蕙茝。《注》：蕙茝皆芳草也。但《庄子·至乐》：颐辂生乎食醯。司马彪以为虫名。《列子·天瑞·释文》亦以为虫。㛐乃芳草较为近似，因颐辂双名而非单名颐。不论㛐到底确系动物或植物，但他确系代表姬姓图腾而未离开动植物，则无疑义。澳洲中部土人所画图腾总是完全符号的，永未想实地表现图腾的真正形状。外人观之，甚难看出他所代表的究系何物，若非其团的老人，亦不能解说明白（弗莱塞 Frazer 著《图腾制度及外婚制》Totemism and Exogamy，第一册，198）。观此，则由图腾的符号以推测图腾原物，常系极困难之事。欲明姬姓的匝图腾究系代表何物，实甚困难，亦是自然的了。

姬姓自古在中国西部，成王灭殷践奄后，封伯禽于鲁，其势力始达中国东部。即姜姓似乎最初亦是西方图腾团，后与姬姓同时东渐者。《水经注·渭水》篇："岐水又东径姜氏城南为姜水。"足证因姜图腾而得名的姜水及姜氏城皆在陕西，姜团的势力范围亦在西方。原始社会每个部落常分二部或四部，每部各包括若干图腾团。据杜尔干的研究，部最初亦是个图腾团，后因分析作用，化分为若干团，但这些团未曾忘记从前的旧关系，遂发生团与团的新联络而成部。因此从前团内实行的外婚制，现在更沿行至部内。凡同部各团间不准通婚，异部各团方准通婚。并且最初异部落各团不容易接触的时代，通婚只能在同部落各部内。北美初民社会部落中常分若干部，部再分为若干团，团常再分出支团（Sub-Clan）。这些有时甚易看出显系分化作用，若毛希堪人（Mohican）的狼部下分狼、熊、狗、貔团；龟部下分小龟、泥龟、大龟、鳗鲡团；吐绶鸡部下分吐绶鸡、鹤、小鸡团。狼部分出各团皆系兽类，龟部分出者皆系水族，吐绶鸡部分出者皆系禽类。固然甚多部落的部与团名不必若此整齐，但其属分化则同。图腾团既系宗族的前身，团之分支团亦若宗法社会的同姓再分出各宗，团名（或部名，部亦系团也）即姓，支团名即氏。部以统团，团以统支团，等于同姓统同宗，同宗统同族。我曾在《释生》篇举出姜姬两姓婚姻之频繁，姬姜颇似部落中的两部，每部各有若干团。姜部中有吕团，所以齐太公有时曰吕尚，有时曰姜尚。春秋之齐盖出自姜部吕图腾团，观齐姜之称（鲁文姜、卫宣姜等），则齐确姓姜，但《周书·顾命》：

> 太保命仲桓南宫毛俾爰齐侯吕伋以二千戈、虎贲百人，逆子钊于南门之外。

《左传》昭公十二年，楚子说：

> 昔我先王熊绎与吕伋、王孙牟、燮父、禽父，并事康王。

则吕伋乃西东周的通称。不称姜伋而称吕伋，即因他属于吕团。

姜姓尚有申纪许诸国，但不能据此遂说姜部中亦有申纪许诸团。图腾团定居于某地之后，其地亦因此而得图腾的名字，所以根据地名，我们常能推测以前的图腾及图腾团。但某图腾的定居于某地，即某地始称某名（即图腾名）之时常距离古代记载或器物上（自然现在所能看见的记载或器物）初次见这地名时已甚辽远，其间常已经过多次变化，时常这姓经过地域化而变为地名的图腾，又因他姓之代居其地，而变为另姓的氏。虽然后来的氏姓已失其图腾性质，但广义的看起来，亦可以说后者乃与前者现象相反，以前乃图腾地域化（姓变为地名），后乃地名图腾化（地名变为氏）。如此反覆，现在虽然能知道这尚系远古的图腾，但颇难确知他与何部或何团有关，这乃研究图腾的最困难问题。我再引一例证，以说明上面所说的图腾地域化及地名图腾化的现象。

舜的图腾是仁兽的驺虞，由尧舜的密切关系看来，虞团与唐团定居的地方当不甚远，所以相传春秋的虞国即舜的旧地，似甚合理（其详见下祁姚妫条）。于是虞图腾地域化而虞地得名。后来周灭虞国，以封仲雍之后，遂为西东周的虞国，姬姓的虞国遂以虞为氏，于是地名更图腾化而为氏。幸而现存载籍中对舜与虞的关系，及周初封虞的故事，尚不十分残逸，使我们尚能确知虞系姚姓的支图腾团，而非姬姓的支图腾团。假使记载残逸，真难确定虞属姚姓抑属姬姓，或者只知后段历史，岂不信为虞乃姬支图腾团的么？现在对各图腾团演变史，能知道的实在是例外，经过历史的兼并，经过周初有系统的封建，各团的旧痕所余无几，这亦为研究时应当极矜慎的理由。

反回来再说吕申纪许。吕，《说文解字》吕部：

> 昔太岳为禹心吕之臣，故封吕侯。

太岳为禹臣之事，现在固无法证明真假，但因为心吕之臣，就封吕侯，亦若赵破奴从骠骑将军征匈奴有功，就封为从骠侯，这只是汉朝的方法。我以为吕即闾，《北山经》：

> 县雍之山，其兽多闾。注：即羭也，一名山驴。

羭亦羊类，吕为姜部支图腾甚合。上面说姜部中有吕团，因为周初吕尚吕伋已称吕，则姜姓之吕非由周封建而来，为姜部固有图腾的可能性比其余皆高，故暂假定如此，并俟以后的证明。且《周语》亦说："赐姓曰姜，氏曰有吕。"似非无稽。

至于纪，金文皆作 己，其形类虫，或亦以动物为图腾者。申之金文作 冄，乃以电为图腾者，与陈似相类。许古作鄦，即无，亦以树木为图腾者。这几种是否曾经过图腾地域化后再图腾化的现象，现在无法证明，故对于他们是否姜姓素有的支图腾团，现须阙疑。

炎帝黄帝似姜姬两部的始祖，而政权集中后历世首领仍沿袭其称。炎帝黄帝并非一人的称谓，所以传记中或称黄帝为有熊氏，或称为缙云氏，或称为帝鸿氏、轩辕氏，称炎帝为神农氏，或称为连山氏，烈山氏，魁隗氏，至为纷歧，亦即因此。《晋语》司空季子曰：

> 昔少典取于有蟜氏，生黄帝炎帝。黄帝以姬水成，炎帝以姜水成，成而异德，故黄帝为姬，炎帝为姜。

这不与夸求特鲁（Kwakiutl）的神话相似么？夸求特鲁的两部：圭第拉（Guetela）及苟谋因（Gomoyne）相传是双生子，一人食其母右乳，一人食其母左乳。大卫（Davy）以为这是极简单的最初部落中的两部，神话即两部的回忆（《从图腾团到帝国》Des Clans aux Empires，卷上，第三章）。这尤足证姬姜旧系两部，两姓关系的密切由来已古。

（四）祝融八姓　表示图腾团最明晰者，莫过于祝融八姓。《史记·楚世家》：

> 其长一曰昆吾，二曰参胡，三曰彭祖，四曰会人，五曰曹姓，六曰季连，芈姓，楚其后也。

《郑语》：

> 祝融亦能昭显天地之光明以生柔嘉材者也。其后八姓，于周未有侯伯。佐制物于前代者：昆吾为夏伯矣，大彭、豕韦为商伯矣，当周未有。己姓：昆吾，苏，顾，温，董；董姓：鬷夷，豢龙，则夏灭之矣。彭姓：彭祖，豕韦，诸稽，则商灭之矣。秃姓：舟人，则周灭之矣。妘姓：邬，郐，路，偪阳；曹姓：邹，莒；皆为采卫，或在王室，或在夷狄，莫之数也，而又无令闻，必不兴矣。斟姓无后。融之兴者，其在芈姓乎。

《大戴礼·帝系》：

> 颛顼娶于滕奔氏，滕奔氏之子谓之女禄氏，产老童。老童娶于竭水氏，竭水氏之子谓之高纲氏，产重黎及吴回。吴回氏产陆终。陆终氏娶于鬼方氏，鬼方氏之妹谓之女隤氏，产六子，孕而不粥，三年启其左胁，六人出焉（《世本》：剖其左胁，获三人焉；剖其右胁，获三人焉）。其一曰樊，

是为昆吾；其二曰惠连，是为参胡；其三曰籛，是为彭祖；其四曰莱言，
是为云邹人；其五曰安，是为曹姓；其六曰季连，是为芈姓。……昆吾者
卫氏也，参胡者韩氏也，彭祖者彭氏也，云邹人者郑氏也，曹姓者邾氏也，
季连者楚氏也。

据《郑语》则昆吾为己姓。彭祖彭姓，楚芈姓，及曹姓，皆甚明显。《帝系》称邹人为云邹人，则邹人妘姓亦无问题。《郑语》在此外尚有董姓、秃姓、斟姓。韦昭注：董姓己姓之别，秃姓彭祖之别，斟姓曹姓之别。《史记·索隐》引宋忠说：参胡国名，斯姓无后。《郑语》谓斟姓无后。斟姓即参胡团的图腾，韦昭谓系曹姓之别恐误。足见这最初是六个图腾团，加以董姓、秃姓二支图腾团，而成祝融八姓。兹简括为表如右：

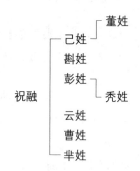

己金文作 **己**，与纪字同。上文讲姜姓时，我已经怀疑纪非姜姓的支图腾团，观此则我的怀疑未尝无理。纪地之得名盖由于己姓之始定居其地。周初封姜人于纪，后来姜姓之有纪氏，因纪地地名之图腾化，而非姜姓素有纪支团，定居后因名其地为纪。初研究图腾问题时，颇疑用同物为图腾者不必属同团，譬如祝融后有己姓，姜姓亦或有己团，虽皆以己为图腾，而非同团。原始社会团体甚多，而物之能作图腾者非无量，则有两团，甚而至数团，同用一物为图腾，自非不可能的事实。但细研究后，这说似是而非。一团的图腾为一团各员所自出，各团员亦因此而互相团结，亦表示此团与彼团的不相同。若两团相邻而用同图腾符号者，两团自然合而为一，根本无异团同图腾的存在。若两团相隔甚远而用同物为图腾者，两团的语言不尽相同，表示图腾的图画（即最原始的文字）不尽相同，图腾的物形虽同，然在文字上的形声皆不相同，所以在文字上看，异团不能有同图腾，文字上图腾同者必系同团。请再举实例为证。譬如莒以芌为图腾（《说文解字》艸部，莒：齐谓芌为莒），邘亦以芌为图腾者，物虽同而字形则吕与于不同。自然地名图腾化的现象除外，但这种乃图腾地域化以后的现象，未地域化以前并不曾有。

《晋语》司空季子说："黄帝之子二十五宗，……为十二姓。"内有己姓在内。上文讲姬姓时所以未提及者，即因我对这句话甚怀疑，以为较晚理想的组织。表面看这颇似姬部的十二团，但如己姓就颇发生问题，显然与祝融团的相

似。照上面所说，这现象就不应有。东周时固然有同氏者，如郑有孔氏（公子嘉之后），宋亦有孔氏（孔父之后），但这既系周代文化已渐统一以后的现象，亦系以祖父字为氏以后的现象，这时已距图腾社会甚远，不能与初民并论。恐怕就因为氏常有重复，所以周人重视"辨姓"，由辨姓看来，亦能反证姓在文字上系无重复的，否则辨氏已足，辨姓不比辨氏优越且更有把握了。所谓姬团诸宗，下文当分别研究其图腾，兹仍探讨祝融团。

董即重，董姓既系己姓之别，与祝融团出自重黎之说，亦相符合。重童古亦系同字。《说文解字》辛部：奴曰童。祝融团既系黄河流域旧姓（其说见下），后他团占据其地时，这团降为被统治的阶级，所以名最下级之平民为黎民（《尧典》：黎民于变时雍），而谓奴隶为重（童）。董之图腾究系何物，虽难窥测，但《左传》昭公二十九年蔡墨说：

> 古者畜龙，……（董父）实甚好龙，能求其耆欲以饮食之，龙多归之，乃扰畜龙，以服事帝舜。帝赐之姓曰董，氏曰豢龙。

凡属某图腾团员，能知事其图腾之道，在近代初民社会中亦常见之事。董父能求龙的嗜欲，龙系他的图腾，乃极可能的事。并且龙为灵物，古人极重视之，亦必系古图腾之一。《说文解字》谓龙童省声，则两者有关，似非无因。

云即妘，金文皆作娟。《郑风》疏：云员古今字。固然难知道他代表何物，由 𩰊 形看来，或亦虫类？

秃：《说文解字》秃部：

> 秃：无发也。从儿，上象禾粟之形，取其声。

实在秃象禾秀之形（段茂堂谓粟当作秀），人无发乃后起的引申义。段茂堂说："其实秀与秃古无二字，殆小篆始分之。今人秃顶亦曰秀顶，是古遗语。"最初秃团当以秃（禾）为图腾，亦如秦团之以秦禾为图腾，齐团之以齐禾为图腾者。初民社会团员时常有特别装饰，如北美印第安欧马哈人（Omaha）的水牛团儿童将头发剃成两团，以表示水牛的两角，鸟支团人额上留发一蔟，表示鸟喙，顶后一蔟表示鸟尾，两耳上各留一蔟表示两翼，龟支团人留发前后各一蔟，左右各二蔟，以表示头尾及四足（道尔赛 Owen Dorsey 著《欧马哈社会学》Omaha Sociology，229，238，240 页）。秃团想亦类此，习俗将发剃秃，所以他团见无发的人亦谓之曰秃。

彭斟两团的图腾其难确知。顾即鼓（王静安说），顾与彭同属祝融团，而彭又训鼓音，彭的图腾与鼓所表现的或不无若干关系。彭的初义亦必与鼓相类，而鼓音乃引申之义。斟从甚，疑即葚，以桑葚为图腾者。

据《左传》载寒浞灭相时，同时亦灭斟灌斟鄩，少康复国时亦深得这两国人的帮助。这两个名字皆含有"斟"字，对此有三种假设如后：第一个假设：斟灌、斟鄩皆系斟团的支团，斟所以表示他们皆出自斟团，灌与鄩系支图腾以互相区别者。在他团中亦曾见此例，如《左传》文公十四年有舒蓼，成公十七年有舒庸，襄公二十四年有舒鸠，即所谓偃姓的群舒，舒系总图腾，蓼、庸、鸠系支图腾以互相区别者。第二个假设：斟所以区别灌及鄩与其他灌及其他鄩者，如楚所都之郢亦称纪郢〔《水经注·沔水》篇：楚昭王为吴所迫，自纪郢徙都之（都）〕，所以区别于其余郢。第三个假设：灌鄩虽非斟的支团，但这两团的人皆曾与斟团通婚，后人因取母姓的斟与父姓的灌鄩相合而成斟灌、斟鄩。这种亦曾有例证。尧姓伊祁氏，《帝王世纪》曰："帝尧陶唐氏，祁姓也。……或从母姓伊氏。"这书所载虽常不足靠，但从母姓乃父系制度未行时旧俗，此言必有所受，否则皇甫谧处父系社会发达已经千年以后，决难理想当时型范以外的社会而强造。总起来说，由前个假设，斟灌、斟鄩皆属斟团；由第二个假设，则灌鄩皆在旧斟团所定居之地；由后个假设，灌鄩与斟系甥舅之团。杜预谓灌鄩皆夏同姓，其言想据《世本》，若果足信，则夏与祝融团或系共祖（1），或者地理上极相错综（2），或系甥舅之团（3），皆更为妞团与祝融团的密切关系多一佐证。

曹，金文作嬼，则以枣为图腾者。

芈，《说文解字》释为羊鸣，我以为芈的初义是一种羊，甚而就是羊。姜姓谓羊为羊，芈姓谓羊为芈，实是同物。芈象羊形，而音则取其自呼之声，所以同时亦谓羊为芈。

他们有种共同关系，亦可说有种共同观念，即认祝融为共祖。祝融即始祖的称号，亦即政权初集中时团首领沿袭的称号，观重黎及吴回皆曾号祝融，则非人名可知。祝及父皆原始社会首领的称号，其意与工、巫等字相似，不过这团名为父，那团名为祝（兄），另外有些团名为工、名为巫而已。后来各团文化互有交换，政权亦更集中而愈有等差，于是父变为高级，祝变为较低。父系首领而非血统的父姓，祝即兄，《释主》篇已经详细说明，兹不再赘。或者首领之有祝称，始自祝融，后始为他团所采用，但现在史料无从证明这节。六个图腾团既有共祖，或者最初皆同时或陆续出自一个较原始的图腾团。这个较原始的图腾团的图腾今不可知，或者即后来分出的六个图腾团中图腾之一。这假设若能成立，则妘、己两图腾的可能性较高。《毛诗谱》：

> （桧）昔高辛氏之土，祝融之墟，历唐至周，重黎之后妘姓处其地。

墟即虚，即丘，观商丘以商图腾团定居其地而得名，帝丘以颛顼图腾团定居其地而得名，则祝融之虚即以祝融图腾团始居其地而得名无疑。《左传》哀公十七年：

> 登此昆吾之虚……公入于戎州己氏。

此时卫已自楚丘迁于帝丘，则帝丘亦昆吾之虚，且其左近有己氏，亦必昆吾的遗民，足证昆吾的旧居实在卫。帝丘亦颛顼之虚，而祝融八姓亦自谓出自颛顼（《离骚》首即谓"帝高阳之苗裔"，屈原楚之宗室，亦即祝融之后，自陈祖典，似不应伪，且与《史记·帝系》亦合），则八姓最初必在卫左近。所以说妘己两姓皆有较原始图腾团的资格。兹为慎矜起见，仍名为祝融图腾团，其后分为六团，其中三团更分出三或二支图腾团（韦昭注《郑语》谓斟姓曹姓之别，但宋衷注《世本》谓参胡斟姓无后，据韦则三支团，据宋则二支团，宋较近似）。

《世本》说"剖其左胁，获三人焉；剖其右胁，获三人焉"，所载与《帝系》不同。若照这说，祝融团最初颇似有两部的组织，即己、斟、彭为一部，员、曹、芈为一部。前者或即己部，后分出斟、彭两团；后者或即员部，后分出曹芈两团。后斟、彭、曹、芈渐成独立团而与己员并立。这说颇能解释何以己员两图腾有更较原始图腾的资格。若这说果系旧传说，假设即能成立，则我所谓祝融团者实在是一个部落，其下更分两部，而非一个团了。

《帝系》谓"昆吾者卫氏也，参胡者韩氏也，彭祖者彭氏也，云郐人者郑氏也，曹姓者邾氏也，季连者楚氏也"。各氏字《世本》皆作"是"，则其意谓昆吾所居即后之卫地，参胡所居即后之韩地，其余亦莫不若此。由此颇能窥见地理上的分布。但我意祝融团较早实在黄河左近，团聚于东周的卫郑两地及其左近。己团在卫，员团在郑，前面已经言及。卫有楚丘，卜辞中亦有"伐芈"之文，芈想亦系在卫左近。楚地之得名即由于楚团之定居其地，由后来南方之楚系芈姓，能悉楚团与芈团有相当关系，或楚团乃芈团支图腾团之一，从前皆在卫地左近。曹地之得名即由于曹团之定居，虽然西周封叔振铎之曹（曹都在今定陶县），亦距卫不远（楚丘在今滑县东十里），但我以为较前曹团定居地距楚丘尤近，当在卫之漕邑。《邶》《鄘》诗屡言漕邑（《泉水》《载驰》），亦即《左传》闵公二年所谓"立戴公以庐于曹"之处。据《鄘风·定之方中传》，谓"升彼虚矣，以望楚矣"之虚即漕虚，则其地距楚丘不远。楚丘，杜氏谓在晋代济阴成武县西南。此曹在卫东境（今滑县南二十里），即曹团初定居之地，后更东迁，而至西周曹国之地。曹漕初无二字，后为辨别两地而加水旁为漕。至于彭团，《汉书·地理志》谓"彭城，古彭祖国"。固然彭城去曹不甚远，但我疑彭团较早亦在卫左近，彭城系被商人逼迫而退处的地方。《诗·郑·清人》：

> 清人在彭。《传》：彭，卫之河上，郑之郊也。

此《诗序》据《左传》闵公二年，实指狄侵卫，郑文公使高克戍河上之事，则彭在郑卫之间，临河之地，似甚合理。此即彭团旧处之地。固然《左传》昭公十二年，楚灵王曾说："皇祖伯父昆吾，旧许是宅。"许在郑楚之间。我们虽未能确知昆吾居卫居许之孰先孰后，但楚王之说仅据以声明楚对郑所占旧许地的旧权利，所以说昆吾宅许而不提及昆吾居卫，不能以此遂断昆吾先居许也。现对祝融团各支，除参胡以外，己、彭、员、曹、芈，莫不曾屯聚卫郑两地，由以上所说足证。只参胡韩氏曾入于山西，周时司寇苏公之后封邑内有温、樊（《左传》隐公十一年），《郑语》谓苏、温皆己姓，固然现在不确知苏公是旧居其处抑武王所始封，但樊之得名明明由于昆吾团，则其地似久已有己姓。祝融团似沿河西上以至于韩者。总之，较古之时，祝融团尚屯居黄河左近，北以卫（帝丘）为中心，南以郐（祝融之虚）为中心，确系中国的旧民族。并且他们与夏的关系甚密，虽不能说以前出自同团，但颇似极密切的邻居。《逸周书·尝麦解》：

> 皇天哀禹，赐以彭寿，思正夏略。

而己团之昆吾及顾，彭国之豕韦，皆于商灭夏桀时同被翦灭（《商颂·长发》：韦顾既伐，昆吾夏桀）。祝融团的南奔亦必在此时。周之灭商乃东西两集团分胜负的决战，为中国古史上极重要变动，现在学者已经注意到这层；商之灭夏亦与此有同等重要，但尚无人注意到。商旧系北方（现在河北的北部以至于中国东北部）的居民，这层下文讲商的玄鸟团时当详细说明。商人逐渐南下，不只与夏冲突，且与夏的友团祝融团冲突。商之灭夏同时亦灭祝融团，这是南北两集团的决战。祝融团中有一部分被商人所征服，所以卫尚余有己姓，邾尚余有员姓，曹邾尚有曹姓。其余则纷纷南窜。《史记·楚世家》谓"熊绎居丹阳。"徐广曰："在南郡枝江县。"《舆地志》："秭归县东有丹阳城。"秭归汉亦属南郡，则熊绎所居丹阳，实在枝江秭归间，《汉书·地理志》误以为丹阳郡之丹阳。固然熊绎所居不能说即芈团最初所窜之地，但《地理志》南郡尚有邔县，显然因己团窜居其地而得名；并且东周的郧国当系员团窜居之地，《括地志》云："安州安陆县城，春秋时郧国城。"汉时安陆属江夏郡，而《地理志》江夏郡尚有邾县。显然员团及曹团的邾支团亦皆南窜至汉江夏郡地。或者有人引《地道记》："楚灭邾徙其君此城"（《后汉书·郡国志注引》，《水经注》亦有此说），以为邾非商初南窜而系周末南迁。无论段茂堂对此说已认为不合（《说文解字》段注邑部邾下），纵令其确实，在全盘上亦不能推翻上面假设。这只说邾团而未涉及其余。且郧国自东周之初已自在南，其处并有郧水，其得名亦自员团；楚更久已在南方。总之，仍足证祝融团因商灭夏而由黄河流域南徙至江汉流域（汉南郡江夏郡地）。我疑心彭团亦由于此时东南迁，至于彭城。不过彭团的力量尚不过弱，所以当商世尚能称霸。

商与祝融团的斗争，与商朝相终始。卜辞中有"伐敱"（即顾，王静安说）"伐芈"之文，对祝融团的遗民尚不断的逼迫，亦足证祝融团遗民尚不断的反抗。彭国至商末仍为商所灭。《商颂·殷武》"挞彼殷武，奋伐荆楚"之文，有人疑为宋襄公时所作，但若细审商及祝融团的对抗状态，则商朝曾讨伐楚，亦非难能之事。以此作《商颂》年代问题的佐证，亦不甚充分。

《郑语》"曹姓：邾，莒"这句话颇启发我上文所提及的己姓问题。这问题的错误似如下者，这只是后人未明白图腾地域化及地名姓氏化的双层现象而发生的误解，不必是有意的作伪。上文讲过少皞曾居山东，其间自能有少皞团的支团，莒似即支团之一。莒支团屯居莒地，其地因此得名。这支团以莒为图腾，即姓莒而非姓己。后己姓夺其地遂成东周的莒国，这后莒姓己而非姓莒（所谓东周的莒国，并非说己姓夺莒地即在东周时，事实并不如此，《左传》隐公二年《正义》引《世族谱》称武王封兹舆于莒。然则其建国至晚在西周之初。至于前莒，莒或依图腾，或系支图腾，现皆难确说）。观《左传》中鲁孟穆伯所娶莒女皆姓己，则后莒国确系己姓，《国语》称为曹姓，盖因己曹皆属祝融团而误记。后人一方面知前莒系少皞后（少皞团支团），另一方面知后莒系己姓，但昧于图腾演变的双重现象，误认前莒即后莒，遂以少皞为己姓。再因他种原因误以少皞为黄帝之子，己姓遂变为黄帝二十五宗之一，自然不成问题了。我深信古史上不少错误皆由这种前茔后茔问题所造成，这问题实在太使人迷离惝恍了。

商与祝融团的交恶更有间接证据。春秋时鲁两次献俘于亳社。昭公十年：

> 平子伐莒，取郠，献俘，始用人于亳社。

哀公七年鲁伐邾：

> 以邾子益来，献于亳社。

亳社乃商人的社，因为鲁的国民系殷遗民，所以鲁有亳社。但何以属姬姓的鲁人获胜不献俘于周社而献于商人的亳社？杜氏以其（邾）亡国与殷同，这真是谬说。献俘所以媚神，若献邾俘只为的他亡国与殷同，这只能使殷的亳神认为奇耻，岂不发生相反的结果？固然鲁的平民系殷人，但打胜仗不只由于人民的力量，统治者的力量尤甚，在孟子的民为贵学说或其相类思想尚未发生以前，各邦的思想自然如此。那么，统治者系姬团，献俘于周社不更合理么？我的解释如下：邾莒皆属祝融团，而祝融团与商人为世仇，在商朝曾屡受逼迫、战败，商人的神对祝融团曾有几百年的积威；鲁在伐邾伐莒以前必曾祷过亳社，欲假商图腾的威灵，征克素畏他的祝融团。果然战胜，自然不能不谢神献俘于亳社而不于周社了。

并且伐莒的季平子亦曾因逐昭公而祷过炀公；后昭公果被逐而薨于外，炀公接受了季平子的请求，显了威灵，所以季平子又将已毁的炀宫重建起来（《左传》定公元年）。季平子何以祷于炀公？据《史记·鲁世家》："伯禽卒，子考公立；考公卒，弟炀公立。"考公是大宗，炀公是小宗。自炀公以下，鲁君皆系小宗的子孙，而非大宗考公的子孙。以小宗代大宗，炀公是鲁史第一人。季氏与昭公比较，他是小宗的季友之后，昭公是大宗的庄公之后，季平子想逐昭公，亦希望如炀公之以小宗代大宗，所以他祷于炀公。为以小宗代大宗，就乞灵于第一次小宗代大宗的炀公，为伐祝融团的邾莒，就乞灵于素为祝融团所畏惧的商人的亳社，两种心理仍旧相同。观季平子立炀宫的举动，就能明白上面对邾莒的假设并非完全想象的了。

（五）祁姚姒　除以上各姓外，古史中曾占重要地位者，尚有尧舜禹汤等帝王，现尚须详细研究他们的图腾。

记载中谓尧祁姓，舜姚姓，夏姒姓。栾桓子娶于范宣子曰栾祁（《左传》襄公二十一年）。范宣子自称陶唐氏后，则祁系陶唐的姓。舜姚姓见《说文解字》。夏姒姓见于《周语》《史记》，而禹后之杞亦姒姓。

若祁字字形未变，则示乃祁姓的图腾。《说文解字》示部：

> 示：天垂象，见吉凶，所以示人也。从二；三垂，日月星也。

示之初义不必如此复杂，想与天上的自然现象有关，示之为图腾，亦如申之以申（电）为图腾者。由祁姓的图腾而变为普遍的神的名称，乃由私名变为公名，亦文字演变的通例。祁在春秋时为晋祁奚封邑，在现在山西，距唐不远，亦足证祁团久以山西为其势力范围。

姚或即桃，以植物为图腾者。《水经注·涑水》篇："（洮水）东出清野山，世人以为清襄山也。……然则涑水，殆亦洮水之兼称乎？"《后汉书·郡国志》："闻喜，邑有洮水。"《左传》昭公元年亦谓"台骀能业其官，宣汾洮"，洮水亦在汾水左近。水之得名既由姚团，姚团的势力范围亦在山西。

姒我在《释生》篇中曾据吴清卿说，以为姒即始，而姒的图腾为枲。但我细研究这问题，有另种解释更合理。《论衡》：

> 禹母吞薏而生禹，故夏姓曰姒。

《史记正义》引《帝王世纪》：

> （修己）又吞神珠薏苡，胸坼而生禹。

《帝王世纪》这书所说虽常不可信，但有《论衡》作证，似尚系旧说，而非完全伪造。这与玄鸟生商变为简狄生契的故事曾经过同类演变（玄鸟演变见后商条下）。由此可上溯至这故事的真面目，即苢生姒姓。且旧说亦有以薏苡生指禹之先辈者，《白虎通·姓名》篇引《刑德放》：

> 禹姓姒氏，祖昌意以薏苡生。

昌意及禹皆生自苢，足证其先必有苢生姒全体之说，而不专指禹。不过苢最初似指苤苢而非薏苢。《说文解字》艸部：

> 蓚：蓚苢。
> 苢：苤苢，一名马舄。其实如李，令人宜子。

《逸周书·王会解》：

> 康民以桴苢者，其实如李，食之宜子。

汉人或常见薏苢，少见茉苢，或汉时茉苢的名称已改，遂以苢为薏苢。其实姒之图腾当系茉苢，因为他系图腾，姒姓皆出自他，所以说他令人宜子。茉苢令人生子之说，由来已古，所以凡说茉苢，即令人想到生子。《毛诗序》：

> 《茉苢》，后妃之德也，和平则夫人乐有子矣。

《毛传》：

> 茉苢，……宜怀任焉。

茉苢所以宜子的缘由，即因为他是姒姓的图腾，彼时社会深信凡某图腾团团员皆系某图腾所生，修己既吞苢而生禹，而生姒姓，则苢自然令人怀妊。最初苢只宜生姒姓，后扩充至于全人类，自然普遍的宜子了。所以《本草》说，"车前子，……令人有子，……一名茉苢。"或者有人以为令人有子这话实在荒唐，减轻其说，而变为《毛诗草木疏》的"其子治妇人难产"了。茉苢之治难产，并非科学的经验，而出自图腾的信仰，足证图腾社会的研究，不只与社会重要制度有关，且下至医药，亦不无影响，然则这研究的重要愈足见了。

祁姚姒图腾团各有支团，譬如唐虞夏。

这支团的图腾如下：

唐 《诗·桑中》：

> 爰采唐矣，沫之乡矣。《毛传》：唐蒙，菜名。

《尔雅·释草》：

> 唐蒙女萝；女萝，兔丝。

是唐乃植物。且《桑中》下章所言爰采麦，爰采葑，皆系植物，则唐同类亦甚合理。

虞 《说文解字》虍部：

> 虞：驺虞也，白虎黑文，尾长于身，仁兽，食自死之肉。

《毛诗·召南·驺虞》：

> 于嗟乎驺虞！《毛传》：驺虞，义兽也，白虎黑文，不食生物，有至信之德则应之。

足证虞是异兽，与上文所说凤姓的图腾凤的怪异相类。凤鸟天下有道方出，而虞亦应至信之德，愈见图腾的威显了！

夏　《说文解字》夊部训夏为"中国之人"。以夏称中国人已含有统一观念，初民决不能有，自然系后起之义。夊部尚有两篆：

> 夒：贪兽也，一曰母猴，似人，从页，已止夊其手足。
> 夔：神魖也，如龙，一足，从夊，象有角手人面之形。

夏之初义当亦与此相似，乃兽类，字乃象形，亦即夏的图腾。政权集中后，更经过屡次的扩充与兼并，夏方有夷夏的意义，《说文》所举的是广义。

唐虞夏皆非一人所独称。夏乃夏后氏所共号，为人所周知，不必再繁说。虞则《左传》襄公二十五年：

> 昔虞阏父为周陶正。

哀公元年：

> (少康)逃奔有虞，为之庖正，以除其害。虞思于是妻之以二姚，而邑诸纶。

虞思之女姓姚，则虞思亦姚姓，与舜同。虞阏父为陈之始封君胡公之父，陈系舜后则阏父亦舜后。以上皆足证虞系共有的图腾，而非私人的图腾。《左传》襄公二十四年：

> （范）宣子曰：昔匄之祖，自虞以上为陶唐氏，……在周为唐杜氏。……
> 杜《注》：周成王灭唐，迁之于杜，杜伯之子隰叔奔晋。

则唐亦系共有的图腾，而非个人图腾。

唐、虞、夏乃祁、姚、姒的支图腾团。《史记》谓尧、禹皆都平阳；周成王灭唐而封叔虞，故曰唐叔，而《左传》定公四年祝佗亦说：

> 命以《唐诰》，而封于夏虚。

夏虚乃因夏图腾团之屯居其地而得名，但明明称曰唐叔，居唐国旧地，而曰夏虚不曰唐虚，即因其地乃唐夏所共处，夏虚即唐虚也。至于虞图腾团所屯居之地在春秋之虞国，并不在夏虚。固然舜受尧禅后（关于禅让的解释，下文论及政权集中时再详说），亦可能即位于尧都，在尧都掌持事务，但他的图腾团并不居夏虚，而仍在虞虚。

由以上所说演绎出下列假设：即唐虞夏共合成部落，而唐夏属其中一部，虞属其中另一部。或者亦可说祁姒属一部，姚属一部。但后者不是必须，祁姚姒各部或早已分出唐虞夏各团，后各新团又组成部落，唐虞夏各团遂变成新部落中的各部。虽然现在只知道尧的二女嫔于虞（《尧典》）及虞思妻少康以二姚（《左传》哀公元年），未能有姬姜那般婚姻频繁的史料，以佐證这个假设，但我亦有两个间接证据。《左传》哀公六年引《夏书》：

> 惟彼陶唐，帅彼天常，有此冀方，今失其行，乱其纪纲，乃灭而亡。

足证夏人所奉者仍系陶唐的"行"，的"纪纲"。亦即说夏的制度仍与陶唐者同。《左传》哀公元年：

> （少康）逃奔有虞，为之庖正，以除其害。虞思妻之以二姚，而邑诸纶。有田一成，有众一旅，能布其德，而兆其谋，以收夏众，抚其官职。使女艾谍浇，使季杼诱豷，遂灭过戈，复禹之绩，祀夏配天，不失旧物。

夏为夷羿寒浞所灭，实在是夏史的一件极重要的事。所经时间甚久，由上所载，足知少康复国的困难工作。然终能"祀夏配天，不失旧物"，皆由虞之收容、帮助，虞夏关系之密切，由此足证。

关于这集团尚有两个问题，须附带讨论，即（1）唐是否与祝融团有关；（2）夏与周的关系。唐亦属祝融团，这说肇自友人傅孟真先生（《殷虚新获卜辞写本后记跋》）。他的理由是范宣子自称其先虞以上为陶唐氏，在商为豕韦氏（《晋语》八，亦见《左传》襄公廿四年），豕韦氏既属彭姓，则陶唐氏亦与祝融有关。这说我不敢苟同。考范宣子之女嫁与栾黡，曰栾祁，见《左传》襄公廿一年，范宣子确系祁姓。祁姓并非祝融八姓之一，唐亦祁姓，则唐与祝融团无干，此其证一。再者据范宣子所自述，由虞至东周，其先共有过五个氏，即陶唐氏、御龙氏、豕韦氏、唐杜氏、范氏，虽有过五个氏，但直至范宣子，其姓仍祁未改，这其间必有图腾地域化及地名图腾化的双层现象。孟真先生所引为证明的豕韦，在商初曾被灭，见于《郑语》及《商颂》。这彭姓的豕韦氏既灭以后，必有祁姓居其地，于是地名图腾化而生祁姓的豕韦氏，等于祁姓居范者遂以范为氏。祁姓之豕韦固不同于彭姓之豕韦也。此其证二。抑更有进者，祁姓之属至商代虽有豕韦氏，但祁姓之陶唐氏或尚存在，这只是分化作用而非代替作用。范宣子所举只欲奢陈他能"保姓受氏，以守宗祊"，故历举他这一支的祖先之能世禄，并非说陶唐氏至商就全变为豕韦氏，至晋就全变为范氏也。

夏与周的关系，傅孟真先生（同上文）引《商颂》之两称时夏，及《大雅》《小雅》之为《大夏》《小夏》，觉着周人举出夏以抵抗殷。我以为周人之与夏实有深长关系，不只强拉上夏以自豪而抑殷也。兹从图腾观点上佐证此说。

夏为姒姓，即以目为图腾，既如上面所论。据《王孙钟》目作台，吴清卿说，台即目，始即姒。《左传》昭公元年：

> 昔金天氏有裔子曰昧，为玄冥师，先允格臺骀。臺骀能业其官，宣汾洮，障大泽，以处太原。帝用嘉之，封诸汾川。沈姒蓐黄，实守其祀，今晋主汾而灭之矣。由是观之，则臺骀汾神也。

臺骀，《论衡》作臺台。按臺台即台，台图腾地域化之神也（图腾地域化说，下篇有专论）。我颇疑古语非皆系单音，台之古音当读若臺＋怡，所以台既孳乳为胎，亦孳乳为怡，各视所保留的局部音而不同。普通语言容易变化，专名则难变化，今人久已不读龟若丘，然读龟兹仍用汉人翻译时之古音，即其例也。汾神台之保留古音，当较语言中其他台字为久，于是台神之音与字变成不相符合，后人为弥补起见，就将台神写为臺台，更变为臺骀。与此相类者有壶之初音当为昆吾，《说文解字》壶部：

> 壶：昆吾，圜器也，象形，从**土**，象其盖也。

王箓友《说文释例》说：

> 昆吾者，壶之别名也。昆读如浑，与壶双声，吾与壶叠韵，正与疾黎为茨、之于为诸、者焉为旃一例。

于鬯《说文职墨》用王说，并谓昆吾即《释器》"康瓠谓之甈"之康瓠。按昆吾即壶，并非壶之别称。壶为昆吾所始作，即称为昆吾，但其字形则为壶。壶字之初音为昆吾或康瓠，两音实相同也。后一变而为 khu，再变而为 hu，遂成现行之壶音。但专名昆吾之音则始终未变，因之仍能窥见壶之初音。又若郲，《公》《穀》作郲娄；另方面郲之金文作鼋，郲地之得名于朱团之定居其处，朱团以鼋鼋为图腾。表示图腾之字形初当只作䖵，以示多足之象，而音则读若"知朱"（今人仍称为蜘蛛），或甚至于读若"知朱娄"。后朱字音变为单音朱，遂不得不另造鼋字以弥缝之。鼋鼋作网时往返蹀躞，人之沉思不能决时常行走踟蹰，故以鼋为比（记得友人董彦堂先生有此说），称为鼋（踟蹰），踟蹰两字中，亦仍保存朱之初音也。观此则臺骀即台，似非蹈虚之论。用物名人名与语言中他词相较，对古字之是否皆系单音问题想能有所解决，兹只略引其绪，陈其方法，恕不深论，否则将超出此篇问题以外，而成为古字非单音说矣。

臺骀既宣汾洮，障大泽，以处太原，且被封于汾川，皆在汾水左近，与夏人之域亦合。并且守其祀者更有姒。由此足证，谓台即目，固不只文字已也。另一方面，《诗·生民》：

> 即有邰家室。

《毛传》一方面说"邰，姜嫄之国也"，另方面又说"故国后稷于邰"。盖汉儒皆信姜嫄乃帝喾次妃，又知后稷与邰有关，不得不曲解姜嫄为有邰氏女。其实姜嫄姓姜，非姓台也。由以上所证明台即目观之，邰地之得名既由台图腾，而台（目）实为夏人的图腾，邰最早必曾由夏人居住。至后稷居其处时，必仍余有夏人，所以仍保留有邰之称。上面常说地名、山名、水名皆得自图腾团的定居，但并非说这地在此以前，素未曾被人屯居过，事实并不必若此。譬如某地，以前甲团曾定居其处，因称为甲地，及甲团全体迁走，甲地之称因以消失。后乙团更居其处，因称为乙地。但吾人不能说乙地得乙名以前，甲团素未居其处也，不过甲地之名称消失未传至有历史时代而已。但甲团若未全体迁走而乙团来居，或甲团为乙团所征服，则甲地之名常相承不改。若周初封建诸国之常仍旧称。沿旧称者其处常留有旧团人民。所以邰虽为后稷居住，亦必留有夏民，则周人所处不只夏旧域，且自后稷时，已受夏文化熏陶矣。至于邰最初不必定在汉之斄县，或且在汾水之域，有人疑在稷山，似非无因。及不窋窜于戎狄之间，始居斄县之邰，地名随图腾团以迁，亦古史的常有现象，下篇将细论之。

周与夏之长久密切关系，于斯足见，周人之自称曰时夏，并自谓"后稷缵禹之绪"，亦无足奇异了。

（六）商　商尤为图腾演变史的有趣味的例证。古代图腾演变的痕迹，没有比商再清楚的了。《诗·商颂·玄鸟》：

> 天命玄鸟，降而生商，宅殷土芒芒。《毛传》：玄鸟，鳦也。

可见商人自认为玄鸟所生，即以玄鸟为图腾。玄鸟即燕，亦即乙，《说文解字》燕部：

> 燕：玄鸟也，籋口，布翅，枝尾，象形。

乙部：

> 乙：燕燕乙鸟也。齐鲁谓之乙，取其鸣自呼，象形也。

两字其实表现的是一物，燕乙双声，其形则乙象侧看之形，燕象正看之形。按照姜风等姓例，商人应当姓燕或嬿，姓乙或妕。但据记载则商人姓子。吾人若细细一想，即能明白这仍属于图腾制度。燕或乙是图腾，图腾所生的商人乃燕或乙之子，所以姓子。子包括一切玄鸟所生的商人而言，既无男女之分，亦无行辈之区别，最初图腾团的平等社会观念当然如此。因为玄鸟所生曰子，于是引申为人所生亦曰子。第二义必较第一义为晚，因为最初商人只信他们皆玄鸟所生，尚无人生人的观念。但子用为子孙意义亦必始自商人，而渐由传播作用，通行及他族者。此节稍后再详论之。

现在且说玄鸟图腾的演变史。《诗·商颂·长发》：

> 有娀方将，帝立子生商。

我在《释主》篇中曾考释将为祭祀，有娀方将，即有娀方在祭祀。这篇与《玄鸟》篇皆说生商，未专指生契。

《史记·殷本纪》：

> 殷契母曰简狄，有娀氏之女，为帝喾次妃。三人行浴，见玄鸟堕其卵，简狄取吞之，因孕生契。

从前只说生商，并未说生契，而这里居然说生契了。这是一种演变。并且有娀变成帝喾的次妃，父性出现，以前的图腾变成生祖（其说见下篇），这是另一个演变。

这两种演变最有兴味的是他代表前后两种子姓制度。

据哈特兰（Sidney Hartland）等研究，原始社会最初是母系的，后始变为父系的。母系即子女皆姓母亲的姓，亦即说皆信母亲的图腾：传姓与女，女再传与其女（外孙女），永远由女子以传续。父系由子女皆从父姓，亦即信父亲的图腾：父传姓与子，子再传与其子（孙），永远由男子以传续。《商颂》两篇皆谓"生商"，商概括男女商人而言，尚未专指一个人，且只有娀而无父性，皆代表母系时代。至于生者系契，专指一个男人，不再泛指商人全体，并且帝喾出现，则父系建立，始祖生祖皆出现，代表父系时代了。

玄鸟图腾团尚有一种制度，亦足证他与图腾社会相合。《月令》仲春：

> 是月也，玄鸟至。至之日以太牢祠于高禖，天子亲往，后妃帅九嫔御。
> 乃礼天子所御，带以弓韣，授以弓矢，于高禖之前。

近代原始人常在固定时期，令妇人与图腾配合以生子。据埃及晚期记载，泄露出埃及古代亦有这种典礼，且遵行甚久。于是我们明白了高禖的最初意义。玄鸟乃商人的图腾，须与同图腾的妇人配合，所以后妃皆往。最初不只首领的妇人如此，凡玄鸟团的妇人皆如此。因为非与玄鸟配合不生子（子彼时仍旧是他的最初义，即玄鸟之子），玄鸟是必须的，至少是男女间必须的中间者，故以后更将高禖引申到男女结婚必须的中间人——媒妁。然则媒之称亦系玄鸟团——商人——所始创（配合的意义当然甚为含混，初民既不明受孕的真相，配合自不必若男女之交合，或只接触，或甚至于只须用目注视。对此另有说，兹且略，但请读者勿以辞害意）。

上面已讲过子乃玄鸟之子，更演为子孙，当始自商人，兹再略细申其说。

玄之初义即系玄鸟，ᘒ象燕之形，亦即象玄鸟之形。契是玄鸟团之王，所以《诗·玄鸟》称为玄王。等于玄孙之初义亦即玄鸟的后人，其初当亦为商人所创用，后更普及他团而变为远孙之称（《左传》僖公二十八年践土之盟辞内有曰：有渝此盟，明神殛之，俾队其师，无克祚国，及其玄孙，无有老幼。玄孙指与盟者的后人言，并不必指其孙之孙也）。《说文解字》幺部：

> 幺：象子初生之形。

幺亦即玄鸟之子，所以幺字形与玄相似。ᘔ有头有身而无翼，象燕初生之形；ᘒ则增翼，羽已丰矣。幺亦玄鸟之子，所以称子嗣之胤及幼字皆从之（《孟子·梁惠王》篇：幼吾幼以及人之幼。幼亦即子也）。子之意义亦与相类，卜辞中作

♀♀♀诸形，有首有尾，有翼而未丰，似即表示幼燕初生之形也。

玄字从各方面看皆与商人有重大关系，因而间接亦与古代典制有不少牵涉。《史记·三代世表》后褚先生引《诗传》：

> 汤之先为契，无父而生。契母与姊妹浴于玄丘水，有燕衔卵堕之，契母得故含之，误吞之，即生契。

据《索隐》，所谓《诗传》即系《诗纬》，玄鸟团所处之地曰玄丘，水亦曰玄丘之水，似甚合理。并且《三代世表》，殷属下：玄嚣生蛴极，蛴极生高辛，高辛生卨。契之高祖曰玄嚣，契之玄孙亦曰玄冥，皆与玄有关，玄当即商人最初所用之姓也。《帝系》谓"青阳降居泜水"，此泜水亦在河北，汉"斩陈馀泜水上"即此水也。《五帝本纪》谓青阳即玄嚣，则玄嚣所居之泜水，即《世本》所谓昭明居之砥石也。亦足证玄嚣与商人有关（砥石之说见下篇）。在古代冠礼等皆用玄端，这是极重要的礼服。玄端之兴当始自玄鸟团，玄鸟之色玄，所以称相类之色亦曰玄色，玄端即所以模仿玄鸟之服也。祭礼中有玄酒，郑君谓即白水，想亦肇自商人，用以祭玄鸟祖，故曰玄酒。

此外我常觉着古人以子为"男子之美称"的奇异。若果然子是儿子，不应反以为美称。春秋时世族对称习惯用子（季康子患盗，问于孔子，孔子对曰：苟子之不欲，虽赏之不窃。《论语·颜渊》篇。古书中称子之例，到处皆是，举此以概其余），或吾子（《左传》僖公三十三年弦高谓秦帅：寡君闻吾子将步师出于敝邑），并且吾子若按照邓祁侯谓楚文王"吾甥也"（《左传》庄公六年）的话比较，则吾子岂非"我的儿子"。今人若呼人为我的儿子，对方至少必勃然变色，而古人以为美称，古今人喜恶之不同何其相远如此？及我明白了子之初义为玄鸟之子，于是这种特状亦就无足奇异了。商人既皆系姓子，皆系玄鸟之子，则商人互称为子，亦如风姓之互称为朋（凤），不只非卑称，且系尊称，盖只玄鸟嫡系之商人有此称谓资格，异姓尚不配用这字。所以商同姓人有微子、箕子。此见于古记载中之最早者，其前似应久已存在。周人与商接触，接受商文化，亦习用其称谓。或者周人并未知称谓的原因，只以为商的君子如此对称，遂亦仿效采用，此亦新旧两民族接触时常发生的现象。及春秋之末，非世族的知识阶级奋起，遂亦模仿世族的称谓，于是士亦有了子的称谓（如墨子等）。

并且东周人的字上面常用"子"，若郑之子封（《左传》隐公元年，这是现见于书籍中用子为字的最早者。子封非公子封的简称，公孙阏字子都足证），降而至于春秋后半，用者愈多，如孔门诸弟子多半以之为字。这亦是一种尊称，与孔子墨子等称谓相似。《论语》中对孔门弟子有称某子者，如曾子，亦有称子某者，如子游子夏等。后人对此甚为聚讼，且有人据称谓以考证《论语》的编辑出自何人门人手。其实两种相类，并无轾轩，亦如伯仲字可以加到姓下，亦可以加到字上。在姓下者若《诗·小雅》之南仲，在字上者若《顾命》之仲桓，同属西周时代，同属王室卿士，不当有所高低也。

由商人百姓皆能用作称谓之子，即由平等共产性的子，进而为高级阶级独占以与小人对抗的君子，再进而为"为民父母，以为天下王"的天子，顺着这屡次演变，我们重觅得由政权握在团员全体的图腾社会渐进到政权集中在一人身上的帝国的途径。

玄鸟即燕即乙，已如上文所述，燕地（金文作匽，乃燕的或体）之名即起始于玄鸟图腾团之定居其地，足证商人最初势力在黄河以北。

不只此也，幺既系玄鸟之子，这团亦自称为幺团，亦若商人之为子团也。幽字从兹从山，山之得名由于幺团之定居其地，由山名之幽而称其地亦为幽，亦若豳地之得名由于豕团之定居其地也。《尧典》称"居朔方曰幽都"，职方氏称"东北曰幽州"，凡书中称幽地者莫不在北方或东北方，亦足证商人的旧势力范围（《左传》庄公十六年同盟于幽，杜谓幽属宋，商后之宋有幽，亦足增加幽与商有关系之证据）。

个人化图腾乃共有图腾的一种演变，其发生较后于共有图腾，亦如个人化政权社会之较平等共产社会为晚。《说文解字》禸部：

> 卨：虫也，从厹，象形，读与偰同。

《汉书·百官表》契正作卨。卨乃契的正字，卨即契的个人图腾。《说文解字》邑部：

> 郪：周封黄帝之后于郪也，从邑，契声，读若蓟。上谷有郪县。

按《乐记》："武王克殷及商，未及下车而封黄帝之后于蓟。"《汉书·地理志》亦书郪为蓟。段玉裁谓郪蓟古今字甚是。汉以前之郪地即汉人名为蓟的地方。郪与契仍系同字，邑所以表示地名。郪即蓟，在现在北平左近，其得名由于契图腾团之定居其地。契图腾团即以卨为图腾者。后因政权集中，卨图腾遂为契个人所独占，但最初仍系全团所共有者。这现象亦原始社会所常有者。契既系子姓，则离团亦必系玄鸟图腾团支团之一。上文既说过玄鸟图腾团最初定居于黄河以北，燕地因此得名，而离地亦在北平左近，则商族最初实在河北北部。王静安先生以《北伯器》等证明邶地在涞水左近（《邶鄘卫考》，《观堂集林》），其说亦与此相合。且王亥为有易所杀。有易乃以易（《说文》易部：易，蜥易，蝘蜓，守宫也。象形）为图腾的团，易水易地皆因其定居而得名，亦与北平相离甚近。易与燕乃邻地，所以容易发生斗争。友人傅孟真先生在《东北史纲》第一册中证明商人势力范围在中国北部以至于东北部，上说可助傅说增加佐证。

《左传》昭公十七年，郯子说少昊氏以鸟名官，所举有"玄鸟氏司分者也"，颇使我疑玄鸟团旧系风姓之别。初民团分化为支团，支团图腾常与团图腾自成一类，若上面所举毛希堪人狼部所属各团皆兽类、龟部各团皆水族、吐绶鸡部各团皆禽类即是。玄鸟与凤同属鸟，或即一个图腾团所分化。且以地望言，凤姓在东，玄鸟团在东北，亦相连。或者玄鸟团实由东部沿海或渡海以至于东北者。并且九夷中亦有凤夷玄夷二者，当即凤团及玄鸟团之遗。再者玄鸟之初名既是玄，郯子所举"青鸟氏司启者也，丹鸟氏司闭者也"之青鸟丹鸟初亦必只称青丹，而《禹贡》谓"海岱为青州"，正在东部。营州之称出自营丘，青州亦必相似，出自青鸟团所居之青地。

（七）酉，滕，葳，任，荀，僖，姞，嬛，依。前文已经讲过这些团皆出自黄帝之说不可靠。除姬、祁、己的图腾已经有过假设外，兹再分别研究其余。

酉即猷，亦即《说文解字》犬部训玃属之猶的初形。

滕即朕，朕象两手奉火之形，舟乃事图腾的祭器。这个字极有趣味，因为他引到祀火的问题。凡亚利安系民族，如希腊罗马印度波斯皆有祀火的典礼。火既代表祖先亦代表神。下篇讲到图腾的演变时，将说明祖先及神乃图腾演变后的两种面目，足证火仍代表图腾。我在《释主》篇曾证明主即火，最初未用木以前，主的表现素用火。滕的图腾既系火，至少这团极早已有祀火的礼俗。姬姓之滕乃文王子叔绣所封，但滕地之名似早已存在。周初所封各邦多仍旧名旧民，似无新创者。其地即因滕团的定居而得名。这团名表现图腾名称的另一种现象，图腾为火，而团名朕，这与玄鸟团的图腾为玄鸟而商人姓子相类，与凤团之图腾为凤，团亦名凤则相异。这乃图腾名称的变态。

葳，《说文解字》艸部：葳，马蓝也。

荀，《说文解字》艸部：荀，艸也。以上二团皆以艸为图腾。但金文中未见荀字，《伯筍父簋》《筍伯簋》等器有筍字，我颇疑荀即筍，非以艸为图腾而以笋为图腾。笋乃新生幼竹，尤与生生之意相合。

任，即壬，《说文解字》壬部：壬，象人裹妊之形，……与巫同意。这字的解释甚为含糊，所谓"位北方也，阴极阳生"，自皆系晚起之义。只象人裹妊之形，颇含生生之意。金文甲骨文多作工，与工相似，或者最初壬工只系一字，所以《说文解字》工下亦说与巫同意。

僖，姞 僖即喜，姞即吉，但其图腾究系何物，不敢武断。

嬛，依 嬛即睘，金文如《睘卣》作🔲，《睘敦》作🔲，即圜之初形。依即衣，似与睘有相当关系。

（八）鬼团及易团 鬼方之名始见于卜辞及《周易》，王静安对之考证甚详（《观堂集林·鬼方猃狁考》）。鬼方乃以鬼为图腾者。所表现颇难确知，疑亦系兽类。王静安以为其地域在周之东北以至西北，即后世猃狁之地。但观封唐叔于夏墟，有怀姓九宗，王说怀即隗亦即鬼甚确，则鬼团实曾入居山西，与夏的疆界相接。并且山西旧有魏国，周人以封姬姓，想其旧国亦必于周初为周所灭。魏从鬼，亦因鬼团的定居而得名。王说隤即隗，晋之南阳亦有怀，有隤，皆在旧怀庆府治，则鬼团直达黄河北岸。

春秋时狄多隗姓。狄旧写皆作逷，逷即易，所以《天问》"昏微遵迹，有狄不宁，"有狄即有易。然则易乃鬼团的支团，以蜥易为图腾者。易水即因易团的定居而得名，足知鬼团的势力且达易水流域。

鬼团既屯居山西，与夏为邻，甚而错居，而王先生谓匈奴即猃狁，即鬼方。或者鬼方与夏实系同源，《汉书·匈奴传》所说"匈奴其先夏后氏之苗裔，曰淳维"非误。然则上甲微之伐有易，实夏商两集团斗争的前幕；高宗之伐鬼方，乃因夏人复国的反抗。并知后所谓狄者，亦如氐羌之与诸夏同类，不过文化较落后而已。

由以上所举各姓，当能明了姓皆取自生物或非生物，与图腾无殊。但古代姓当甚多。周人所谓姓实即图腾。周人所谓氏的源流共有数种：一种取自王父的字，如鲁展无骇以展为氏，即因他的王父字展；一种以官为氏，如晋荀林父曾将中行，其后即以中行为氏；一种以邑为氏，如士会封于范，其后遂以范为氏；另一种氏实即支图腾，出自图腾者，如姜团之有吕氏。最后这种的发源甚早，春秋时只沿用旧者而不再新创，其时行用者多前几种。周时对姓氏之辨甚严，至少周朝姓已不再增加，新创的只有氏。但极古时姓氏之辨并不如此之严，如祝融八姓皆出自祝融，实在即周朝所谓氏而非姓。这似亦与周朝大小宗之辨相似：小宗出自大宗，但既独立以后，他自己就变为大宗，亦能再分出小宗。姓似亦如此，支团独立后变为总团，更能再分出支团，所以姓内或亦有最古的支图腾。

原始社会较进步的人民，亦常不以为出自图腾，而以为与图腾同性质，这自然系较进化方有的现象。图腾这种性质的名称在各团不尽相同，美拉尼西亚人名为"马那"（mana），现已变成民族学的专门名词，亦即埃及人所谓"嘉"（Ka）。这种性质并非实质的，为同图腾团的一切人及物所公有，而不为任何人何物所私；他存在于人及物未生以前，亦永存于人及物既没以后；他存在于人及物的本身。但亦非人及物的本体，而亦于体无害。初民以为矢之能射者由于马那，网之能捕鱼者由于马那，船之能浮者亦由于马那。由以上各节观之，马那实即中国所谓性。与图腾同马那实即同性。性即生，亦即姓，古代文字并无分别。在表面看，图腾团各员皆冠以图腾名"姓"，就同姓；在事实上看，各员皆与图腾同性，亦即互相同姓。《孟子·告子》篇，告子说：

生之谓性。

《荀子·性恶》：

不可学，不可事，而在人者之谓性。

《庄子·庚桑楚》：

性者，生之质也。（董仲舒亦说：性者，生之质也；质朴之谓性。）

《论衡·本性》篇，刘子政说：

性生而然者也，在于身而不发。

由以上所举各书，足证性是与生而俱来者，是生的质，乃性之最初意义，这不与初民所谓"马那"相似么？

原始社会团各有旗帜，上绘其图腾。埃及史前时代刻石板上亦常绘各种图腾的旗帜互相争战。我以为这即旌，中国古图腾团各有旗旌，上绘其图腾（生），亦名曰生，后更加形而为旌。实在说起，姓、性、旌皆即生。

由文字上证明姓即图腾，中国史前时代曾有姓，亦即中国史前时代曾有图腾社会的佐证，已如上述。但除此以外，在中国古史内仍能看出图腾社会他种遗痕，兹分列如下：

（一）昭穆即婚级　图腾社会有团及部以外，澳洲尚有分级（class），或曰婚级。每团中人皆分为两级，譬如分甲乙两级。凡某人属甲级者则其子属乙级，至其孙则仍甲级，曾孙仍属乙级，周而复始。亦有分四级者。但同部落各部内诸团分级数目须相同。譬如部落内有左右两部，每部有若干团，各团皆须级数相同，两级则皆须两级，四级则皆须四级。结婚方法，不只同部各团间不得通婚，即异团异级者亦不得通婚。如左部各团甲级人只能与右部各团甲级人通婚，而不得与右部乙级人通婚。因为分级与通婚有关，故又名曰婚级。至于分级的原因，杜尔干的假设颇为合理，兹略述如下。譬如左部中有一团，兹名为狼团；右部中亦有一团，兹名为鹰团。因为外婚的关系，狼团男子只能娶鹰团女子，鹰团男子亦只能娶狼团女子。但因为母系社会的原因，子女皆从母姓，信母亲团的图腾，所以狼男娶鹰女所生子女为鹰男鹰女，而鹰男娶狼女所生的为狼男狼女。但因为习俗甚早就使妇人随夫往夫家居住，所生子女亦育养于夫家，所以第二代居地互易，居某团地者并不奉某团的图腾，至第三代又互易居地，于是居某团地者又即奉某团图腾的人，与第一代同；至第四代，居某团地者又不再系奉某团图腾者，如第二代。形势则相联两代不相同，隔一代后，形势又回复原状。兹为容易明了起见，列表如下：

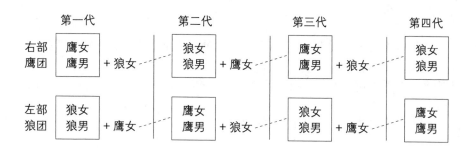

黑线内表示住在当地的某代人，加号表示婚嫁。阅此表则知每隔代地位相同，如第一第三两代居狼团地者皆系狼人，而第二第四两代则皆鹰人，居鹰团地者恰与相反。杜尔干以为地位相同者方能通婚，婚级之发生由此。

我以为婚级即周时的昭穆。我在《释生》篇已经讲过，兹略引其说如下：

古代昭穆实在系固定的，某人系昭永远系昭，某人系穆永远系穆，我且引几个证据：

> 乃穆考文王，肇国在西土。（《周书·酒诰》）
>
> 率见昭考，以孝以享。（《诗·周颂·载见》。《毛传》：昭考，武王也。）
>
> 访予落止，率时昭考。（《诗·周颂·访落》）
>
> 宫之奇谏曰：太伯虞仲，太王之昭也，太伯不从，是以不嗣。虢仲虢叔，王季之穆也。（《左传》僖公五年）
>
> 管蔡郕霍鲁卫毛聃郜雍曹滕毕原丰郇，文之昭也，邗晋应韩，武之穆也。（僖公二十四年）曹，文之昭也；晋，武之穆也。（定公四年）

可见西东周人对昭穆皆有固定的指示。

最初至少姬部中人皆分属昭穆两级，所谓父为昭，子为穆。为通婚关系，对方姜部似亦有相同的昭穆两级。昭穆两字至今未见于甲骨文，商团或无分级，或有分级而另用他种名称，不以昭穆为级。若观分级为原始社会的常有现象，则后说较为近似。

写《释生》篇后，今年始见《宋史·礼志》何洵直议，其说与予所见略同。他说"昭常为昭，穆常为穆，庙次虽迁，昭穆之班，一定不移。"并引《左传》为证，亦即上文我所引者（见孙诒让《周礼正义》小宗伯疏引）。昭穆固定说如此，但这说实推翻后世毁庙迁昭穆之说，这虽与图腾社会无干，但亦古制度之极聚讼者，故附论如次。庙数之说亦甚聚讼，但学者错误皆在于想统一制度。殊不知夏商周礼既不同，春秋诸国礼亦不尽同。以后考古家若能发掘若干处庙基，或能说明某国某时的制度如此。至于统一的制度，因为素未尝有过，自然亦无从证明，所以现在亦不必讨论。

后儒谓亲尽则庙毁，以次而升。若依此说则每次新君即位，则昭穆变化一次，上朝为昭者，这朝变成穆，上朝为穆者，这朝变为昭么？如是则昭穆非固定与事实且相违反么？我以为毁庙时逢昭庙毁则昭系自相推升，而穆系不必有改变；反之，逢穆庙毁则穆系自相推升，而昭系不必改变。兹列七庙表如下：

$$始祖 \begin{cases} 昭一【甲】 \quad 昭二【丙】 \quad 昭三【戊】 \\ 穆一【乙】 \quad 穆二【丁】 \quad 穆三【己】 \end{cases}$$

兹逢己之子庚薨，应入庙，则应毁甲庙。照后儒说则庙表变如下者：

$$\text{始祖}\begin{cases}昭一【乙】\quad 昭二【丁】\quad 昭三【己】\\穆一【丙】\quad 穆二【戊】\quad 穆三【庚】\end{cases}$$

如是则每人的昭穆与其固定的皆相反。我的意见则庙表的变化如下：

$$\text{始祖}\begin{cases}昭一【丙】\quad 昭二【戊】\quad 昭三【庚】\\穆一【乙】\quad 穆二【丁】\quad 穆三【己】\end{cases}$$

穆行未变，昭穆皆不紊。至庚之子辛薨，庚既属昭，辛自然属穆。乙庙毁，则穆行变为：穆一【丁】，穆二【己】，穆三【辛】，昭行不变。

理论上固然如此，但君位嗣续不一定顺着昭传穆、穆传昭的次序。或因篡弒，或因他由，时常弟兄相承，侄叔相传，春秋诸国世系足作证明之处甚多，不必我繁引博证。但如此一来，昭就不常传穆，穆就不常传昭么？昭穆的次序不就乱了么？若据后儒的解释，弟与兄原皆系昭者，至是就变为兄昭弟穆，于是昭穆之序皆乱。我的解释与此不同。昭穆分级是不能乱的原则，为保持这原则且合事实计，即昭庙至少将这一代中曾登君位者皆包括在内，不一定每庙一君，穆庙亦然。如此则昭穆不至紊乱。这种假设颇为近理，且亦并非空谈，有些少史料足供证据。

《左传》襄公六年，齐灭莱，使陈无宇献莱宗器于襄宫，襄宫乃襄公的庙。这里使人惊奇的，即为什么献于襄宫不于桓宫？齐桓以功论则霸业迈越当时，以地位论则与襄公同辈，苟不必须献于始祖者，就何不献于桓而于襄？原因就因为齐只有襄宫而无桓宫，桓公与襄公同庙，献於襄宫即同时献于桓宫。这节历史颇能作同辈共庙的佐证。

再反回详证原始社会的分级即古代的昭穆。

分级乃现代澳洲初民社会极普遍的现象，若少翻阅何惟特，斯宾塞及吉伦对澳洲诸著作，即能明白其真相。兹为简单起见，只引用加美拉娄人（Kamilaroi）者。这是澳洲东南部的土人，曾经何惟特做过调查（《东南部澳洲土人部落》，Howitt：The Native Tribes of the Southeastern Australia，104 等页）。至于其余有相类分级的初民社会，除级名称的不同，其分级方法则与之相同，举此则其余皆概括了。

　　加美拉娄人各部落皆分为两部，部各分若干团，兹假设两部为左右两部。每部各团又自分为男女各两级，右部者为莫丽 Muri（男）及马达 Matha（女），克璧 Kubi（男）及加波达 Kubitha（女）。左部者为肯保 Kumbo（男）及布达 Butha（女），义派 Ipai（男）及义巴达 Ipatha（女）。兹用昭穆制度翻译以上各称如下：

$$
右 \begin{cases} 莫丽——右穆男 \quad 马达——右穆女 \\ 克璧——右昭男 \quad 加波达——右昭女 \end{cases}
$$

$$
左 \begin{cases} 肯保——左穆男 \quad 布达——左穆女 \\ 义派——左昭男 \quad 义巴达——左昭女 \end{cases}
$$

　　义派与义巴达互视如弟兄姊妹，莫丽与马达，克璧与加波达，肯保与布达，互视莫不皆然。他们相对的每两级昭穆相同，部的左右相同，自然应是弟兄姊妹，观上文翻译后，愈益明显。并且

> 义派只能与加波达结婚
> 肯保只能与马达结婚
> 莫丽只能与布达结婚
> 克璧只能与义巴达结婚

若翻译成昭穆，即：

> 左昭男只能与右昭女结婚
> 左穆男只能与右穆女结婚
> 右穆男只能与左穆女结婚
> 右昭男只有与左昭女结婚

因为外婚制，所以左部各团只能与右部各团通婚，因为分级，所以左部之昭只能与右部之昭通婚，左部之穆亦只能与右部之穆通婚。这两表不相符么？昭穆不亦与图腾社会的分级相符合么？

　　至于上下各级的相互关系，则

> 义派与加波达结婚生莫丽及马达
> 肯保与马达结婚生克璧及加波达

> 莫丽与布达结婚生义派及义巴达
> 克璧与义巴达结婚生肯保及布达

义派及加波达同属昭级，根据昭穆制度，昭生穆，其子女应属穆级。莫丽及马达果然系穆级。但彼时尚系母系社会，子女尚随母而归母亲的图腾团，所以莫丽及马达（右穆）皆随加波达（右昭）而归右部。其余亦莫不相合。

观以上三表翻译成昭穆仍未失其原旧性质，婚级即昭穆制度更由此而增加明证了。

莫尔根 Morgan 著《古代社会》Ancient Society 第二卷第一章亦讲及分级制度，但当他著此书时，澳洲初民调查尚未十分进步，他对这制度颇生误解，以为这是一种以性别为分类的组织，列于团（演司）组织以前，这实在错误。这两种并非同类性质，团是纵的，包括同团的历代各辈；分级是横的，相联的两代并不同级。但书中所列加美拉娄人分级表，则不错误，与上面所说相同。表亦据与何惟特相同的材料也。

婚级以外，图腾团中尚有几种现象，即外婚制；团员皆须祭祀图腾；团员有为同团团员复仇的义务；图腾按时与团中一妇人配合，兹逐条研究于后。

（二）外婚　不只是同部或同团人不准通婚，不只是这部或这团的人须向异部异团求配偶，并且是这部或这团的人须向某另一部或其另一团去求配偶。这是严格的外婚定义。严格的说起来，不只通婚，即部或团内人杂交亦所不准。初民同团的人既互视为同生（同姓）而无远近亲疏的观念，同团人杂交视为乱伦，亦系自然之理。周人的同姓不婚即系外婚的一种演进。行外婚者这部或这团的人只能与某另一部或某一团通婚，同姓不婚者这部或这团的人，除其本部或本团外，能与其他任何异部或任何异团通婚。后者将选择的范围扩充了，但其性质则仍旧保存。

现尚能确知周人实行同姓不婚。

如《曲礼》：

> 娶妻不取同姓，故买妾不知其姓则卜之。

《左传》襄公二十五年：

> 男女辨姓。

并且若细研究《左传》中所载各国后妃，除少数特殊者外，外婚的实行立能显然看出。那些少数特殊者，如鲁昭公之娶吴女，当时人尚皆以为非礼，足见这乃例外而非通行的礼。初民对不遵外婚者治罪常甚严。

《周礼·夏官·大司马》：

> 外内乱，鸟兽行，则灭之。

亦列入九伐之内。鸟兽行虽后儒解为乱伦，但初民视内婚亦为乱伦，杜尔干在《乱伦的禁止》一书中且以外婚为后世乱伦观念的发源，最初不遵外婚者想必亦受伐了。至于同姓不婚的理由，古书中所举者略如下：
《左传》僖公二十三年：

> 男女同姓，其生不蕃。

昭公元年：

> 内官不及同姓，其生不殖。美先尽矣，则相生疾。君子是以恶之。

《晋语》：

> 异姓则异德，异德则异类，异类虽近，男女相及生民也。同姓则同德，同德则同心，同心则同志，同志虽远，男女不相及，畏黩敬也（《经义述闻》王念孙说敬也当作故也）。黩则生怨，怨乱毓灾，灾毓灭姓，是故娶妻避其同姓，畏乱灾也。

《郑语》史伯对郑伯亦说：

> 夫和实生物，同则不继。以它平它谓之和，故能丰长而物生之；若以同裨同，尽乃弃矣。……于是乎先王聘后于异姓，……务和同也。

同姓结婚，对本人亦甚有害，容易生疾，且甚至于其生不蕃，至于灭姓。但子产只说生疾，而未说明何疾。秦伯使视晋侯疾的医和说得更清楚。他说：

> 是谓近女室，疾如蛊，非鬼非食，惑以丧志。
> （蛊）淫溺惑乱之所生也。于文：皿虫为蛊，谷之飞亦为蛊。在《周易》：女感男，风落山，谓之蛊。

旧读近女室，疾如蛊，段玉裁以为当读"近女室疾"，王念孙非之，以为室乃生之误字，当读"生疾如蛊"（《经义述闻》）。按王说室乃生之误是也。但当读为"是谓近女生，疾如蛊"。女生者同姓也。这样解释似尤合理。这样生的病名为蛊，这是一种小虫，与谷中所生的小虫相类。得这疾者与平常的疾不同，使他昏迷以至于丧志。这种说法颇与近代初民相似。据特劳布莱安岛（Trobriand）土人说，凡犯与同团交合的人，皮肤不久即变白色，更生若干痛疮，痛疮愈长愈大，这人遂渐衰弱以死。他身上自生出小虫，渐渐咀啮，使他的眼睛肿，脸肿，腹肿（马里欧斯基 Malinowski 著《美拉尼西亚西北部土人的性生活》The Sexuel life of Savages in Northwestern Melanesia，424 页）。美洲的拿瓦郝人（Navahoes）亦谓娶同团妇人者，其人的骨必变干而死（弗来则著《图腾制度及外婚制》，第三册，243 页）。非洲巴甘达人（Baganda）亦以为若有人密违外婚者，其人及其子皆生疾（同书第二册，473 页）。所谓身上自生出小虫，不与《左传》所谓蛊疾相类么？足见内婚之生疾乃甚古而普遍的传说。

古人对男女同姓其生不蕃的观念，实非由于生理的观察，弗莱则对此亦以为然。据生物学的研究，血缘近者是否不蕃，至今尚难确实论定。以现代学者观察的精审而有长时间，尚难有确实结果，浅陋初民又何以能知之？况昔人所谓外婚，只是不婚同姓，并非不婚近亲，外婚与血缘近者不婚不同。严格的外婚是某某两部或两团历世互为婚姻，亦即是说，舅之子仍须娶姑之女，姑之子仍须娶舅之女。由称岳父及夫之父曰舅，称岳母及夫之母曰姑，足证这类婚姻确曾实行过。固然初民所谓舅不必是亲舅，而称从舅或更远的舅亦相同；初民所谓姑不必是胞姑，而称从姑或更远的姑亦相同；但所谓舅之子女或姑之子女内亦必包括极近的表兄弟表姊妹于内，是则初民所谓外婚实有极近血缘的人在内。《晋语》对此所说甚明，他说：异类虽近，男女相及以生民也。这即指明极近的表兄弟姊妹互婚并不相碍，因为他们是异类（异族）；他又说：同志虽远，男女不相及，畏黩敬也。这即指的极远的同姓兄弟姊妹，他们不能互婚，因为他们是同姓。所以研究同姓不婚的缘由不能以生物学为据，而须以图腾制度为据。吾人且先研究子产所谓"美先尽矣，则相生疾"的"美"字。美，《说文解字》羊部训甘，乃后起之义，我以为美之初训与性相同，亦即民族学所谓"马那"，美训性在现存古书中固无直接记载，但我亦有两个间接证据。《离骚》：

皇览揆余初度兮，肇锡余以嘉名：名余曰正则兮，字余曰灵均。纷吾

> 既有此内美兮，又重之以修能。

这段是屈原自述其始生之事。古人所谓"名"不只是符号，且含有实质的深义，亦即初民所谓个人图腾，而其实质可称为个人的马那，这层在下篇论个人图腾时当细陈之。名的实质或亦谓之德，谓之性。王逸《注》谓"言己之生内含天地之美气"甚确，性亦即禀天地之气所以生者，所以内美即指名的实质，美即等于性。《诗·简兮》：

> 云谁之思？西方美人。《笺》：我思谁乎？思周室之贤者。

美人何以指贤者，即因美与贤的初义相近。美洲易洛魁人（Iroquois）称图腾之质为欧伦达（Orenda），若有人在战争中获胜或狩猎时得兽较多于他人，就说因为他的欧伦达较多于他人。（杜尔干著《宗教生活的简单形式》，276 页）这不与昔人所谓"贤者"即能力较他人为多同意么？最初平等的图腾社会时代，同团人皆有同等的马那，同等的性。及后政权既等差化，于是这人的马那或欧伦达就较多或较高于他人了，这人就成为贤者。所以贤的初义亦即性，与美相类，所以美人即贤者。

古时各团虽对图腾的质有相类的观念，但因各团既不互视为同族类，亦就不肯认他团的性与我团者相同，等于这团亦不肯认与他团同图腾，此即我所谓古代社会的团部性，所以各团对性的名称亦异，或名为性（生团），或名为德，或名为美，或名为贤，随团而异，亦不足怪也。现代初民名马那亦随团而常不同。及后往来既渐频多，文化既渐融会，始恍然这团所谓图腾与他团者虽非相同，但确相类，就统名这类为姓，并统称其质为性。于是将同类观念统以一名，这是同类观念同名化，譬如称图腾皆曰姓；另一方面，将同类名字分用于同一观念分化成的各种意义，这是同类名称分义化，譬如德、贤、美最初与性同义，后分用于各种分义，这只是较后统一的现象，而最初同类的名称实在甚多。

美即性之义既明，"美先尽矣"等于说"性先尽矣"，亦即史伯所谓"若以同裨同，尽乃弃矣"。尽就是美先尽，弃就是易相生疾，两说实互相补充。

因此就能明白图腾社会人的思想，以为同性质"同类"者不可接触，接触则必使接触者发生变化。初民并常禁止食作其团图腾的生物，若鸟团人不食鸟等，甚而禁止接触其物者，这禁忌当与外婚者相同，初民既认某类生物与某团人同类，自然亦不可接触也。外婚非由于生物学的观察而由于对图腾的信仰，《左传》及《郑语》所说乃无上的证据。

对于周以前，姬姓以外的各姓是否适用外婚，这层的直接史料甚少。《礼记·大传》的作者说：

> 四世而缌，服之穷也；五世袒免，杀同姓也；六世亲属竭矣。其庶姓别于上，而戚单于下，婚姻可以通乎？系之以姓而弗别，缀之以食而弗殊，虽百世而婚姻不通者，周道然也。

《正义》说：此作记之人以殷人五世以后可以通婚，故将殷法以问于周。其实不特《大传》的作者未言殷人五世以后可以通婚，即郑君亦未有此说。我以为唐人若非另有所据，《正义》实因上一篇《丧服小记》的郑说而误会。《小记》说：

> 复与书铭，自天子达于士，其辞一也，男子称名，妇人书姓与伯仲，如不知姓则书氏。

郑《注》：

> 此谓殷礼也。殷质不重名，复则臣得名君。周之礼，天子崩，复曰皋天子复；诸侯薨，复曰皋某甫复，其余及书铭则同。

郑氏以为周礼臣不名君，此谓男子称名，且天子礼亦同，故认为与周礼不合，即为殷礼。《正义》既随郑说为殷礼，遂说"殷无世系，六世而昏，故妇人有不知姓者。周则不然，有宗伯掌定系世，百世昏姻不通，故必知姓也"。其实明言"买妾不知其姓则卜之"（见上引《左传》昭元年），并未说殷人，自系周礼，或系殷周所同。有世系能辨姓是常道，不能辨姓是变态。试问经过若干次的战争，尤属经过殷周之际的乱离，若干旧世族夷为平民，散而之四方，只能知其氏，而无法知其姓。中间经过图腾地域化及地名姓氏化的双层演变，于是有异性而同氏者，只知其氏就无法溯其姓，所以不得不卜之，不得不书氏了。这想亦周人常能有的现象，不必诿诸殷人专有。王静安据《正义》之说遂以为"然则商人六世以后，或可通婚，而同姓不婚之制，实自周始"（《观堂集林·殷周制度论》），其实这未必是《大传》作者的意见。系之以姓而弗别以下正所以对婚姻可以通乎的问辞，而上面问话系问在服制既竭后昏姻可以通否，答语之周道然也，乃指周道服制既竭后昏姻亦不可通。周人歧视长子与众子，服制亦因此而生。商人无长子制，弟兄的地位平等，兄弟之子与己子，从父兄弟之子与兄弟之子，皆毫无轩轾（见以后论称谓段），则服制的等差不明，服制既竭后昏姻可以通否的问题毫不成立，所以问者只系对周制怀疑，而非概论。所以《大传》的记载毫不能作夏商人实行内婚的凭据。

并且古记载内从未见有正式娶同姓而人认为合理，如埃及古代者。据民俗学者的考察，秘鲁古代亦曾如此。但原始人则到处行外婚。埃及秘鲁之所以行内婚，正因为他们进化已超过原始阶段，要自己保持其门阀，以为他族无与他通婚的资格。若商人夏人皆果通行内婚，则只能证明他们的进化阶段更高过周人，已超过外婚阶段，但我觉着商人夏人若果曾通行内婚，周人不必为他们遮饰，将他们记载中内婚的痕迹全去掉，而伪造尧妻舜以二女，或虞思妻少康以二姚等故事。顾颉刚先生以为帝乙归妹乃帝乙嫁女于文王，其说甚合情理，亦足间接证明商人行外婚。

再说卜辞中有如下各段：

庚子卜毂贞：帚好业子。（《铁》一二七，一。）

贞：帚媒业子。（《前》三，三三，八。）

贞：帚永又子，（《前》八，三，五。）

余弗其子帚侄子。（《前》一，二，五。）

丙寅，帚晏示五矛。（《戬》四八。）

贞虫帚妃平御伐。（《前》六，六。）

□□卜，罕贞，帚妍冥妌。王固曰：其佳庚冥妌。旬辛丑，帚妍冥冥允妌。（《续编》，四，廿五。）

呼帚好先收人于庞。（《前》五，十二。）

帚媒有子。（同上三，三三。）

乙未，帚妹示矛凶。（《殷虚文字》三十五页。）

贞，御帚媒于母口。（《前》七，十七。）

勿蚕帚嫦子予。（同上四，一。）

帚即妇，其后各字当系妇之姓，与商人的子姓不同，尤足为商人行外婚的确实证据。只帚好一条似与子姓相同，但这或系吴孟子狐姬之流，既不能据以断周人内婚，就不能据这单条证商人内婚了。

退一步说，假使《正义》所说有其确据，亦只能说商人已不行姓外婚，而改行氏外婚，用民族学的术语说，即已不行部外婚而改行团外婚。且引初民的一个例：北美易洛魁人（Iroquois）的若干部落内分为两部，部各分四团。最初同部异团人亦不得通婚，只异部异团人方能通婚，这即部外婚。据莫尔根说，这法度渐渐松懈，直至通婚的禁止只限于其人的团内（《易洛魁联盟》League of the Iroquois，79页，83页）。这即团外婚。易洛魁人系由部外婚变为团外婚。北美的胡伦人（Hurons）亦系若此。在昔同部及同团人皆不得通婚。后来同部通婚的禁令加以废除，但同团者仍旧保存。部已失其外婚性质以后，团的外婚性质仍旧存在（康乃利 Connelly 著《韦安都人》The Wyandots，106页）。若是者尚有其他证据，但举这两个已经能看出部外婚变作团外婚乃普通现象，反过来，团外婚以前亦必曾行部外婚，因为部就是个总团，团亦即等于支团，团出自部，支团出自团，亦犹宗法社会之小宗出自大宗，但后来新的次级小宗更能自小宗分出。假使商人行氏（团）外婚，则以前必有姓（部）外婚的实行在前，这不与上面各节同能确证商人实行或曾行外婚制么？

亲属称谓的研究亦能证明图腾社会的存在，实在说，称谓亦系图腾制度及外婚的结果。亲属称谓的发现由于莫尔根，他在北美易洛魁人（Iroquois）的细尼加（Seneca）部落中首次看出，最初他以为这只是这部落的特别现象，后来他扩大调查，始知这非细尼加部落所独有，亦非易洛魁人所独有，而为大部北美印第安人所皆有，虽然所用的语言不同，其称谓的性质则一。现在民族学所知，这类亲属称谓的区域更远扩至澳洲、非洲、亚洲。莫尔根曾列举若干特性，兹略识若下：

（1）假设我系男子，我称我的弟兄的子女为子为女。

（2）仍假设我系男子，我称我的姊妹的子女为甥。（细尼加语：Ha-ya'wanda，Ka-ya'wanda）

假设我系女子，我称我的兄弟的子女为侄。（细尼加语：Ha Soh' neh，Ka-Soh'neh。我们须注意细尼加人对甥侄两字并不相同，虽然欧美学者译成同一的 nephow 或 Niece 字样。）

假设我系女子，我称我的姊妹的子女亦为子为女。

（3）称父的弟兄亦曰父。

（4）称父的弟兄的子女曰兄，曰弟，或曰姊，曰妹。

（5）称父的姊妹为姑。

（6）称母的弟兄为舅。

（7）称母的姊妹亦曰母。

（8）称母的姊妹的子女曰兄，曰弟，或曰姊，曰妹。

（9）称祖父的弟兄亦曰祖父，他亦称我为孙。

在这九个特性以外，尚有一件，莫尔根虽未将之列入特性而亦不较次要的，即弟与兄、姊与妹的称谓各不相同，而非若近代欧美人用概括的弟兄或姊妹字样。

现再看我国古代的称谓亦是否与此相合。

（1）这条与（3）实在是一件事的两面，可以说称我为父者我谓之子。戴仲达说：

> 今人谓兄弟之丈夫子亦曰侄，非也，古者兄弟之子皆曰子。《汉书·疏广传》：与其兄子受，父子并为师傅。《后汉书·蔡邕传》：蔡邕与其叔父质得罪，上书自陈，亦曰言事者欲陷臣父子。《晋书·谢安传》：安与兄子玄，父子皆著大勋。《世说》：江左殷太常父子。亦指殷融及其兄子浩。

其说甚是，足证汉晋人犹称叔侄为父子。并且《颜氏家训》对此所说甚明，他说：

> 晋世以来，始呼叔侄。（《风操》篇）

以前只称父子，后少演变，而称为兄子、弟子；兄子、弟子称父的弟兄为伯父叔父，此亦犹弟兄之以伯仲叔为次序也。并且卜辞及《商句兵》称父辈皆曰父，不分叔伯，周初始见叔父之称。不论称为伯父、叔父，终未离父（伯叔不过是长幼的分别），不论称为兄子、弟子，终未离子。后更简称伯父叔父为伯叔，但兄子、弟子无法简称，所以取姑对侄的称谓同化而称为侄。其实兄子弟子在初民社会看，仍旧犹子（《檀弓》：兄弟之子犹子也）。

（2）这条的前一项与（6）亦系相成的。《尔雅·释亲》说得甚明：

> 母之晜弟为舅。
> 谓我舅者，吾谓之甥也。

《释名》亦说：

> 舅谓姊妹之子曰甥。

（3）见（1）条。

（4）《颜氏家训·风操》篇说江南风俗："同昭穆者虽百世犹称兄弟。"现在族人同辈者仍然若是。

（5）这条与（2）第二项亦系相成的。

在（1）条已说明晋以前侄之称只限于姑之对侄，不旁及于兄弟之子。《尔雅·释亲》：

> 父之姊妹为姑。
> 女子谓晜弟之子为侄。

侄之名，古人不限于兄弟之子，对兄弟之女亦同。《左传》僖公十五年：

> 侄其从姑。

指子圉，秦穆夫人之侄也。《左传》襄公十九年：

> 齐侯娶于鲁曰颜懿姬，无子，其侄鬷声姬生光。

襄公二十三年《传》：

> 臧宣叔娶于铸，生贾及为而死。继室以其侄，生纥。

此两事皆指侄女。足证侄系男女之通称，《说文解字》女部谓"侄，兄之女也"，实误。由此颇能明白甥字之所以从男（较前只作生，甥系后起字），侄字之所以从女。甥为舅对甥之专称，舅字从男，所以甥字亦从男；侄为姑对侄之专称，姑字从女所以侄字亦从女。

（6）见（2）条。

（7）这条与（2）第三项亦系相成的。《尔雅·释亲》：

> 母之姊妹为从母。

这亦与谓父之弟兄为从父相似（《尔雅》中虽无明文，但有从父兄弟，从父二字当亦能成为名词），曰从父仍旧系父，曰从母仍旧系母，这只系称父称母的演变。《释亲》著作时代已入宗法久建时候，而称谓尚如此，则以前图腾社会之直曰父曰母，似无疑义。并且从外婚上看，亦自然当若此。否则，反难说明各现象也。

（8）这条虽无明文，但既谓姨母为母，则姨母之子自然称兄弟，《释亲》

谓为"从母晜弟"，晋代称为"姨昆弟"（《左传》襄公廿三年杜《注》，与今俗同），仍旧未去兄弟称也。

（9）子既称父的弟兄亦曰父，孙自然亦称祖的弟兄亦曰祖父。现在北方俗称祖父曰爷爷，称其弟兄亦同，只加行几以别之，仍旧古习俗之少变者。且卜辞中亦称祖父之弟兄亦曰祖，与祖父同。

此外初民称兄与弟、姊与妹，各不相同，而非若现代欧美人称兄及弟用同一名词，称姊与妹亦用同一名词。《尔雅·释亲》：

男子先生者为晜，后生者为弟。
女子先生者为姊，后生者为妹。

这习俗直保存到现在。

总观以上各条，亲属称谓在我古代与初民所用者皆同，其中尤以称父之弟兄亦曰父，而与称母之弟兄曰舅者不同；称母之姊妹亦曰母，而与称父之姊妹曰姑者不同。在现代欧美人则称舅与称叔同，称姨与称姑同了。然世界上现在若初民称谓的实占多数，若欧美则甚少也。

既有亲属称谓，则史前时代亦必曾有外婚制；否则，亲属称谓的存在就不合理。请详陈其说。

前面已经说过外婚制不只是同姓不婚，并且是某某两团必须互相通婚。兹假设部落中有狼鹰两团，不只狼团男人不许娶狼团女人，鹰团女人不许嫁鹰团男人，并且狼鹰两团须互为婚姻，即狼团男人只能娶鹰团女人，鹰团男人亦只能娶狼团女人，试更列表若后：

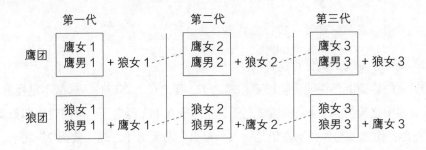

＋号表示婚配，数目则表示代数，两团既互为婚姻，狼团表中之鹰女 1、鹰女 2、鹰女 3，亦即鹰团表中之同号数人，反之，鹰团表中之狼女 1、狼女 2、

狼女 3 等亦即狼团表中之同号数人。兹表以父系为根据，但社会若系母系，其性质仍然相同，只须将两表中所有男字变为女字，所有女字变为男字。试取狼男 2 观之，他是狼男 1 之子，狼女 1 既系狼男 1 之姊妹，即狼男 2 之姑；但狼女1 乃鹰男 1 之妻，即鹰女 2 之母，狼男 2 既与鹰女 2 结婚，则狼女 1 亦即狼男 2之岳母，狼男 2 之姑与其岳母实系一人。然古人称岳母亦曰姑，《坊记》：

> 婿亲迎，见于舅姑。郑《注》：舅姑，妻之父母也。

《尔雅·释亲》称为外舅、外姑，加外字以别之，乃较后的方法。

狼男 2 乃鹰女 1 之子，鹰男 1 系鹰女 1 的弟兄，亦即狼男 2 之舅；但鹰男 1亦即鹰女 2 之父，即狼男 2 的岳父。狼男 2 的舅及岳父实系一人。照上条所说，古人亦称岳父曰舅。

狼男 1 乃狼女 1 之弟兄，亦即鹰女 2 之舅；但他亦即狼男 2 之父，即鹰女2 之翁（北方俗称曰公公），鹰女 2 之舅与其翁实系一人。古亦称翁曰舅，《礼记》诸篇所载甚多，不须细引，《释亲》亦谓：

> 妇称夫之父曰舅。

鹰女 1 乃鹰男 1 之姊妹，亦即鹰女 2 之姑；但她亦系狼男 2 之母，亦即鹰女 2 夫之母（北方俗称婆婆），鹰女 2 之姑与其夫之母实系一人。古亦称夫母曰姑。《释亲》：

> 称夫之母曰姑。

《说文解字》女部威下引《汉律》曰：

> 妇告威姑。郝懿行曰：威姑即君姑。

惠栋等说同，则汉人仍保存这称谓。

舅姑的称谓既已说明，初民更称甥之子、侄之子，亦曰孙。这毫不足怪异，试观前表中之狼男 3，他是狼男 2 之子，亦即狼女 1 之侄之子，但同时亦即狼女1 之外孙，侄之子与外孙实在仍是一人。狼男 3 乃鹰男 1 之甥（狼男 2）之子，但同时是他的外孙，甥之子与外孙实系一人。《尔雅·释亲》说：

> 男子谓姊妹之子为出。

> 谓出之子为离孙，谓侄之子为归孙。

不论其为离为归为外，皆尚未离孙字。较前想并离归外字样而无之，只称曰孙。这并非无据的假设。外孙之外当亦若外舅外祖之外字之后加者。外舅外姑上文已经说过。至于外祖父母，初当只称祖父母。《颜氏家训·风操》篇：

> 无风教者，其父已孤，呼外祖父母与祖父母同，使人为其不喜闻也。虽质于面，皆当加外以别之。
>
> 河北士人，皆呼外祖父母为家公家母，江南田里亦言之，以家代外，非吾所识。

前条所说系江南风俗，后条则谓河北，北齐时这样称谓尚遍及南北，由此足证。北齐距宗法社会初建时已千余载，而田间及无风教者（平民阶级）尚保留着这遗痕。我们知道对某项制度时常贵族久已改变，而平民往往保存不变，称谓想亦其中之一。

舅姑的称谓既已说明，吾人即能明白史前时代曾实行外婚制，极为显然了。若彼时只行同姓不婚而未行外婚，则狼团之甥可以娶任何他团的女子，不必须娶狼团的女子，则甥与婿不能变为二位一体；鹰女亦可嫁任何他团的男子，不必须嫁狼团，则侄与妇亦不能变为二位一体。变二位为一体者，只能由于外婚制。史前曾行之，观此已无疑义，同姓不婚只系其演变，广义的外婚而已。

并且鹰男3，鹰女3，一方面系狼女1之孙；另方面他们是狼女2之子，亦即狼女1之侄之子，侄之子与孙实系一人。狼男3，狼女3，一方面系狼男1之孙；另方面他们是鹰女2之子，亦即狼男1之甥之子，甥之子与孙亦系一人。由这方面观之，称侄之子、甥之子皆曰孙，亦与初民同也。

（三）团员须祭祀图腾　上文已讲过高禖乃商人的图腾庙，这自然为的受团员祭祀。上文又说过家族乃演变的图腾团，以前团员共有的权力到家族时代皆集中在家长一人身上，以前团员共有的图腾至是变为祖先。由后来家族各员皆须祭祖看起，则以前团中各员亦须祭图腾自无疑义。

（四）团员皆有为同图腾团员复仇的义务　这条亦可用与上条同类方法证明。《曲礼》：

> 兄弟之雠，不反兵而斗。

团员既互视若弟兄，则皆有为同团团员复仇的义务，亦甚明显。并且现在闽广间尚有两族械斗的风俗，愈古家族团结性愈烈，则复仇的义务亦必更严格了。

（五）图腾按时与团中妇女配合，俟首领出现后，他尤喜欢同首领的妇人配合。这种礼节，原始社会间常有，而据较晚记载，以前埃及亦行过这礼节，不过甚秘密，不使外人知道罢了。上文讲玄鸟图腾团时，已讲过祀高禖，亦即此礼，按《诗·鲁颂·閟宫》毛传引"孟仲子曰：即高禖也。"《诗》传引孟仲子说者二处：一此传，一为《维天之命》传。《谱》云：孟仲子者子思弟子。《孟子·公孙丑》篇赵岐注：孟仲子，孟子之从昆弟学于孟子者也。陆玑《诗草木疏》云：子夏传（《诗》）鲁人申公，申公传魏人李克，李克传鲁人孟仲子，孟仲子传赵人孙卿。孟仲子当与孟子同时，并尝传《诗》，閟宫即高禖，亦必系旧说。姬姓之有《閟宫》，等于子姓之有高禖。姬姓传说只谓"厥初生民，实维姜嫄"（《诗·生民》）。这已经系演变后的辞句。最初必亦如商人所谓玄鸟生商而谓匜生姬姓，閟宫即这个匜图腾的庙。或亦如埃及人之秘密，所以閟宫的閟变为祕为秘，引申为普遍秘密之称。而祕为祕神，其所居则为閟宫，亦与希腊上古称其祖先之祀为祕祀相类。盖希腊人祀祖时，不使异姓看见，所以其名称如此。后来匜图腾传说变化，姬姓不再自称直出自匜，只出自姜嫄，于是閟宫亦变为姜嫄之庙。最初閟宫亦与高禖相似，乃图腾与团中妇人配合而生团员的地方。

最古的图腾乃平等的组织。进化派的民族学家如莫尔根等，则以为图腾社会系平等的；批评派如罗威（Lowie）等则反对这说，以为图腾社会不必须平等。这两种相反的学说表面虽像互不相容，其实细审思图腾团的内容，即能明白两种皆含一部分的真理。图腾团的基础建在各员同奉一种图腾并皆信同出自这图腾这种原则之上，既同出共有的图腾，自然无所谓轩轾，所以皆平等。但原始人并无人类的概括观念，并且恰与相反，以为每个团体各出自一种图腾，所出不同，则种类不同，玄鸟团人以为出自燕，自然与虞团人之自以为出自虞者不同。所以同图腾的人平等，而对异图腾者则否。进化派所说专指前者，批评派所说兼指后者。在团内看自系平等，连团外看自然不平等。记载所谓同姓、异姓，即同生、异生，若将现在人本家、族人的观念加强若干倍，或能得其仿佛。盖地位同于狭义的族人，而情感则似近代的同党。春秋时人说：

> 神不歆非类，民不祀非言。（《左传》僖十年）
> 非我族类，其心必异。（成四年）

神即图腾的演变，他不受异图腾人（非类）的祭享，祭享他亦不吃；人亦不祭他自己以外的图腾，祭亦得不到保佑。不只如此，不只两方面互不相干，并且异图腾则心亦异，尚能有非善意的举动，所以歧视异图腾的人，不与平等。经周代文化统一以后，这种观念遂扩充至诸夏蛮夷的区分，视诸夏如同团，视蛮夷如异团。直到义和团仍然是受这个演变而扩充的图腾观念的传统支配。

下文所说平等自然只指图腾团内部而言。中国古代图腾社会是否平等的，现在无直接证据，但颇有遗痕可供观察。最重要的就是现在中国家族尚保存着一件平等共有的事物，就是姓，凡同族的人皆冠他，任何人不能私有，亦不能多有少有，为以前历代祖先、为以后历代子孙、为现存族中各员所平等共有，还有事物的平等共有意义更高过此的么？此外在祀祖观点上，同族人皆有祀祖的权力、义务，亦是平等的。春秋时家族亦有共有的族产，如墓田等。《曲礼》中亦言"父母存，……不有私财。"固然这只说财产应归家长，但家长乃政权集中后的现象，以前政权尚未集中时，家长尚未产生，后来家长所有的权力皆为全图腾团所共有，则后来属家长的财产，亦因此而为全图腾团所共有，自不待言。凡此诸端，似皆能证明中国的古代图腾社会与其他图腾社会无殊，亦系平等的。

《吕氏春秋》亦说：

> 昔太古常无君矣，其民聚生群处，知母不知父，无亲戚兄弟夫妻男女之别，无上下长幼之道，无进退揖让之礼，无衣服履带宫室畜积之便，无器械舟车城郭险阻之备。（《恃君》篇）

既无君，亦不分上下长幼，自然团员皆平等。

最古图腾团尚有他种特性，即《恃君》篇所谓"知母不知父"，最初社会乃母系的，父系为较后的演变。为何如此？解释似非常容易。据民族学家的观察，原始社会人根本不懂交媾与受孕的联络，他们以为这完全系两件事。民族学虽有派别的纷歧，各派学说亦常聚讼，但对这节却异口同声，毫无异论。足证这现象的确实且普遍。今人自然以此为怪，但若观察简陋的原始思想状态，亦就能明白这种不懂亦有理由。食必能止饥，饮必能止渴，但交媾不必能受孕，且有夫妇终身交媾而不受孕者。足见交媾与受孕不发生联络，否则每交必受孕，亦如食必能止饥，饮必能止渴者。并且他们相信团员之生，皆由团妇与图腾交配的结果，上文讲高禖时已言之。于是愈信团员之生只须母而不须父。团的重要目的在图腾（同姓）的繁生，而繁生的责任、能力，全在妇人身上，男子毫无所负。男子遂变为妇人的附属品，自然社会变成母系的。

除《恃君》篇那句以外，《晋语》尚有一段与母系社会极有关系的文字，但罕为研究古史者所称引，兹因其文极重要，将全文抄录如下：

> 秦伯归女五人，怀嬴与焉。公子使奉匜沃盥，既而挥之。嬴怒曰：秦晋匹也，何以卑我！公子惧，降服囚命。秦伯见公子曰：寡人之适此为才，子圉之辱，备嫔嫱焉。欲以成婚，而惧离其恶名，非此则无故。不敢以礼致之，欢之故也。公子有辱，寡人之罪，唯命是听。公子欲辞。司空季子曰：同姓为兄弟。黄帝之子二十五人，其同姓者二人而已：唯青阳与夷鼓皆为己姓；青阳方雷氏之甥也，夷鼓彤鱼氏之甥也。其同生而异姓者，四母之子别为十二姓。凡黄帝之子二十五宗，其得姓者十四人，为十二姓：姬、酉、祁、己、滕、葴、任、荀、僖、姞、儇、依是也。唯青阳与仓林氏同于黄帝，故皆为姬姓。同德之难也如是！昔少典娶于有蟜氏生黄帝炎帝。黄帝以姬水成，炎帝以姜水成，成而异德，故黄帝为姬，炎帝为姜。二帝用师以相济也，异德之故也。异姓则异德，异德则异类，异类虽近，男女相及以生民也。同姓则同德，同德则同心，同心则同志，同志虽远，男女不相及，畏黩敬也。黩则生怨，怨乱毓灾，灾毓灭姓。是故娶妻避其同姓，畏乱灾也。故异德合姓，同德合义，义以道利，利以阜姓，姓利相更，成而不迁，乃能摄固保其土房。今子于子圉，道路之人也。取其所弃，以济大事，不亦可乎？

这篇所谓黄帝之子二十五宗，为十二姓，似不甚可靠，上文已经提及。除此以外，其中议论极堪注意。春秋时社会早已父系化，观《诗》《书》《左传》等记载即知。知此则这篇文章是与彼时社会不合的，这必非司空季子所造，或得之于同时人的意见，这必系早过司空季子的一篇旧说。观秦伯如彼爱怀嬴，公子又那般希望秦助他返晋，拒绝怀嬴就无异开罪秦穆，岂非最下的外交政策。晋文终以为子圉之妻，不欲纳，足证父系社会已根深蒂固，晋文久已受这说的束缚，不能自拔。司空季子深知这情形，欲加以解说，使晋文亦能有以自解。但当时掌故、典章，皆系父系社会的，皆反对这种举动，所以皆不能引用，只得往非父系社会找寻，于是他就引用这篇母系社会的旧说，他开口就说"同姓为兄弟"，同姓即同生，同由一母所生者方为兄弟。他并引黄帝炎帝及黄帝诸子为证。黄帝炎帝皆少典之子，但不同姓；黄帝诸子亦各不同姓。最重要的是"今子于子圉，道路之人也"。这句非照母系社会无法解释。《左传》所记与前几句相同，至降服因命止，只略少几个不甚重要的字，足证两书所取材料相同。《左传》删去降服因命（《左传》作降服而因）以下，想即因这篇的议论与当时的父系社会过于不合，觉着他过于突兀，所以未采。今将晋文与子圉的关系，按照母系父系两种社会分说如后。

据《左传》晋献公娶狐姬生重耳，娶小戎子生夷吾。文公与惠公虽同父不同母，但照父系看，子圉是惠公之子，即为文公的胞侄，当然不能说系道路之人。

晋文之母狐姬姓姬，照母系看，他亦姓姬；惠公之母子姓（杜预以为子作女解，我以为小戎子即子姓。这与所研究并无关系，无论允姓子姓，小戎子与狐姬不同姓），他亦就姓子，两人并不同姓。惠公娶梁嬴生子圉，见《左传》僖十七年。子圉按母看，应姓嬴，与文公之姓姬亦不同，自然是道路之人了。反过来，称子圉为道路之人亦足证这篇所说皆系母系社会。所以《晋语》这篇实在是证明中国古代曾有母系社会的无上文献。

此外春秋时亦尚余有母系社会的痕迹。方社会变为父系后，子女皆从父姓，亦即说奉父族的图腾，但对他们旧章应姓的母系图腾亦常仍保留着痕迹，譬如将母族图腾留作次要的图腾。原始人常常如此。春秋时宋有公子縠甥，鲁有富父终甥（皆《左传》文十一年），甥即生，縠及终想系縠甥及富父母姓。庄公六年邓有雅甥、聃甥、养甥，杜预以为"皆邓甥之仕于舅氏者"，非是。观同篇邓祁侯称楚文王为吾甥，则他们乃雅的甥、聃的甥、养的甥，他们乃邓人，而雅聃养乃他们的母姓。并且荀偃称其子荀吴为郑甥（《左传》襄十九年，郑甥疑荀吴的小字），杜预谓为郑女所生，尤为明显。

不只男子有如是取名的习俗，女子亦有之。齐灵公夫人颜懿姬，其侄曰鬷声姬。杜预说颜鬷皆二姬母姓，因以为号。颜出自邾，姓曹而不姓姬，颜懿姬之称自非如齐桓公如夫人宋华子之例，华则子姓之分氏，颜则非姬姓之分氏，足证杜说颇合理。

舅父在母系社会的地位极高。彼时妇人虽有高等名位，但不必须行使政权，而家中事物皆由其弟兄即其子女的舅父代管，而不由其丈夫代管。周朝称异姓曰伯舅，以表恭敬，与称同姓曰叔父相对，尚系以前舅父的余威。周顷王亦说：夫齐甥舅之国也（《左传》成二年）。因为两部互婚的关系，舅父与岳父实在是一个人，舅父亦即姑的丈夫，他亦即姑夫，《释生》篇及前边已经解释明白。所以甥舅关系极密切。春秋鲁夫人多姜氏，虽不敢说前代之姜必系后代之姜的姑，但鲁夫人多娶自母族，则系极明显的事实。这仍系母系社会的旧章保留到父系社会的一种。苏洵嫁其女时，曾赋诗曰：世人婚姻重母族，……盖其婿乃其内侄。这足证宋朝仍有此习俗（苏诗题记忆不清，手边无书可查，恕不注明）。直到晚近，所谓姑舅婚仍极通行，仍系原始社会的余痕。

由以上所举各证观之，最重要者即图腾即姓，而由图腾制度以衍出者若外婚制、行辈称谓等，以及图腾社会之平等共产性质，我国古代与近代初民无殊。但人类是进化的，环境变迁，思想亦因之改变，而社会组织亦同时受其影响。简单的说，人类可谓无时不在改进之中，亦等于宇宙亦无时不在改动之中。图腾制度既已成立，亦即将发生改进，于是其演变生焉。现对古代图腾制度既已阐明，下篇将观察图腾及图腾团的演变及演变后所发生的现象。

下　篇

图腾亦即古代所谓姓，为团中所共奉，图腾团亦为平等共有的社会，用各种证据，证明他们皆曾存在于古代中国，已若上篇所述。但图腾社会变至宗法社会，平等的社会变至政权等差化的社会，并非立蹴而至，中间曾经过长时间的演变。这篇的目的即在观察中国古史中这些演变若何。演变约分为四种，互相牵涉，其发生或亦约略同时。这即（1）图腾团的父系化；（2）图腾的个人化；（3）图腾的地方化；（4）图腾团的地域化。由（1）（2）生出感生帝、生祖、始祖及首领；由（3）生出社的祭祀；由（4）生出村落邦国。兹按次序分章言之。

一　图腾团的父系化

社会由母系变为父系，这在现今民族学上尚是一个聚讼的问题。譬如莫尔根对母系社会的较原始性毫末怀疑，弗莱则对此则犹疑不决，一方面他觉着母系似较父系优先，但另一方面他觉着母系父系社会或曾同时并存（《图腾制度及外婚制》，第四册，125 等页）。因为这问题实在太广泛了，而现在学者的思想又为父系社会模型得太久且深了。在现代初民社会内，同时既有母系者，亦有父系者。两系并存，固然不在同团内；此外另有若干团，方在两系变化的中间。有人以为这中间社会乃由母系变到父系的现象，这些人自然以为母系社会较前存在；但另有人以为中间社会乃由父系变到母系的现象，这些人自然以为父系社会较前存在了。这问题的焦点亦在于此。但吾人若想到初民对父性的观念，这问题亦迎刃而解。初民对交媾与受孕的联系根本不明，已若上篇所述（固然我尚能引用若干证据，但这篇文字已愈写愈长，如是将永无写完之时，由这问题且将引起其他若降生等问题，所以此处恕不征引，在另篇拙著中详说，请读者参考之）。初民对父性的不明悉，即由于他们对受孕的真相不明，而不必由于杂交或群婚而不能确识其父若有些人所假设者。杂交或群婚亦是民族学上聚讼的问题，若能用其他现象说明初民父性问题，则终以不引用他们为上。父性既不明悉，当然不能组成父系的社会。反之，母性乃极明显的事实，虽极幼稚的初民，对此亦不容有所狐疑，母系社会之较原始乃自然的现象。并且原始父性研究的权威哈特兰（Sidney Hartland）亦谓在现代初民里，只看见母系变成父系的现象，至于相反的现象，则未曾有，他在其著作中不惜屡次申说这点。

再细看古史上的记载，由商人的兄弟继立的习俗，及祀父的典礼看，商人至少在成汤以后，已走上父系社会；他们若尚无周代这般父系化的宗法，至少他们已渐趋向父系化。周人则至少西周以后，已经进到父系社会，并且彼时大部分先进人民亦然。但自此以后，吾人并未见社会由父系而变向母系的现象。但由《吕览·恃君》篇及《晋语》则能知在商周父系社会以前，曾有母系社会，足证母系社会之较原始。并且商人之始祖契以前，更有女性的简狄（若以简狄或系后人造的名字，亦可说女性的有娀，这已见于《商颂》）；周人之始祖稷以前，更有女性的姜嫄，这不愈足为证么？这些证据亦与哈特兰所说的普遍现象相合，并能佐助他的学说。

再看周初的历史，更有一个间接的证据。周初创业占重要地位的人，当首推周公、太公。周公是"文王之子，武王之弟，成王之叔父"，他的重要在父系社会中自不成问题；但何以太公亦与同"股肱周室"呢？吾人若想及母系社会舅之地位，就能明白这并非奇异。母系社会在团中有重权的人，并非妇人之夫，而系她的弟兄，即其子之舅。初民社会首领地位的继承，常由舅以传甥，不由父传子，甥常听舅的指导而不听其父。

太公是邑姜之父，即武王之舅，他能与周公有同等地位，即因彼时社会虽已入父系，但舅之余威尚未尽泯。至成王之崩，迎立康王时，太公之子吕伋亦率虎贲去迎接。吕伋乃成王之舅，用他去迎立成王之子，这亦是件值得三思的事，恐亦系舅的余威罢！周初对舅的重视虽然若此，然至东周，王室卿士就皆变成清一色的同姓，即鲁卫之卿亦莫不属于姬姓者，虽然彼时习俗仍用外婚，然异姓之舅之权终竟为同姓兄弟打倒。这不亦间接证明母系社会之较原始么？

东周舅氏之对甥占重要地位者，只晋之舅子犯，但晋文原系大戎狐姬之子，且晋原受有落后人民的影响（《左传》定公四年："启以夏政，疆以戎索。"且狄人归季隗，而请其二子。当时狄人必尚系母系社会，所以留甥于舅家也），晋受有落后人民的习俗，所以舅的权威较他处为重，这愈足证明上面假设的合理。

总上篇及此节所列，我国史前确曾有过母系社会，并且由母系社会逐渐父系化。

二　图腾的个人化

史前时母系的图腾社会恰是后来宗法社会的相反，姓氏皆由女子以传，男人毫无足重轻；恰若宗法社会之继承由于男子，女子亦无足重轻者。后来生活状态既渐改变，思想状态亦随之而变更，社会渐父系化，于是男子渐渐抬头，增加重要。以前只有图腾，为全团所共奉；只有始祖妣，为"厥初生民"。譬如商人以玄鸟为图腾，以简狄为始妣；周人以姬为图腾，以姜嫄为始妣。彼时固无所谓始祖，男子尚无地位；亦无所谓始妣之夫，受孕的真相尚未分明。及社会已父系化，至少渐父系化，始祖亦渐渐出现。从此图腾与始妣所生的是始祖，不再是女系全体。以后的子孙皆出自始祖，只间接出自图腾，不再若以前的直接了。

上篇中已讲过玄鸟故事，此处仍旧是无上例证。《史记·殷本纪》：

> 殷契母曰简狄，有娀之女，为帝喾次妃。三人行浴，见玄鸟堕其卵，简狄取吞之，因孕生契。

从此玄鸟不再"降而生商"，与商人全体有关，而只与契发生关系；子姓不再是玄鸟所生，只因其始祖契而与玄鸟发生间接关系。

《毛诗·生民》：

> 厥初生民，时维姜嫄。生民如何？克禋克祀，以弗无子，履帝武敏歆，攸介攸止，载震载夙，载生载育，时为后稷。

履帝武敏歆，《郑笺》释作履大人迹，《史记》亦谓：

> 姜嫄出野，见巨人迹，心欣然悦，欲践之。践之而身动如孕者，居期而生子。

我在上篇中已经说过周的图腾神话经过较姒姓子姓的更长的时间方才写定，所以他的变化更多，距原来面目愈远。譬如此处，所谓帝系何人，帝与姬图腾的关系若何，丝毫不能看出，必非最初面目。若谓帝即上帝，概括观念的上帝，在图腾变为神，再变为最高神以后始能有，愈足证这神话为极后的变相。最初必是姁生姬姓，再变而为生后稷，于是周的始祖稷出现。

此外各姓皆有始姒及始祖的传说。如《帝王世记》所载：

> 燧人之世，有巨人迹出于雷泽。华胥以足履之，有娠，生伏羲，长于成纪，蛇身人首。

> 有蟜氏之女名女登，为少典正妃，游于华山之阳，有神龙首感……生炎帝，人身牛首。（黄帝）母曰附宝，……见大电光绕北斗，枢星照郊野，感附宝，孕二十五月，生黄帝于寿丘。

但吾人对这些须极端慎重采取，因为甚难分辨真伪。譬如上面所引，伏羲相传是风姓的始祖，炎帝是姜姓始祖，黄帝是姬姓始祖，但在传说中看不出他们与他们的图腾关系。若这些果有渊源，虽非初型，然仍系变体，尚可供研究的材料。但恐皇甫谧等看见几条图腾神话而不明白其产生的原因，遂理想仿造若干条分配给每个帝王，则援用以考证上古图腾制度，只能增加纷乱。所以对始祖问题有兴趣者，万不可看见无论何书所载有近似始祖神话者就加以采用，必须慎重研究始祖与图腾的关系。若两者有关系，这传说就似非伪造。若两者毫无关系，这团始祖反似与他团的图腾有关，就最好存疑，以待考古学将来的佐证。否则，不加批评而轻信，只以其"言不雅驯"，就信为确系初民的，这是极危险的事。

虽然如此，吾人须重视古帝王感生的传说，不论其真伪若何，多半只提及其母，提及父者只有少数。凡作伪者势不能凭空直做，必须有所本，并且须模仿这蓝本。由现在的真伪传说，吾人可以结论真传说中必系知"有母而不知有父"，更为母系社会较早增加佐证。

始祖既出现，图腾与全团的关系既已由直接变为间接，图腾遂渐为始祖所独有，这是图腾个人化的第一步。

社会既至父系以后，人皆有父，于是始祖之无父而生自图腾，自然不能再为人满意。从此始祖有了父，始妣有了夫，这就是生祖。图腾变为生祖，这是图腾个人化的第二步。以前父的位置，为图腾所篡，经过了几千年或至于几万年的时间，父性终竟复辟。但真的楚怀王已经"入秦不返"，追寻无处，义帝乃是假楚怀王，生祖的名字实系后人假设追赠的。

近代民族学家、社会学家，对始妣问题，似未甚分明，因而常将始祖、生祖两者混为一谈，总称为祖（ancestors），我认为有细加分析的必要。所以我建议生祖这字专指图腾演变的祖，他与图腾仍旧是一个，他是始祖的父，所以亦称曰祖；他是图腾（生）的演变，所以称为生祖。

图腾终究太有势力了，他虽变成人形，变成生祖，他的积威仍不断的憧憬于全团员的心中，感孕的神话仍旧蒂固不拔，与生祖成了并存之势。但两者又不能并存的，为调和这两说，于是感生帝出现。一面始祖有生祖为父，另方面始祖之生却不由于生祖而由于感生帝之感生，图腾个人化至此遂达第三阶段。

总起来说，最初范型只有图腾及始妣；一变而始祖出现；再变而图腾分化为生祖；三变而生祖与感生帝并存。为明了起见，更列表如下：

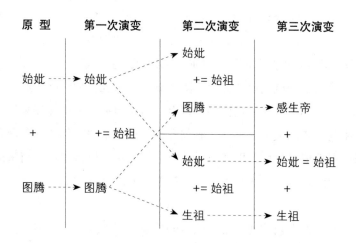

加号＋表示配合（事实的或假设的，初民并未分辨），双线＝表示生，点线矢头表示演变的途径。

最初感生帝不必限于五帝，如汉人所谓，恐怕各团各有其感生帝，民不祀非族，感生帝仍旧是图腾的演变，这团既不祀彼团的图腾，自然亦不承认他团的感生帝。后来政权渐趋统一，文化亦渐趋统一，上帝的观念亦渐统一，各感生帝亦为上帝所吸收，不过感生帝的离心力仍旧存在，于是感生帝变成上帝的变体。更后因五德相代之说而感生帝限于五帝，感生帝自身的变化如此。

吾人试再观察商人的这种演变。

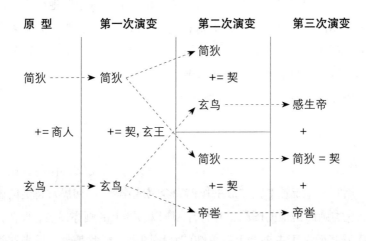

简狄这个人曾存在于何时代，甚至契是否确系简狄所生，这问题对考证古史虽甚重要，但对图腾研究所关则轻。在原则上说，历代商人皆由玄鸟团的妇女感自玄鸟图腾而生者，不独契之生若此。契决不是以玄鸟为图腾的第一人。方母系时代，团之传世在于女子的身上，男子无足重轻，决不能流传男子的名字至于甚久，更不能以男子为始祖。在契以前，玄鸟团当久已存在，不过以前的男团员的名字，皆因男子在团内之无地位，未传至后。简狄若系玄鸟团的始妣，她就不能生契；她如果系契之母，她就非玄鸟团的始妣，两者必居其一。契与简狄的关系由此而生两种假设。即（1）简狄确系始妣，契以后商人一面祭始妣简狄，一面祭始祖契，后人遂误以简狄为契母；（2）简狄确系契母，而"有娀方将，帝立子生商"之有娀则系始妣，后人误以为有娀即简狄，遂生误解。据现有材料，这问题只能提出而无法论断，且待以后古物实证较丰富的时候，再行研究。观传说中时而"昌意以薏苡生"（《白虎通·姓名》篇），时而"禹以薏苡生"（《论衡·奇怪》篇），即知最初始祖之集中于某一人身上之说，尚未固定，玄鸟团或亦曾有过这类现象。但这些皆与图腾研究不甚重要，所须知者，即姒姓以薏为图腾，子姓以玄鸟为图腾，无论昌意，无论禹，皆感苡而生者也。

同图腾个人化问题相类的尚有个人图腾。个人图腾仍旧是图腾，即说亦是生物或非生物，普通是动物或植物。他与图腾团的图腾，即与真正图腾的不同在于团者是共有的，而他只为私人所奉，他既为某人所奉，他亦保佑某人，他与这人的密切，可以说合而为一。这人平常以他为名，战争时他亦与这人同往战场，初民所用的个人徽帜上常绘着他，埃及王战争时，图画上亦画着图腾在彼攻打敌人，如鹰王、虫王皆然。愈上溯原始时代，人们愈信人及图腾关系的密切，人即图腾，图腾即人，最初观念想系如此。

个人图腾即古人所谓名。《说文解字》口部：

> 名：自命也。

《淮南·缪称训》与此说同。《说文解字》无铭字，最初铭亦作名，铭乃后起字，所以《周官·小祝注》谓"故书作铭，今书或作名"。初民常将他的图腾画在器物上，这类画即是他的图腾，他的名，所以器物上的画亦曰名，现在吾人尚能看见古陶器甚而至于古铜器上有单纯的文字图画，即此是也。后来这类名愈演变愈繁复变为长篇的铭，为分化起见，更造铭字以专称这类名，其实最初只是一字。名亦即个人图腾。最初名不必只是个人图腾，或者兼是团图腾，名与姓同意，生团称其图腾为生，另一团则称其图腾为名。后各团混合而文字等差化、专门化，生只作姓解，名亦只作名字解。共有图腾与个人图腾同称，在现代初民中亦有例证，澳洲的法人（Yuin）（何惟特著《澳洲土人部落》，81 页）及那里乃里人（Narrinyeri）（麦耶 H. E. A. Meyer 著《安康特湾部落习俗》Manners and Customs of the Aborigines of the Encounter Bay Tribe，在达布林著《南部澳洲土人部落》书中 Taplin，Native Tribes of South Australia，197 页）亦皆用同字称团图腾及个人图腾。这问题与先有团图腾抑先有个人图腾问题有关，但讨论起来过长，非这篇论文范围所能包括，现且不细说，只请读者勿以为名自初就是个人图腾这层而已。

并且古人人名常用鸟兽草木等字，亦若个人图腾之用动植物者。卜辞中常见夒，王静安以为即帝喾（《观堂集林·殷虚卜辞中所见先公先王考》）。《说文解字》夂部：

> 夒：贪兽也；一曰母猴，似人。

足证帝喾以兽为他的个人图腾。又《说文解字》内部：

禹：虫也。

离：虫也。

《汉书·古今人表》契作离，则禹离各以禹虫、离虫为他们的个人图腾。譬如后所谓舜十六官，其中多半以动植物为个人图腾。除虎熊罴夔龙的图腾甚易看出外，垂之原字当即丞，《说文解字》丞部以为象叶垂形，其初义想为垂叶的树，垂乃以垂树为图腾者。朱以鼁鼀为个人图腾。《邾公钟》足证鼀即邾，亦即朱也。

不只誉禹契垂朱若此，即舜亦以舜草为图腾。《说文解字》舜部：

> 舜：艸也，楚谓之葍，秦谓之藑，蔓地连华，象形。

兹举这些人名为例。但此尚系其外表，他们并深信个人图腾与他们中间有密切的同性，亦如共有图腾之与团内各员皆同性者。名之质曰命，亦若生之质曰性，名与命古同字，亦若生与性古同字。《左传》桓公二年：

> 师服曰：异哉君之名子也！夫名以制义，义以出礼。……嘉耦曰妃，怨耦曰仇，古之命也。今君命太子曰仇，弟曰成师，始兆乱矣，兄其替乎！

名子亦即命子，与"命太子曰仇，弟曰成师"，及桓公六年"命之曰同"相等，两字古人通用。命与性亦同意，只团不相同，故字不相同而已。《中庸》：天命之谓性，亦即天生之谓性，所以性命两字后成为一辞，最初两字素无异义。

这性亦曰德曰类曰物，各视其所出自的团而不同。《左传》桓公六年：

> 子同生，……公问名于申繻，对曰：名有五：有信，有义，有象，有假，有类。以名生为信，以德命为义，以类命为象，取于物为假，取于父为类。

兹先言德命为义。德的普通解释为道德、德行，但若细加研究，书中不能都如此解释。譬如孔子说：

> 天生德于予，桓魋其如予何！（《论语·述而》篇）

若德只是德行、道德，则天如何能生德给孔子？并且有道德的人，桓魋何以不能奈何他？这颇不合情理。若比较《左传》几处说法，或能较容易求得德的初义。《左传》隐公十一年：

> 王室而既卑矣，周之子孙，日失其序。夫许，太岳之胤也。天而既厌
> 周德矣，吾其能与许争乎？

宣公三年：

> 周德虽衰，天命未改，鼎之轻重，未可问也。

僖公二十五年：

> （王）曰：王章也，未有代德，而有二王，亦叔父之所恶也。

所谓周德当然不能解作周室的道德，代德若解作替代的道德尤不可通。《汉书·郊
祀志》：

> 自齐威宣时，驺子之徒，论著终始五德之运，及秦帝而齐人奏之，故
> 始皇采用之。

五德终始之说虽始自驺衍，但物必有所自，更古必有新德代旧德之说，即周王
所谓"未有代德"之所由来，驺衍不过只将这说的德数目缩小，再将他系统化
变成某德只能代某德而已。从前德的数目是无限的，并且不限某德必须某德代
替。德是一种天生的事物，与性的意义相似。所以贾谊《新书·道德说》说：

> 所得以生谓之德。

每个团体固然有其德（如周德），每个人亦各有其德，孔子所谓天生的德即
此。并且《晋语》：

> 异姓则异德，异德则异类，……。

足证每姓的德各不同；《晋语》又说：

> 黄帝以姬水成，炎帝以姜水成，成而异德，故黄帝为姬，炎帝为姜。

更足证每人的德不必尽同，亦能各有其德。所以每人的名字，各象其德，有禹
德者即名为禹，有舜德者即名为舜，禹与禹虫同德，舜与舜草同德，这非个人
图腾而何？

最初德与性的意义相类，皆系天生的事物。这两字的发源不同，这团名为
性（生团），另团名为德，其实代表的仍系同物，皆代表图腾的生性。最初说同

德即等于说同姓（同性），较后各团的交往渐繁，各团的字亦渐混合，有发生分义的需要，性与德的意义遂渐划分，性只表示生性，德就表示似性而非性的事物。但研究图腾社会时，我们仍须不忘德的初义。

最初共有平等社会，各人的德在一个团内必无轩轾，只有同异。后来政权渐趋向集中，于是等级发生，德亦有了差等，所以《郊特牲》说：

> 以官爵人，德之杀也。

德有高下，所以地位有高下，德的发生等差亦影响政权集中及等差化不浅。团德的高下亦帮助某团图腾的发展及并吞其他图腾。

图腾社会既演变以后，一个人亦能有几个图腾，北美就有这类现象。这种图腾常由并吞而获得。古社会中似亦有痕迹可寻。初民常有以人祭祀的典礼，自然所用者必系敌人，这即春秋时献俘的前身，献俘只保留祭祀礼节，而免杀其人。据社会学家的研究，用人祭祀是使图腾吃敌人，原始思想以图腾与姓图腾的人相同，并吞图腾亦等于吃其人，所以亦常并吞敌人的图腾。春秋时当然不能仍信这类思想，但举动中未尝不保留着遗痕。譬如叔孙庄叔于咸之役，杀长狄侨如等，以名其子叔孙侨如、豹、虺（文公十一年及襄公三十年《左传》），这些尚系以前并吞图腾的遗痕，虽然春秋时已无这类信仰。

以类命为象这条与以德命仍旧相同。试观"非我族类，其心必异"之说，同类与同德乃相似的意思。并且《晋语》司空季子明明说"异德则异类"，这两条命名实在相同。

取于物为假的物仍旧是图腾。物即勿，《说文解字》勿部：

> 勿：州里所建旗。

勿乃旌旗之类。吾人若细想图腾社会的旌旗皆绘有图腾，旌旗皆所以表现图腾者，反过来亦就能知道旌旗皆与图腾有关系。旌的图腾为生，乃生团的徽帜；旗的图腾为其，乃其团（麒麟团？）的徽帜；勿的或体作旆，乃勿团的徽帜。最初各团各有其旌旗，各不相同，上各绘其图腾，厥后各团混合，旌旗亦杂糅而分别化，甚而等差化，于是这团的旌旗专作为某事之用，那团的专作为另一事之用；或这团的为天子所专有，那团的为诸侯之用。勿即物字的初形，勿象图腾而非象旗也。

取于父为类似系较晚的办法。父的地位在母系社会并不重视，取名自然不必与父为类。但由母系变到父系的中间，姓虽不从父而父已渐有地位，想必曾有一时姓仍母系而名改从父类（以父名母姓为种号——《后汉书·西羌传》），这与父系社会某甥等名字相反而性质实相同，皆代表两系的中间，亦即代表图腾社会的演变时代。

由以上各条观之，命名皆与图腾有关，愈足证明名即个人图腾。

命名不只与图腾有关，并且有人以"名生"者。郑穆公的故事，乃这条最确的解释。《左传》宣公三年：

> 初，郑文公有贱妾曰燕姞，梦天使与己兰，曰：余为伯鯈，余而祖也。以是为而子，以兰有国香，人服媚之如是。既而文公见之，与之兰而御之。辞曰：妾不才，幸而有子，将不信，敢征兰乎？公曰：诺。生穆公，名之曰兰。
> 穆公有疾，曰：兰死，吾其死乎！吾所以生也。刈兰而卒。

"与之兰而御之"，穆公以生；"刈兰而卒"，穆公以终。他自己亦说：吾所以生也。这不确是名生么？穆公与兰合而为一，兰即他的个人图腾。这故事中并且另有一件极使人惊奇的图腾社会遗痕，即与燕姞兰的系他的祖伯鯈，伯鯈乃南燕祖，姞姓之祖，郑穆之生，不由于他的父系姬姓之祖，而由于他的母系姞姓之祖，这仍是母系图腾社会的旧规则。

三 图腾的地域化——地方神

与图腾团地域化的同时现象尚有图腾的地域化。上篇已讲过图腾乃为团结团中各员者，最初的性质只与团有关系，团最初既无地域性，图腾最初亦自然无地域性。现自团定居于一地，与其地发生关系而地域化时，图腾亦因之而地域化。于是图腾的本体亦分为两种变象，亦如图腾的名称的两种分化相似。兹列表如下：

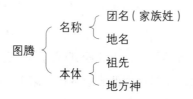

图腾 { 名称 { 团名（家族姓） / 地名 } 本体 { 祖先 / 地方神 } }

从此一方面家族的姓仍用图腾的名字，但地名亦因团的地域化而接受图腾的名称；另方面图腾仍为同团（同姓）各员所共奉，变作生祖，更分化为各代祖先

（在原则上，各代祖先皆系图腾的降生，亦即始祖的重复降生），但同时亦地域化而变为地方神。从此图腾的职务分为两种：一种仍旧非地域性的祖先；一种是新起而有地域性的，地方神。

地方神亦不止一种，其中最重要的当推社稷。

社即土神，地方神的性质甚明，不必再繁说。

"家有中霤国有社"，每家中霤神等于每国有社。中霤乃四室之中，王静安《明堂燕寝通考》所释甚明，中霤神亦即希腊罗马古代的家火（Focus），在拙著《释主》篇亦已考证过。国社即邦社，汉人讳邦为国，始曰国社，邦社亦即希腊罗马古代邦火。由家而至于国，各处皆有地方神。

《论语·先进》篇：

> 子路使子羔为费宰，子曰：贼夫人之子！子路曰：有民人焉，有社稷焉，何必读书，然后为学？

费有社稷，则古代各城皆当有社。不只各城，即一城内的各里亦莫不皆然。《史记·孔子世家》索隐：

> 古者二十五家为里，里各立社。

这风俗直到汉朝仍旧保存，《史记·陈平传》：

> 里中社，平为宰，分肉甚均。

《汉书·郊祀志》高祖二年：

> 因令县为公社，下诏曰：吾甚重祠而敬祭，今上帝之祭及山川诸神当祠者，各以其时礼祠之，如故。

所谓"如故"者，足证至汉以前各县皆有公社，汉高祖不过复兴之而非创举。

但社神究竟又是什么性质呢？《汉书·郊祀志》：

> 及高祖祷丰枌榆社。师古曰：以此树为社神，因立名也。

观此则社亦有以植物为神的，这岂不是与图腾同类性质么？不只此也，土最初是土团的图腾，土团后地域化而其地因名为土，亦即后所谓土方。土方之名见于卜辞，近人且引《商颂·长发》之"禹敷下土方"为证，甚是。《书序》亦谓"帝釐下土方"，《释文》谓"一读至方绝句"是也，《书序》固然是较晚的作品，但其字句常沿引书内者，帝釐下土方当即《汩作·九共·稾饫》之中一篇的字句也。当与卜辞及《商颂》所指之地相同。土图腾所代表者或即杜树，其地则在今山西境内。最初各团图腾地域化而成的神各有名称，不尽相同；及后各团交往渐频，文化亦渐混合，于是总称这类似的神为社。其实各地所祀的神不必尽相同，商人所祀亳社虽与周人所祀的周社同称为社，但亳社之神与周社之神恐即不相同。地方神蒙社的总名，当由土方的势力曾有一时在若干部团内甚占优胜，所以他的神名独为显赫，独为他部团所采用。

方一种宗教传播至于新区域时，这新区域旧有的若干崇拜常与新宗教的合而为一，宗教史的这个现象甚为普遍，亦为研究宗教史者所深知。譬如西欧赛鲁特人（Celte）旧有的若干崇拜，在基督教传入以后，遂变成基督教的色彩。当时各部团的地方神与土方的社的关系想亦若此。其中最显见者即稷之祀。

周人最初祀稷为地方神，而不祀社，及社的祭祀传至周后，稷与社遂合为一，所以东西周皆社稷连称并祀也。

《左传》昭公二十九年：

> 共工氏有子曰句龙，为后土。

句龙之为后土是否亦与社稷的现象相似，现在尚不敢论断，因为禹与土方似有关系，而共工之孙四岳又有佐禹平水之说，或者土即共工团的图腾亦未可知。

须归入地方神类者尚有山川诸神。《左传》昭公元年：

> 昔金天氏有裔子曰昧，为玄冥师，生允格、臺骀。臺骀能业其官，宣汾洮，障大泽，以处大原。帝用嘉之，封诸汾川，沈、姒、蓐、黄实守其祀，今晋主汾而灭之矣。由是观之，则臺骀，汾神也。

上篇中已经说过，臺骀即台图腾地域化的神，汾神之生亦是图腾地域化的。

我们并且知道周末人有以天上的诸星分配于各国的习惯（分野），想在史前时代，各团部亦有配星辰于其图腾的办法。譬如《左传》昭公元年说：

> 昔高辛氏有二子，伯曰阏伯，季曰实沈。居于旷林，不相能也，日寻干戈，以相征讨。后帝不臧，迁阏伯于商丘，主辰，商人是因，故辰为商星；迁实沈于大夏，主参，唐人是因，……故参为晋星。

这不甚明显的各团将其英雄分配于各星辰,因此星辰的神亦须归入地方神类。

希腊罗马古代亦有自然界诸神,如木星、金星、水星等神的崇拜,但最初亦有家族性,如甲族的木星与乙族的木星名或相同,而本体实异。家庭性与地方性皆系团部性的演变。观此则他们与中国古代亦颇相似。

附带着再一说自然神类。固然不敢说凡自然神皆系图腾化者,但其中有些颇有图腾的痕迹可寻。凤鸟系风姓的图腾,但同时凤字亦代表风的现象,至商代风凤尚无异字。这些在上篇中已经说过。凤图腾一方保留风姓的生祖资格,另方面他更变为风的主持者:风神。卜辞有祀风之祭:

> 辛酉,卜,甲凤卍九犬。(《库方》九九二)

祭风用犬,其俗至汉晋时犹存。《周礼·大宗伯》注:

> 郑众云:罢辜披磔牲以祭,若今时磔狗祭以止风。

《尔雅·释天》郭《注》:

> 今俗当大道中磔犬以止风,此其象。

汉晋人所祭者确系风,而非凤,商人祭者当亦系风伯。凤图腾变为风伯是甚合理的。风之作,古人不信为自然现象,信他由于凤之飞,凤是风的主持者,自然他变为风伯了。

图腾自团定居以后既分化为祖先及地方神,祖先这部分由于本身性质,就甚难发展。因为"民不祀非族"的原则,决不能逼迫他人去事自己的祖先,并且"神不歆非类",逼迫他人去事自己的祖先乃渎神的举动,不特不能受福反或受灾。固然汉时有令郡国立祖庙的制度,但这只是到帝国时代方有的现象,团初定居以后决无这种威力。周初虽然有"殷士肤敏,裸将于京"的制度,但这只是几个殷士来周庙的助祭,而未见周人迫殷人立周祖庙于宋去祭祀。因为直到周时,这种举动皆认为违反祀祖的原则而无人敢妄为。图腾分化出的那部分就大不相同了,地方神的发展弥补祖先的不足。地方神只限于其地而不限于神所自出的图腾的族。甲团征服乙团而占据乙团地域时,若乙地的地方神已经威震遐迩,则甲团亦不妨仍旧敬礼他。於是乙团图腾演化出的地方神势力竟扩充至甲团;或甲团征服乙地,甲团虽不能迫令乙团敬事甲团的祖先,但能迫令他们敬事甲团图腾演化出的甲地方神,于是甲地方神遂扩充其势力至乙地。甲团的地域愈扩充，甲地方神亦随之而扩充，于是各地方神中间又发生等差化，何者只限于一村，何者只限于一邦，又何者扩充至邦以外。如周的周社，商的亳社，最初皆只限于一地，后渐扩充至周商所统治的各地。傅孟真先生以为鲁有亳社由于鲁民原系殷遗，其说甚是，但我尚须为之补充一句，鲁有亳社远在周公成王践奄封伯禽以前，盖自商人占据奄地时，即将商人无上的亳社建于奄地，周人不过仍旧章而已。

不止社如此，凡地方神莫不皆然。最初团部分据各地各祀其境内山川，但后来日趋统一，山川诸神亦混合而等差化，五岳四渎之尊贵当亦起于此时。这种等差化现象是与首领政权等差化的现象相辅而行的。这方面，以前各地的地方神原系各不相统属的，现亦变为这个高那个低而发生等差化了；那方面，王、公、侯、伯、士等各国各不相统属的首领亦等差化而有尊卑的不同了。两种演变乃平行而互相影响的。

四　图腾团的地域化

上篇已经讲过，图腾团最初是无地域性的。虽然民族学的批评派怀疑无地域性的团体与有地域性的不必分先后，或能同时并存，而不以进化学派的意见为然，但我们仔细考虑初民的生活，就能明白无地域性的团，即此文内所说最初未经演变的图腾团，不先存于地域性团之说似是而非。人类最初食瓜果，然后食鱼鳖，再进而猎鸟兽，由易而难，其次序似无问题。方他在一处竭林而食、竭泽而鱼或竭山泽而猎以后，他就不能不迁徙以求他处有果实、有鱼鳖、有鸟兽的地方以保持他的生活，定居是无法求生的。等他能擒获野兽以驯畜它们以供食品后，畜牲以草为必须的食品，草地又是容易尽的，所以须常常迁徙。农业未发明以前，无法定居，初民环境实使之若是。初民生活无法先农业而后渔猎，亦就说社会无法先定居而后游徙。批评学派看见美洲澳洲各地土人现在有定居者，有游徙者，遂怀疑无地域性团与地域性团似不宜分先后，这岂非以春秋时的诸夏与游徙的诸戎等量齐观，或以汉时中国与匈奴等量齐观么？盖甲团定居虽能与乙团游徙同时，但观某团内部，则游徙必先于定居，图腾团最初之无地域性质，于斯已甚明显。这是极容易明白的问题，我所以若是晓晓者，即恐有人过信批评派学说，则地域化之说愈难明了。

图腾团地域化的痕迹在中国古史中尚能看出，即图腾的名称因团的定居而改作地名是。从此一个图腾变成两派，一派仍作姓用，一派作地名用。姓仍旧是非地域性的，地名则完全地域化了。上篇中已经说过祁地因示图腾团的定居其地而得名，燕地因玄鸟图腾团定居其地而得名等等，皆是例证。兹更引几个于后。

譬如：邾，金文皆作鼄（如《邾公华钟》，《邾公轻钟》等），《说文解字》黾部：

　　鼄：鼀鼄也。

邾地之得名由于鼄图腾团之定居其地。洙水之得名亦由于同样理由。

氏　泜水出常山，商昭明居砥石。砥即氏，砥石疑氏丘之误，与后羿自钼迁于穷石之穷石为穷丘之误相似。后羿乃有穷国君，其地因穷图腾团之定居而得名，遂曰穷丘。砥石即氏丘，及泜水皆由氏图腾团的定居其地而得名。氏疑即鸱的初字，《说文解字》隹部：

　　雌：雖也。

雌即现在所谓鹞鹰，乃鸷鸟之属，初字作 🦅，当系雌的象形，下 ⼳ 象爪，以取物也。由这氏丘、泜水，能悟出商初的些微历史。商尚（常）章三字若非后人假借互用，则最初即系一字的变体。《说文解字》谓"商，章省声"，其实古音两字相同，徐邈音《费誓》"商为章"足证，所以《汉书·律历志》："商之为言章也。"漳水在殷墟左边，亦即商水。常亦等于商，《广雅·释诂》一："商，常也"。《诗·文王》："常服黼冔。"常服即商服，郑君谓"其助祭自服殷之服"是也。冔亦见于《郊特牲》及《士冠礼》，亦即《儒行》及《论语·先进》篇之章甫，冔即甫，章甫即商甫，商人之冠也。商服自然与商冠相称。氏在契以前想必屯居在泜水附近，青阳降居泜水（据《帝系》所记），而昭明亦居砥丘，则商与氏当时必有长时期的斗争，互相争夺氏团所占的土境。观后来氏所处在汉之蜀郡及陇西郡（《汉书·地理志》：陇西郡有氏道县。师古曰：氏，夷种名也，氏之所居，故曰氏道），氏必因商人的逼迫而渐西退。卜辞中亦有"伐羌"之文，汉时氏羌尚常并列，氏羌在商初皆曾与商团发生接触，且时常有斗争，所以《商颂·殷武》美汤曰："昔有成汤，自彼氐羌，莫敢不来享，莫敢不来王，曰商是常。"这并非说商的威力远达西方，实在彼时羌氏所处较东，与商人所以发生争斗。

扈　甘　《左传》昭公元年：夏有观扈。《尚书·甘誓》亦谓"有扈氏威侮五行，怠弃三正"。固然《甘誓》的著作年代颇成问题，但扈则系古国。扈自以扈鸟团的定居其地而得名。

夏与扈作战的甘地乃因甘图腾团的定居而得名。甘之义固为甘甜，但初民表现这类空洞观念甚难，必须用实物方能有形能象。我以为甘即柑的初字，𠙶形象柑，柑系甜果，遂引申为甜义。

观　卜辞观字初只作雚，后始加两目形成雚（据董彦堂先生说），观国之初字当亦作雚，即因雚雀团的定居而得名。卜辞尚有"往雀"之辞，雀地之得名亦因雀团的定居。鲁有讙地，亦当由于雚团。后以同名之地过多，改写同音字以示区别，这亦周人常用的方法。

亳　汤居亳之亳乃因毛团之定居其处而得名。《说文解字》毛部：

> 毛：艸叶也，从亚穗，上贯一，下有根，象形。

毛的初义当系艸，上象叶，下象根。艸之意为生生，自亦合于图腾。至于亳之高则所以表示地名，亦若薹地由于禾团之定居。图腾形外加高，亦犹楚丘、夏虚之在图腾形下加丘虚字以示地名。

不只地名由于图腾团的定居，山名水名亦皆如此。考证家每谓地由水得名，但水名又自何来？这不过将解释的困难退后，而非得到确切的解释。其实地、水、山的得名皆由于图腾团之定居其地。兹略举涂山、漾水，以见他们与图腾的关系。

涂山古皆作涂山，其图腾为余，余即蟾蜍的初字，涂山及郯（徐）地皆因余图腾团之定居而得名。涂山的迁徙演变，下文再详细讨论。

漾水　漾即羕，水傍乃后加者，《说文解字》永部：

> 羕：水长也。

其实永训长已经是较后的意义，最初永即水，这团名水为水，另团则名水为永，观永字之象水形足见。后因水流必长，遂引申为凡长之义。羕即羊水，因羊团定居而得名，后更加水傍，两次表示水，已觉重复，后人更造瀁字，更距初义远得多了。《汉书·地理志》："瀁水出氐道县。"氐道在今甘肃，则羊团（姜，羌）最初曾定居于其流域。羕字直从羊，而岐水又东之姜水已作姜，字似较晚，羊团似先定居较西而后逐渐东下者，观其迁徙之迹，至少这团颇有来自更西的可能。

最古社会完全是团部性的，各团各有其图腾及因图腾而发生的各种现象。及定居以后，这团部性遂变为地域性。这团部性及地域性须为研究古代史者时时不可忘记的事实，否则误用统一眼光看，许多现象皆无由说明了。

即以较长的河流而论，因沿岸定居的团部或不相同，他的名称亦时常随段而异。统一的名称乃较晚的现象。虽然现存的河流名称常沿流相同，但这并不害较早或曾有过不同的名称。

后为分别姓及地名起见，常加女字于图腾旁以表示作姓用，加邑字于图腾旁以表示地名。但此并非通例，只是习惯之一，某人造字之说自系后起，更无所谓通例也。地名亦常用其他方法，兹分别于后。

较多者将图腾下加丘字，如封丘乃以封为图腾者的居处。《左传》定公四年：

> 分鲁公以大路大旂，夏后氏之璜，封父之繁弱。

封父即封图腾团的首领。又若卫迁都之楚丘乃以楚为图腾者的居处。《说文解字》林部：

> 楚，丛木，一名荆也。

楚团以荆楚为图腾。

亦有以虚名者，虚乃丘的演变字，虚之为丘亦若處之为处（《说文解字》几部：处，止也。處下云：处或从虍声）。夏虚、殷虚亦即夏丘、殷丘。

亦有以陵名者，若《孟子·滕文公》篇陈仲子所居之於陵。《说文解字》乌部：

> 於：象古文乌省。

於陵由于乌图腾团之定居而得名。

亦有以梁名者，若溟梁。溟即昊。《说文解字》训"犬视貌"，非，《广韵》昊字下引《说文》有"兽名，蝯属，唇厚而碧色"。这字实象蝯形。溟梁因昊图腾团定居而得名。梁仍然是高阜，《尔雅·释山》列溟梁於陵内足证。

丘，陵，梁，皆系高阜，足兴发吾人想到古代中国与希腊建邦的相似。希腊诸邦城皆分为两部，一部建在高阜上（Acropolis），一部建在阜下。阜上为较早的建筑，神庙多在其间。观我国之以丘陵名地，最早各团定居时想亦在高阜上，在古代河流不规则、水患常作的时代，这自然亦是较谨慎的办法。

由游牧而变为农业，由游徙的图腾团而变为定居的地域团，在人类史上实在系无上的变化。同时团发生父系化，将图腾团组织最初面目变更，遂更促进政权的集中。但中国在这无上变化中有其特殊状态，并且这种特殊状态与希腊罗马古代所发生的相似，我想说家族组织的延长。图腾团定居以后，论理应当团性质渐消而地域性质渐长，前者愈衰，后者愈盛。中国的现象虽未违此例，但定居甚久后，团性质仍未十分衰退。在上篇我已说过图腾团乃后代家族的前身，而春秋时的家族乃图腾团的连续者。试翻阅《左传》，即能看出彼时家族组织仍何等有力。拙著《大宗与小宗》篇内曾详说彼时家族的势力，如宗主有杀宗人的权；有放逐宗人的权；国家欲放逐某人时，须先咨询他的宗主；宗主在战时率领宗人；对宗必须尊敬；不准反对同宗的人。不只若此，直到晚近，各人的籍贯仍以其祖先的居住地为标准，而不以其人所生所居之地为标准。直到清末，一个人若不回到其祖居的省份甚而县份去科考，而在其人所居之地去应试，就不准许并被人攻击为"冒籍"；直到现在，一个人的祖居在山西，他虽然住在湖北已经几代，他的籍贯常习惯仍写山西，他仍附属于家族组织而不与现居之地发生关系。他与地域的关系仍由非地域组织的家族作中间。现在欧洲则不然，籍贯皆以生地为标准，并且选举时，投票人即在现居之地投票，候选人可以自行指定区域，更不顾及是否其出生之地。足证欧人已脱离家族组织时代而完全在地域组织时代；并且地域组织已渐衰微而渐入于职业组织时代，近来以职业为选举单位的提议即将废除国内地域组织的现象。近来中国选举虽已不完全照旧时的籍贯，但这是受欧美的影响，非自身的演变。

虽然直至现在，非地域组织的团仍对社会不无余威，但周时各邦内部已两种组织并行着。虽然家族势力的不可侮如上文所说，但地域组织至少彼时已经萌芽（这专指各国内部，若国与国间自图腾团定居后，已变成地域关系而非团关系）。《论语·雍也》篇：

> 原思为之宰，与之粟，九百，辞，子曰：毋以与尔邻里乡党乎！

《子路》篇：

> 乡党称弟焉。

《左传》宣公十一年，楚灭陈：

> 乡取一人焉，以归，谓之夏州。

《齐语》：

> 管子于是制国以为二十一乡，……五家为轨，……十轨为里，……四
> 里为连，……十连为乡。

足证鲁、陈、齐皆已有地域组织，名称的不同乃国的不同，并不因此而害其为地域组织。孔子曾说：

> 里仁为美，择不处仁，焉得知！（《论语·里仁》篇）

里即可择居，就非因属某家族即须定居某里，足证邻里乡党的组织与家族无干而属地域的。

家族组织（团组织）与地域组织系两种相反的力量，互为消长的。虽然民族学的批评派如罗威（Robert H. Lowie）等不承认这说，但人类史的现象仍袒护他。罗威以近代教会与政府的安然相处为比喻，我以为他引错例证。近代教会固然能与政府安然相处，但这只系教会势力已经衰弱的现象，欧洲中古时代教会势力方雄，法王和日耳曼皇与教皇争权何等冲突？即以近代而论，若不与政府（地域组织）有碍，法国何必政教分离？希特勒又何必迫束教会？希腊罗马古代皆有家族组织，遂酿成世家（家族）与国王（地域）的争权，于是雅典的克里商尼（Cleisthenes）遂将邦分为若干区，居人各随其居地归入某区，区的面目仍仿家族的，区各有区神亦如家族之各有祖先，区的演特（Gente）名称亦模仿家族的演司（Gens）名称。这种表面的仿效亦足证家族组织彼时仍占势力。克里商尼欲以地域组织打倒家族组织以铲除世族的威力。希腊其余各邦以及罗马，凡与克里商尼同志的首领，皆用同类的方法，各邦皆渐有地域组织出现。但家族组织仍旧根深蒂固，颇难立即取消，两种势力互斗互争，直到基督教传入南欧后，家族势力遂铲除无余。中国未经和基督教相似的革命，所以家族势力虽衰微而未尽澌灭。

我颇疑心各国内部地域组织的开始在春秋以前。周公灭殷践奄以后新封各国统治者皆系周人，但被统治者仍系旧民，如鲁卫之殷民，晋之怀姓，以及其余各国想亦莫不如是。旧民的团组织若仍旧维持，其团结力不减，则统治者与被统治者对峙的状态始终不能少止。地域组织是打破团组织的最适当方法，聪明的周人岂有见不及此。他们必一面维持士大夫阶级的家族组织以加强周人的力量，另一方面施行民的地域组织以减弱殷人的团结。记载中春秋民间不见家族

组织，或即这种政策的结果。《史颂敦》：友里君百姓。《酒诰》：越百姓里居。里居即里君，两者皆以里君与百姓对文。百姓者按照族姓之分类组织，族各有长；里君者按照乡里之分类组织，里各有君，即所谓里君。由是观之，地域组织至少始于周初，得此亦足证明矣。

因为先游牧而后农业，遂先有团而后有地域组织，亦遂发生两种组织的争斗。这问题当然有值得细研究的价值。因为研究中国古代社会者尚未充分注意他，所以略引其端，以示研究的途径。

在上篇中已略讲图腾地域化后常更有地名图腾化的现象。后者因地名而变作新来居其地的人民的氏，这般人民的姓与地名不相符，素居其地的人民的图腾与地名相符。新来居者的新氏，在广义上看，仍能算作图腾，所以说这乃地名再图腾化。

这双层现象乃古史中常见的。研究图腾的对此常感困难，这双层现象时常不见于记载，使人看不清楚而生误解。周初所封各国，皆沿用旧地旧民而变更其统治者，于是地名图腾化的现象愈多。兹为明了起见，列姬姓之虞与虞姓之陈的错综表如右，举此当能看清图腾与地域问题的复杂。凡横直线表示左边的图腾出自右边者，即左边这个是右边那个的支图腾，如虞妫是姚姓的支图腾，陈齐是风姓的支图腾。竖线表示图腾的地域化，如支图腾的虞$_1$变为地名的虞$_2$，支图腾的陈$_1$变为地名的陈$_2$，支图腾的齐$_1$变为地名的齐$_2$。竖点线表示地名再图腾化，如地名虞$_2$变为氏的虞$_3$，地名的陈$_2$变为氏的陈$_2$，地名的齐$_2$变为氏的齐$_3$。

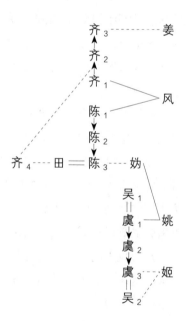

横点线表示地名再图腾化后的氏，如虞原非姬的支图腾，但因地名图腾化而变为姬姓的虞氏，齐原非姜的支图腾，但因同种现象而变为姜姓的齐氏。这种复杂现象甚多，其余各姓亦有，但史料残逸，颇难如此明显的画成系统表。

五　图腾神话及乐舞

《楚语》说九黎乱德，民神杂糅，其实原始社会素来人神不分。图腾即神的前身，而图腾与人同性。因此最初的历史亦难与神话分别，历史化的神话与神话化的历史绞成一团，甚难看出何者是原底，何者是后绘上的花纹。但若用原始眼光去看，亦常能明白这些"言不雅驯"在事实上究何所指。譬如相传彭祖寿七百岁，这自然是不合理；但我们须知道彭祖并非一个人，乃祝融团的彭团的图腾（《楚世家》：三曰彭祖），图腾而有七百岁，并非特殊，照原则说，图腾皆永生的。又如羿射日的故事，《淮南子·本经训》：

> 尧之时十日并出，……尧乃使羿……上射十日……《注》：十日并出，羿射去九。

这表示当时有十个团以日为图腾者，羿曾灭其九。

上篇所讲各团的图腾生团员及始祖的出现莫非图腾神话。最初各团各自有他的神话，亦各自有他的历史，神话及历史皆系部团性的。这种部团性的观念极为重要，研究古史的人万不可忘记。以前学者对古史观念的误解即疑亘古以来即系一统之局，所以常将由来不同的历史并为一谈，自然不可通。疑古派乃这种的反动，凡传说互相牴触者又常疑为伪。不知传说非同源，自然不宜只因此而生疑。部团性因团的定居而变为地域性，神话亦变为地方的传说。

这种部团神话或地方传说亦能传播或迁徙至于远方。因图腾团的迁徙，地名亦常活动，已如上节所说。但这种迁动不只关于地名，且关于一切有关图腾者。这现象亦甚容易明白。原始人对图腾的信仰烈而且深，所以关于他的神物、纪念，神话亦皆须相连以俱迁。兹略举几个例证如下。

《尚书·益稷》：

> 娶于涂山，辛壬癸甲，启呱呱而泣。

《夏本纪》：

> 帝禹东巡狩，至于会稽而崩。

《左传》哀公七年：

> 禹合诸侯于涂山，执玉帛者万国。

凡此皆足证夏与涂山的关系。塗古皆作涂，亦即余，乃因以蟾蜍为图腾的团定居其处而得名，其地则有数说：

在当涂：皇甫谧以为在当涂（《史记·夏本纪》索隐）。高诱："涂山在九回，近当涂也。"（《吕氏春秋·音初》篇）应劭：当涂"禹所取涂山侯国也，有禹墟。"（《汉书·地理志》）许慎：𡺸，一曰九江当涂也（《说文解字》山部）。杜预：涂山在寿春东北（《左传》哀公七年。汉当涂在今怀远县，非今江南之当涂县也。寿春东北即当涂西南，杜说与以上各说仍指同处）。

在会稽：许慎：𡺸，会稽山也。（《说文解字》山部）

禹所居，在唐墟，不应远娶于当涂寿春。则涂山当于黄河流域求之。按《逸周书·雒邑解》：武王问周公曰："吾将因有夏之居，南望过于三涂，北瞻望于有河。"（据《汉书·臣瓒音义》引，今本《逸周书》略异）三涂当即涂山也。《水经注》：

伊水历崖口，山峡也，翼崖深高，壁立若阙。崖上有坞，伊水径其下，历峡北流，即古三涂山也。杜预《释地》曰：山在（陆浑）县南。

《左传》昭十七年，晋将伐陆浑：

晋侯使屠蒯如周，请有事于雒，与三涂。

昭四年：

晋司马侯曰：四岳，三涂，阳城，太室，荆山，中南，九州之险也。

三涂在陆浑南，并且《水经》：

（禅渚）水上承陆浑县东禅渚。渚在原上，陂方十里，佳饶鱼苇，即《山海经》所谓南望禅渚，禹父之所化。

陆浑左近，尚有鲧的神话，足证夏与这区关系的密切。《汉书·武帝纪》：

（元封元年）诏曰：朕用事华山，至于中岳，获驳麃，见夏后启母石。师古曰：启夏禹子也，其母涂山氏女也。禹治洪水，通辕辕山，化为熊。谓涂山氏曰：欲饷，闻鼓声乃来。禹跳石，误中鼓。涂山氏往，见禹方作熊，惭而去。至嵩高山下，化为石，方生启。禹曰：归我子。石破北方而启生。

涂山氏故事皆未出这区左近，则涂山之即三涂而非当涂甚明白了。但涂山既系三涂，何以又有会稽等说？若明图腾迁徙之说，则其理亦甚易明。

我们不可忘记在唐夏虞部落内，帝位传子始于禹启之交，这乃政权渐集中而社会已渐变为父系的现象。其时距母系社会时代不远，当然母系尚占不少的势力。涂山氏的图腾既地域化而成涂山的神，余既系夏启的母的图腾，夏接承了涂山神的崇拜而极端尊重涂山，自然毫无足奇异。若启已不照旧章以余为图腾而改以姒为图腾，但余至少尚系启的次等图腾，亦无疑义。并且禹以婿的资格会诸侯于涂山。涂山的威灵并未随夏以俱衰，所以晋伐陆浑尚假名有事于三涂，盖有事于涂山系常见的事，所以陆浑毫不相疑。

涂山与夏这般关系密切，夏人迁徙时自然忘不了他。汤放桀于南巢，夏人当时亦必随着南迁（事实上桀帅其众奔南巢，汤无力杀之，美其名曰放而已。桀非独自南奔，想有多量夏人随之），于是到当涂寿春的一支在那里立了涂山。至于会稽，《说文解字》亦谓为崟山。越人原自称少康之庶子，《史记·越世家》谓"封于会稽"，自然系后人的见解。《越世家》又谓"后二十余世，至于允常。允常之时，与吴王阖庐战而相怨伐"。允常与阖庐同时。阖庐乃寿梦之孙。据《吴世家》，"从太伯至寿梦十九世"。若吴越两《世家》所记世数皆确者，则夏人初抵越时必在商末周初。这并不害其祖为少康之庶子，《史记》的话只等于说初抵越者乃少康庶子的后人，并不确指为少康庶子这个人。夏人迁越或亦因他姓的逼迫而由南巢更东南迁者。会稽是当地一座高山，观句践被吴败后，保栖于会稽，想必亦如涂山之为九州之险。于是涂山之名随夏人以俱迁来越，涂山的神话亦随涂山以俱来，禹会诸侯于涂山遂变成禹会诸侯于越的涂山，禹崩之处亦变为越的涂山。后越的涂山又名会稽，亦或者夏人未至越前这山旧名会稽，于是涂山的神话又随山名由崟山变为会稽山的故事。余的图腾神话共经两次迁徙，第一次由陆浑的三涂迁至越的崟山，第二次由崟山的变为会稽山的。当涂等处或亦有这同类的神话，但因越后来的武力发展，加以文化努力，当涂等处的熄灭，而越的独存。不只独存，且因夏为商所灭，北系神话较衰，而南系独盛，于是后人愈信禹曾会诸侯于会稽，而忘记陆浑南的旧涂山了。

同涂山相似的图腾故事的迁徙就是霍山。霍地在现今的山西，霍太山亦在山西，皆因霍图腾团的定居其处而得名。

霍太山在古代亦非常受崇拜，并且称为大岳，《周礼·职方氏》疏引《禹贡》郑《注》：

太岳在河东故彘县东，名霍太山。

《水经》：

（彘）水出东北太岳山，《禹贡》所谓岳阳也，即霍太山矣。

虞夏人之崇敬霍山颇似东方各团之崇敬岱宗。霍图腾神如是之有威力，乃因霍团曾有过极兴盛的时代，图腾神乃随其图腾团而同时扩充地位，抑因霍图腾地域化后，威灵特加显赫而为他团所信奉，现在尚颇难断定。但霍团似与姒团不无关系。《左传》襄十年晋灭偪阳："偪阳，妘姓也，使周内史选其族嗣，纳诸霍人，礼也。"妘族人为什么纳在霍人中，其间似有深思的需要。晋献公灭的霍是姬姓的霍，即文之昭的霍叔处的封邑。观周灭虢而封虢叔，灭唐而封唐叔，则亦必灭霍而封霍叔，霍国在周前已经存在。更观康叔封殷墟而所统治的即系殷民，唐叔封夏虚而所统治的即系怀姓，以旧地建新国，留其旧民，换姬姓或其亲戚为统治人，乃周人的殖民方法，其实与近代欧西方法相同，欧人自诩为新法者，周人早已施用。知此则霍叔之民亦必仍是旧霍人。祝融八姓与夏人的密切上篇已经讲过。妘乃八姓之一，则霍人若非亦属祝融八姓，则为夏同姓，纳妘族于霍人的意义或即在此。而霍图腾地域化的霍山神的能扩充势力亦与夏人的扩充政权不无关系了。

彘的霍山既如是有威力，于是夏人南迁时，就将霍山神亦迁至安徽的霍山，南岳霍山之说即因这地域化的霍图腾的迁徙。

我疑心牧亦系与商有关的地域化图腾而曾经迁徙者。《孟子·万章》篇引《伊训》：

天诛造攻自牧宫，朕载自亳。

因为上句有天诛，解者就说牧宫为桀的宫，上句指桀下句指汤，甚觉牵强。我以为两自字同意，牧是地名，牧宫是汤所奉的神。这句的意思与《汤誓》的"有夏多罪，天命殛之"相同，乃说汤告恭行天诛始自牧宫也。牧宫必在亳左近。《汉书·律历志》引《伊训》：

伊尹祀于先王，诞资有牧方明。

孙星衍说诞资有牧即《尧典》之咨十有二牧，但这与方明连不成文。我以为有牧即上文之牧宫。《仪礼·觐礼》亦言及方明：

> 诸侯觐于天子，为官方三百步，四门，坛十有二寻，深四尺，加方明于其上。方明者，木也，方四尺。设六色：东方青，南方赤，西方白，北方黑，上玄，下黄，设六玉：上圭，下璧，南方璋，西方琥，北方璜，东方圭。
>
> 郑注：方明者，上下四方神明之象也。上下四方之神者，所谓明神也。（明神，各本多作神明，兹据明监本。依贾公彦《疏》则监本是。）

郑又引《周民·司盟》：北面诏明神。并释之曰：言北面诏明神，则明神有象也。象者，其方明乎。

方明系用木做的，这是对方明现存的最古的说明。郑谓"设玉者，刻其木而著之"。然则方明是一块方木，分涂六色，分镶六种不同的玉。这虽是现存最古的说明，纵今不假，亦不必定是方明的最原始形式。我以为方即邦，卜辞每称某邦为某方，周初尚有时沿用，如《多士》之"有方"即《牧誓》之"友邦"。方明即希腊罗马的邦火，所以代表其邦神，亦即我国古代所谓邦社。古代亦有明火，方明即邦明火，邦火，关于邦火，详见拙著《释主》篇，兹不赘。郑氏以为方明是神明之象，甚是，但最初尚不是上下四方神明之象，而只是某方（邦）的神明之象。方之初意只是某一方，即某一邦，后始总称天下各邦为多方，为四方，亦犹国之意只是某一国，而后始总称天下各国为四国。《诗》中方与国同义，如《常武》屡言徐方，而又曰："濯征徐国。"四国亦即四方，《崧高·笺》"四国犹言四方也"。不过后人改用邦为方，方之最初单义失其使用，而国之单义则仍旧保存至今。方明最初只是一方（一邦）的邦火，后邦的势力愈广，他的邦火亦因之而扩充势力，随变为多方共奉的明神象征了。郑君之说当指此阶段，而非其始义，至于方明以木为之之说，亦与拙说不相冲突。主之初型系祀火，后来亦以木为之，则方明之初型为邦火，后亦以木为之，正复相同，方明之初为邦火，与此不只不相冲突，反系照演变的同类规路。有牧方明即有牧的邦火。诞资有牧方明即乃告有牧的邦火（咨等于咨告，询问意见），或更可说即乃告牧社。这想即与亳社相似的地域化图腾。观祀先王同时咨牧社，其重视足见。或因汤告牧宫而战胜桀后，牧社的势力越发增加。后商迁至河北，牧社亦同时迁往，所以《牧誓》说"王朝至于商郊牧野"。因为其处有牧社，所以名为牧野，其地则在商郊，与都相近。《周语》内史过说：

> 昔夏之兴也，融降于崇山，其亡也，回禄信于聆隧；商之兴也，梼杌次于丕山，其亡也，夷羊在牧；周之兴也，鸑鷟鸣于岐山，其衰也，杜伯射王于鄗。

鲧亦称崇伯，崇山亦必与夏有深切的宗教关系；岐山及鄗皆周发祥的重地；以此类之，牧与商人的重要宗教关系足见。牧社在商人宗教上既有极重大意义，故商人迎战于彼，故周人亦觉得在这地战胜的意义，所以说："致天之届，于牧之野"了（《诗·鲁颂·闷宫》）。

乐舞亦系图腾社会的重事，敬礼图腾亦必须用他。最初各团必有各团的乐舞，专适于其图腾之用，后来有些随其团的衰退而失逸，有些随其团的势力而广行传播。后面讲政权集中时即将提到兼并政权的同时现象即对他团图腾的让步，采用他团的种种礼乐。周之用四代乐者，暗因或即由于这种习惯。实在说起，乐舞与图腾神话有关，他所表现的乃其图腾或其图腾团的神话或历史。《乐记》：

> 夫乐者，象成者也。惣干而山立，武王之事也；发扬蹈厉，太公之志也；武乱皆坐，周召之治也。且夫武始而北出，再成而灭商，三成而南，四成而南国是疆，五成而分周公左，召公右，六成复缀以崇。天子夹振之，而驷伐，盛威于中国也；分夹而进，事蚤济也；久立于缀，以待诸侯之至也。

这对乐舞的表现说得异常清楚。武所表现的系武王灭商的历史，然则其他代乐如韶，如濩，亦莫不表现其团或其国的历史，愈古则历史愈近于神话，乐舞所表现的亦愈多神话。古乐舞存者不多，有只知其名而无从知其内容者，由各方面观测，只桑林尚能略知，兹举为例。

《左传》襄十年：

> 宋公享晋侯于楚丘，请以桑林。荀罃辞；荀偃士匄曰：诸侯宋鲁，于是观礼。鲁有谛乐，宾祭用之。宋以桑林享君，不亦可乎！舞师题以旌夏，晋侯惧而退入于房，去旌，卒享而还。及著雍，疾，卜，桑林见。荀偃士匄欲奔请祷焉，荀罃不可，曰：我辞礼矣，彼则以之，犹有鬼神，于彼加之。晋侯有间。

观桑林与鲁之谛乐并称，其宗教上的地位可知。并且他的旌夏那般有威，直使晋侯至于退入房，且继而疾，亦足见这舞的宗教意义。旌系绘图腾的旗，旌夏上必绘有商的图腾或桑林的图腾。并且桑林同时是地名，想即由桑图腾团定居其处而得名。《左传》昭二十一年：

> 华氏居卢门，以南里叛。六月庚午，宋城旧鄘及桑林之门而守之。

谓城旧鄘及桑林之门，则桑林之门乃旧城的门名。后因扩展城而废，但新城的卢门为华氏所据，所以更城旧门而守。卢门据杜预谓为东城南门，则桑林之门系旧城东门或南门。桑林必在其左近，桑林或尚有社，所以荀偃士匄请往祷（《吕览》：立成汤之后于宋，以奉桑林。桑林能奉，亦必有庙也）。我们若想及汤祷雨桑林的故事，或能略明桑林的宗教意义（关于汤祷雨事俟政权集中节内细研究）。桑林是图腾地域化的社，商人甚信敬他，汤曾往其处祷雨，据说雨就立刻下降。他这般有威灵，商人想必常祷告他。表现他的神话的乐舞就亦名为桑林，这亦甚合图腾社会惯用的方法。风原是风姓的乐，雅亦是夏人之乐。其地在宋都（商邱）桑林之门的左近。但这不必须是汤所祷的桑林，汤所祷处或在亳（汤都）左近，亦如亳之牧宫与商郊之牧野。并且太甲曾居桐宫，而宋亦有桐门（桐门右师居桐门左近），则亳、宋两地纪念图腾的地名多相同，亦当时的惯例。

尚有须提到的一事，即题以旌夏的舞师，这即乐舞的总指挥。最早各团里，团员既皆平等，政权亦尚未集中，亦自然无职位的分别，尚未有舞师的专职。神不歆非类，只有团中各员能敬其图腾，敬图腾的乐舞亦只由团员演奏，非团员不只不准演奏，并且他们亦不懂得演奏，他们所知道的系他们那些团的图腾乐舞，他们亦不肯演奏他团的。乐舞系为的悦神以降神求福，既不歆非类，演奏非自己图腾的乐舞不发生效力。政权既渐集中，首领出现，于是舞师职就由他担任。乐舞的总指挥亦即首领。后来政权渐繁而发生政权等差化，遂有君及百官的分别，从此乐舞由舞师担任而不由首领了。

总起来说乐舞的起源由于表演团的图腾神话，近代初民社会常有这类表演，若澳洲阿伦达人（Arunta）就于祭赛时表演其图腾故事，中国古代当亦相似。有些团名表演者曰巫，有些团名曰灵，或曰尸，部团不同，名亦随之而异。王静安《宋元戏曲史》：

> 《楚辞》之灵，殆以巫而兼尸之用者也。其词谓巫曰灵，谓神亦曰灵，
> 盖群巫之中必有象神之衣服形貌动作者，而视为神之冯依，故谓之曰灵，
> 或谓之曰灵保。

王说极是。但我以为尸亦是表演者，巫亦是象神者。尸须穿着他所代表的那个人的衣服，须代饮食，最初想亦舞蹈。后渐脱离初型，至周代只受祭，而巫则专司表演。凡尸、灵、巫，以及其同类，皆于祭赛为图腾所附体（至少彼时人信为如此），所以能表演图腾故事。王静安又谓"灵之为职，……盖后世戏曲之萌芽，已有存焉者矣"（《宋元戏曲史》），盖图腾祭赛内实包括后世的三件事，即礼、乐舞、戏剧。民族学家记录初民这类祭赛时，常说他们表演，这话并不错误。澳洲人冠礼时亦常夹杂着表演，足见最初这些素不可分。并且希腊戏剧的起源，亦由于模仿神话人物的动作，我国最初戏剧之多历史剧，大约亦由于这图腾乐舞的老习惯。

乐舞不只动作及奏乐，且有时口中唱出歌辞，这即诗的起源。今澳洲土人尚时常利用诗歌，我国西南有些土人亦然（刘书蕃著《岭表纪蛮》）。澳洲人凡这团的典礼而请异团人参加之时，则派人持杖（古代之节想亦类此）往邻团送信，至彼时由使人先唱歌，然后由彼团派一人亦以歌答之（斯宾塞著《澳洲北部土人部落》Spencer，Native Tribes of the Northern Territory of Australia，133—134页）。东周人之宴会赋诗想即这类的遗痕。

六　政权的逐渐集中

既将图腾的性质及其演变，图腾团的组织及其进化说明后，讲政权逐渐集中的时机已到，团既系平等的如上篇所说，政权就分布在全团团员身上，而尚无所谓首领，权利既由众人共享，义务亦由众人齐负。自然彼时所谓政权亦微细到极点，不过极简单的宗教权而已。用政权字样纯粹为的行文方便，当然不能以后世的政权观念去想，等于最初所谓首领亦细微到极点，民族学家皆常声明：勿以辞害意。政权集中系逐渐的，同时政权的扩充亦系逐渐的。社会的演进既由简而繁，这种逐渐状态自然无足奇异。近代澳洲土人就多半尚无所谓真正首领。有些团有种人名为阿拉敦牙（Alatunja），略具首领的雏型。他的职务在于看守储藏神物的神仓，并召集老人会议。老人会议由团中有经验的老人所组织，阿拉敦牙亦系其中之一，但开会时他的地位不比其余老人高，他人亦不必须听从他的意见。只他有才干时，他的意见遂能常被人尊重。足证这只由于他的能力而非由于他的地位。这种现象亦非常容易明白，团员既皆平等，则无所谓资格，团员既皆为图腾的子孙，更无所谓出身，于是能显才能而为团尽力有功的人自然为他人所重视。

　　老人会议在原始社会中常有，希腊罗马诸古邦亦皆有参议院即进化的老人会议。这些邦并且常开全民会议。初民的团，团员皆不过多，所以开全体会议并非困难的事。但彼时思想既极简单，事变亦不繁杂，创新乃不常见且亦不容易见的举动，多半事务率由旧章，于是年龄较高的人经验必较丰富，遂易受其余人的尊信。所以原始社会的初步政权集中就集在老人们身上。但团中有些事如祭祀图腾的主持，乐舞的领导，尤其团与团发生的问题，如战争的指挥，事实皆由能力过人者渐渐承办，因为他的能力过人，所做所为皆较余人所作为的对团有利，所以余人亦欢迎他办理，政权遂集中于这人身上而不集中于另一人身上。极微细政权的极微细首领遂如此出现。不过他的地位并不十分坚定，凡事仍须遵守老人会议的决定，会议能选举他亦能罢免他，并且不是世袭的，他的后人若仍有能力，会议就仍可选他接任，但这只因为能力，而非因资格。以上所说皆足证他的政权的微小。

　　我屡说能力，但何种能力呢？能力同时须是宗教的、巫术的、兼实质的。国之大事在祀与戎，这句话愈古愈合形势。出师必先"受命于庙，受脤于社"，出师必载神，打仗亦即两团的图腾的互斗，联盟就是两团的图腾的相友，凡此诸端，其遗痕仍存在于希腊罗马诸邦及春秋诸国的典礼中（其详请阅拙译古朗士著《希腊罗马古代社会研究》及《序》）。祀固然是宗教，戎亦是宗教，所以合于任首领的能力最重是宗教的兼巫术的。生（图腾及团员）的最上利益在于生（生长，繁生），而团员的生长繁生须有多量的食物，能为团采获多量食物的就能为团员所拥戴，充任首领，所以能力亦须物质的。"禹稷躬稼而有天下"，就因他们能以农业为团员求获多量养生的事物，所以他们能成首领。

　　他们不只躬稼，不只教民稼穑，并且有种法术，能使产物特繁超过旁人。《诗·生民》：

　　　　实覃实訏，厥声载路，诞实匍匐，克岐克嶷，以就口食，蓺之荏菽，荏菽旆旆，禾役穟穟，麻麦幪幪，瓜瓞唪唪。

　　　　诞后稷之穑，有相之道，茀厥丰草，种之黄茂，实方实苞，实种实襃，实发实秀，实坚实好，实颖实栗，即有邰家室。

　　　　诞降嘉种，维秬维秠，维穈维芑。恒之秬秠，是获是亩，恒之穈芑，是任是负，以归肇祀。

　　　　笺：就口食之时，则有种植之志，言天性也。

后稷所种，特别繁茂，就因为他天生的有相之道。傅孟真先生以为相是专名，即商相土，其说甚是。最初道实在就是法术，俞樾说《周礼·太宰》"儒以道得名"，谓"儒者，其人有伎术者也。《说文》人部，儒，柔也，术士之称。是古谓术士为儒。……以道得民者，道亦术也"。有相之道即有相的法术。

历朝至今皆常患水灾，则古代不应例外。彼时河流涨落不定，治水方法亦必无后世的精进，水患必有甚于后世者。怀山襄陵乃常见的事，不必专俟尧时。初民定居的地方常在图腾名下加上丘、虚、陵、阿、梁等字，皆表示其处系高阜。这种习惯与希腊古邦的相似，各邦的城多分两部，一在高阜（Aoropolis），为最先居住之所，政府及庙皆在其处；一在阜下，为较后扩充者。高阜固然容易远望，足备窥探敌人的来攻。并且居高临下，防守亦便，但防常发生的水患，恐怕亦是重要原因。彼时低湿地当亦甚夥，如《尔雅·释地》《周官·职方氏》所举诸泽，现多无踪，这亦甚碍农耕。积先民几千年的经验，始知筑堤防水，开沟洫灌田，这自然非一朝一夕之力。但禹对这些特别有能力，他能"浚畎浍距川"，他能"致力乎沟洫"，比旁人作的皆高，于是他人皆信他有法术，而禹亦成了后，成了首领。

以上所引并非说夏团之有首领始自禹，姬团之有首领始自稷，事实并不必如此。只想说首领之资格在于能力，最初的首领当亦相似。

最初的首领既带有宗教性，他们皆是能事图腾的教士，所以君实出自巫，弗莱则所言并不错。及政权等差化而生的百官，亦莫不是巫的变体。俞樾谓官即馆之古字，由治其事之处而名治其事之人（《兒笘录》），其说甚是。官从自从 ⌂，自系自团的图腾，加 ⌂ 所以表示奉图腾之所，官者自团之图腾庙也，后遂称事自图腾庙之教士为官。

由首领出现以前，至于周初，政权的变化至少曾经过四个阶段。自然这些阶段不能在一姓中完全看出，以现在史料的残缺，只能杂取材料于各团，以为吾说的佐证。

（一）无首领时代

这方是真正的图腾社会，即《吕览·恃君》篇所谓"昔太古尝无君矣，……无上下长幼之道"的时候。直至汉朝，姜姓落后支派的羌人尚"不立君臣，无相长一"（《后汉书·西羌传》），仍在这阶段里。

（二）选举首领时代

后来首领渐渐的产出，已若上文所述。这般首领的权力尚极微小，其地位与其余众人的差异甚少。《孟子·滕文公》篇：

> 有为神农之言者许行，……陈相见孟子，道许行之言曰：滕君、则诚贤君也；虽然，未闻道也。贤者与民并耕而食，饔飧而治。今也滕有仓廪府库，则是厉民而以自养也，恶得贤？

神农相传是极古的帝王，许行治其学，所以模仿其行为，与"其徒数十人皆衣褐、捆屦织席以为食"，他对君的观念亦与初民者相同，以为当"与民并耕而食，饔飧而治"。孟子斥为变于夷，其实最初的首领莫不若此。夷者，夏之前一阶段也。夷所处之阶段，亦夏之先民所曾经过者。北美克利克人（Crreek）各城皆有一位首领，选任、任期终其身，他召集会议并充任主席。凡一切公益事项皆须会议讨论。他虽极受人尊敬，但他的衣服亦与常人无殊，他与其家族同狩猎，并执斧及锄自在田间耕作。这不即所谓"并耕而食饔飧而治"么（弗莱则著《图腾制度及外婚制》，第三册，159页）？而"禹稷躬稼""文王卑服即康功田功"（《无逸》），古之躬耕且视为嘉猷。后之藉田，天子尚须躬推犁，尤其遗痕。

这时首领尚非世传，而由选任，亦若克利克人者。尧舜禹之登帝位即由部落内诸团所互选，即代表这阶段。尧不传其子丹朱而传舜，舜不传商均而传禹，足知彼时帝位尚非世传，并且尧舜禹益皆非同姓，足知他们系由若干团所公选。至禹传启而帝位变为世传的，至少在唐虞夏诸团间，至彼时父系社会始完全建立。我说在唐虞夏诸团间，因为各姓的进化迟速不同，同姓的各支进化的迟速亦不相同，概括说古代社会在某时代进化至某阶段实在无意义，只能以每个部落或每团为单位。古史的这部团性须随时顾及，否则若干现象皆无法解释。

尧舜禅让尚能以另一个假设解释。希腊古代的传说有甚值得研究的，即王位似由舅甥相传。譬如丹达鲁（Tantale）及其后嗣一共四代，无一代在其所生之处为王者。丹达鲁系里第（Lydie）王，但其子贝娄波（Pelop）则并不在里第嗣位，而与皮斯（Pise）王女结婚，承继了皮斯王位；他们生了阿特莱（Atelee），亦不嗣皮斯王位，反往米思恩（Mycene）为王；阿特莱生二子，长子阿加蛮依（Agamemnon）娶拉西德蒙（Lacedemone）王女克利丹乃斯特（Clytemneste）并嗣拉西德蒙王位；次子麦内拉斯（Menelas）娶斯巴达王女，并嗣斯巴达王位。

以上共计四代，五王，皆不嗣父的王位；并且对第二第四两代，吾人确知他们所嗣的王位即所娶王后之父者。据欧洲学者的研究，这纯粹系母系社会的遗痕，王位虽已不由女系相承，但仍用翁婿的间接方法而已。我颇疑尧舜的禅让或亦有同类性质，尧的帝位实在应当传给二女而非传给丹朱，尧卒后乃用间接方法传给舜，丹朱就自往做丹王。但是解释不能适用于舜禹间，至少据现有的史料去观察如此。无论若何解释，这总是母系到父系演变中的一个阶段。

初民社会的最初首领不只选任，且由老人会议议决所有要政。希腊罗马古邦皆有参议院，我国古代有否史无明文。但若细审查东周的历史，诸邦的卿实有不小的权力，总起来亦似老人会议，虽然并无会议的名目。若晋之六卿，郑之六卿，皆时常聚会讨论国政（《左传》文公十三年，晋六卿相见于诸浮，即为讨论要政）。且子家羁明言若立君"则有卿士大夫与守龟在"，立君为政权之极重要者，卿士大夫有议权，其余可知。所以彼时虽无明白规定，但习惯上似有贵族会议，这恐即最前老人会议的痕迹。《尧典》所说虞廷君臣之讨论授官，不尤似老人会议么？禹曰伯禹，稷曰后稷，夷曰伯夷，皆系首领的称谓，舜不过会议的主席而已，不能以后世的君目之。固然《尧典》所记事的真伪颇成问题，纵令其为周以后人所造，但造伪者亦必有较后的若干史事为模仿，所谓"欲雠伪者必假真"（《法言·重黎》篇），由之亦能料想曾有一时行过这类老人会议也。

百官原系政权等差化所产出之物。譬如《左传》昭公十七年郯子所称少昊诸官：

> 凤鸟氏，历正也；玄鸟氏，司分者也；伯赵氏，司至者也；青鸟氏，司启者也；丹鸟氏，司闭者也；祝鸠氏司徒也；鴡鸠氏司马也；鸤鸠氏司空也；爽鸠氏司寇也；鹘鸠氏司事也；五鸠鸠民者也；五雉为五工正，利器用，正度量，夷民者也：九扈为九农正，扈民无淫者也。

上篇已经讲过凤鸟氏等皆系图腾团，团而兼充官职，这正是政权等差化的现象。以前各团皆平等，无所谓尊卑，迨后政权逐渐集中而且等差化，首领及百官皆由选任，有些部落将首领被选举权只限在某一团人所独有，以及某官亦皆然，这即少昊诸官的现象。如历正永由凤鸟团人充任，司分永由玄鸟团人充任，其余各官皆然。近代初民社会亦有此例，若北美温内巴哥人（Win-nebago）即系若此。罗威《初民社会》（Primitive Society）说：

例如警察职务是落在熊氏族人身上的，部落酋长是必须从雷鸟氏族中选出来的，公共传呼人是一定属于水牛氏族的。（吕译141页。罗威所谓氏族 Sib 即我所谓团。）

因此吾人能明白至少古代有若干官职渊源自图腾团，所以有时官职亦用与支团相同的名称称为某氏，若《周官》之职方氏，《诗》之尹氏，鲁之太史氏等（《左传》昭公二年：观书于太史氏）。且官之名称亦肇自图腾的祭祀，已若上文所说。明此则众仲所谓："官有世功则有官族。邑亦如之"，亦能知其渊源，官与邑同，其初皆出自图腾，所以官名与邑名皆可作氏用。吾人对官名就又发现与地名相似的定律：即图腾官名化及官名姓氏化的双层现象。最初有些图腾团分有若干部分政权，就以其图腾名治这部政事的官，这即图腾官名化；乃后人历世任这官，有了世功，就以这官的名称作为氏，这即官名姓氏化。前者若少昊诸官，后者若晋之中行氏等。虽然这种现象不若图腾地域化及地名姓氏化律之普遍，但仍不失为一种律。至于帝王之以氏为号者，若帝舜之称有虞氏等，乃系图腾地域化及图腾官名化两种现象的纠合，地域扩充至相当广阔，政权扩充至相当的集权，则帝王以成，氏亦为帝王之号，自无足异了。

对于平等共有的图腾社会尚须补充几句话，他们虽系平等共有的，但非毫无秩序的。他们有种种禁令，所谓图腾禁忌，凡团员必须遵守。譬如团员起居饮食须遵照若干仪式。他们深信遵行或否与全团的盛衰有关，所以丝毫不敢疏忽。自然各团有各团的禁忌，不必须皆相同。这即有史时代礼的前身，后来各邦各有其邦礼，即由于这远的来源。及首领出现政权集中以后，首领即攫得以前分在全团团员身上的权利，反过来，他亦须独担任以前由全团团员担任的义务，即须遵守各项禁忌，不准违礼而行。于是他变成宇宙的中心动力。他若能按照礼节，各种事物皆能按照轨道，团亦能发达长久；他若少有违礼举动，遂牵累及全宇宙，于是日月失其常，星辰失其行，风雨不时，团亦受其殃。足见首领的产生乃有交换条件的，他不只享受政权，且同时亦须负起各种义务。

在古籍中亦间能看见些痕迹。譬如《吕览》：

> 汤克夏而正天下，天大旱五年，不收，汤氏以身祷于桑林曰：余一人有罪，无及万夫，万夫有罪，在余一人。无以一人之不敏使上帝鬼神伤民之命。于是剪其发，酈其手，以身为牺牲，用祈福于上帝。民乃甚说，雨乃大至。

《淮南子》：

> 汤之时七年旱，以身祷于桑林之际，四海之云凑，千里之雨至。

《尸子》：

> 汤之救旱也，乘素车白马，著布衣，婴白茅，以身为牲，祷于桑林之
> 野。当此时也，弦歌鼓舞者禁之。

天旱，山崩，川竭，日食等等灾异，古人皆认为是人君有违礼的举动，宇宙中心动力失其常态，所以对他须有惩罚。最初遇有这类灾异时恐即须废君或杀君，后渐减轻其罚，剪其发，鄜其手，以身为牺牲（《帝王世纪》作剪发断爪以己为牲，鄜其手当即断爪），这仍是对首领的责罚，剪发断爪等于杀首领，这事至周尚行之者，若晏子所说：

> 齐大旱之时……晏子曰：君诚避宫殿，暴露，与灵山河伯共忧，其幸
> 而雨乎！于是景公出野，暴露三日，天果大雨，民尽得种树。（《说苑》）

有时更减轻其罚，若梁山崩，绛人告伯宗说：

> 国主山川，故山崩川竭，君为之不举，降服，乘缦，彻乐，出次，祝
> 币史辞以礼焉。（《左传》成公五年，《晋语》与此略同）。

昭公十七年叔孙昭子说：

> 日有食之天子不举。

有时人君不欲自己受这惩罚，就寻出一位代之受过者。《左传》僖公二十一年：

> 夏大旱，公欲焚巫尪。

《檀弓》：

> 岁旱，穆公召县子而问然（焉），曰：天久不雨，吾欲暴尪而奚若？
> 曰：天久不雨，而暴人之疾子，虐，毋乃不可与？曰：然则吾欲暴巫而奚
> 若？曰：天则不雨，而望之愚妇人，于以求之，毋乃已疏乎？

吾人要明白首领与巫最初只是一个，巫是君之分化，所以代君受过者须找巫，

这亦若汉时灾异策免大臣，使之代君受惩罚同一用意。

　　非洲尚有杀耄君的典礼。他们以为首领既是宇宙的中心动力，他就应当身体永远健全，他略有衰弱必影响及全世界。但首领之年老而体渐弱是件无法阻止的事。最初的办法即不俟他年老而弱之时，到他已达到若干年岁之时，就先将他杀死而另立青年体健的首领，以保持宇宙的不变，非洲甚多初民实行这典礼，譬如乌尼欧罗（Unyoro）王，方他感觉体弱之时，就自退入室中，向王后要鸩杯，饮之而崩。鸩杯平常就备妥的。若王已疾无力索杯之时，以药鸩王乃后的职责（弗莱则著《图腾制度及外婚制》，第二册，529 等页）。据莫莱（Moret）等研究，埃及古时的塞德（Sed）典礼似即杀耄君礼的变态。最初埃及似亦有杀耄君的办法，塞德典礼只是后来减轻的仪式。行过这典礼后，埃及王就回复了健康，重新活了。我疑心尧之举舜，舜之举禹，禹之举益，皆与此有关。尧舜禹何以皆生前举舜禹益呢？这似即为的避免杀耄君之举。最初或曾有过这典礼，后减为在首领既达某年龄时，须改举年青人以自代，若此则不再杀耄君，只改由较青年的人执政。舜禹益之荐似即因此。

　　部落中团数逐渐增加的原因有多种，其重要者略如下。（1）由于互求帮助的需要，非这部落的团和平平等的加入。（2）由于这部落的威力，他团求助而加入。（3）由武力强迫他团加入。但他团仍有相当力量能保持其团组织而不沦散为奴隶。（4）由于部组织的渐涣散，部中所属各团渐趋向独立，与部成为平等的地位。（5）社会由母系变为父系，两部各团发生互混而增加的现象，这现象帮助部落的统一及君权的加强不浅。有这些原因，部落遂扩成邦国、天下，首领既为宇宙的中心动力，他不止对全团负责，并且对所有的团负责，各团的禁忌（礼）皆须遵行。周工用四代乐的起因想亦出于这类观念。

（三）弟兄共权时代

　　团首领既由舅甥相传改为父子相传以后，世传的权利为前任首领的下一辈所公有，而非若周人之只由长子承袭者。这阶段的代表可以商汤以后的商代诸王充之。汤以前的传位是否只由父以传子，或兼兄弟相传，现在已发现的卜辞尚无从佐证。《史记》称契卒子昭明立，昭明卒，子相土立等，祖孙父子相传之序昭然；史公对汤以后的世系，由卜辞证之，似无大差；既不伪于汤后，似亦不应伪于汤前。对此虽似无疑，但汤前商诸先公当亦若汤以后弟兄共权者。理由如下：（一）在初民社会里，只见有由弟兄共权变趋一代一人集权者，而未见相反

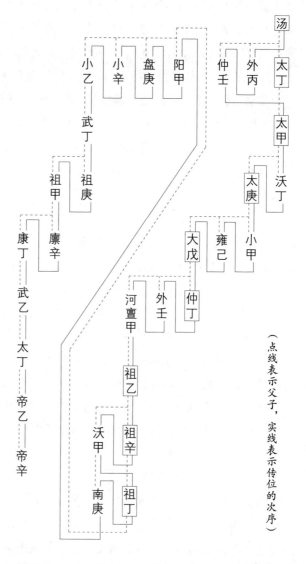

现象。在理论方面讲，商人不应与之相反。（二）《天问》既说"该秉季德，厥父是臧"，又说"恒秉季德"，王静安证恒系王亥的弟兄。卜辞中另有王吴，王先生亦考为商之先公，而《史记》未载此人。足证《史记》所载汤以前商之先公世次虽全，而人数不备。由契至汤十四世，但曾为君者固不止《史记》所载诸人也。武丁以后有大宗之祭（武丁以后，用董彦堂先生说），即一代只以一人为代表，而略其余。《史记》所载想即据汤以前诸大示的名单，一代只有一王。由此又能窥测《天问》所谓"昏微率迹，有狄不宁"之昏微或系两人。旧释谓昏是微的另一个名字，按微已称上甲微，不应有两名，显然与纣之称受辛，武庚之称武庚禄父不合，昏当系微的弟兄。但为慎矜起见，姑以汤以后诸王作这阶段的代表。列商诸帝表如右图。

（点线表示父子，实线表示传位的次序）

自汤至帝辛共十七代，三十一帝，其中父子或叔侄相传者十六次，兄弟相传者十四次。商人至少在称谓上，下一代对上一代皆称为父，而无伯叔与父之分；上一代对下一代皆称为子，而无兄子、弟子与己之子之分。这层在上篇讲初民称谓时已经讲到，所以现对父子相传或叔侄相传者等量齐观，其次序若后：

汤传太丁，仲壬传太甲，太甲传沃丁，太康传小甲，太戊传仲丁，河
亶甲传祖乙，祖乙传祖辛，沃甲传祖丁，南庚传阳甲，小乙传武丁，武丁
传祖庚，祖甲传廪辛，康丁传武乙，武乙传文丁，文丁传帝乙，帝乙传帝
辛（共十六次）。

商人至少在称谓上既无伯叔与父之分或兄子弟子与己子之别，所以同代者
皆互视为弟兄，而同父兄弟与从父兄弟或甚至于更远的弟兄亦等量齐观，其次
序若后：

太丁传外丙，外丙传仲壬，沃丁传太庚，小甲传雍己：雍己传太戊，
仲丁传外壬，外壬传河亶甲，祖辛传沃甲，祖丁传南庚，阳甲传盘庚，盘
庚传小辛，小辛传小乙，祖庚传祖甲，廪辛传康丁（共十四次）。

观此则商至少在成汤以后，尚实行兄弟共权制度。彼时政权尚未集中在每
代的长子身上，而为一代所共有。所以一帝之终，不必须传位于其长子，且须
传位与其弟兄，候这一代陆续享有政权后，始传给下一代的人。事实上虽然全
团的人不必能皆做首领一次，但学理上全团的人皆有做首领的机会，事实上全
团的人不必平等，但学理上全团的人皆平等共权。商人至少在武乙以前仍在这
种阶段中。

但在武乙以后，至于帝辛，四世皆由父传子，帝辛被杀以后继位者仍系其
子武庚，而未由其弟兄。这种现象显然与武乙以前者不同，而不容漠视。这正
是由弟兄共权而渐向长子继承制的改变。固然吾人现尚不知道继立者是否必须
长子，微子启的传说对此颇有问题。但一代只有一人能握政权则确系事实。这
正是武乙以前弟兄共权社会趋向周人立长子的宗法社会的中间现象。

这种弟兄共权在初民社会中亦尚存在。澳洲北部维多利亚河左近的瓦独蛮
（Waduman）部落，其图腾尚由母系以传，但首领的继承则由父系。斯宾塞著《澳
洲北部土人部落》（Spencer, Native Tribes of the Northern Ter- ritory of Australia）
198 页说：

图腾团体的首领名为总公尼（Tjungunni）。他故时则由其最长的兄弟继
位，若是以遍及诸弟兄，并包括其父的弟兄的诸子于内。若这些弟兄皆已
不存在，那么，就由最长之子继位。譬如有弟兄三人，而其长者卒，总公
尼之位并不由长者之子承继，但归由生存弟兄之最长者。但若其两兄弟皆

已前卒，则将由其兄之长子继立。

这所说不完全与商人的继统相同么？诸弟兄内并包括其父的弟兄的诸子于内，观商人称伯叔与父相同，商人所谓弟或不尽系同父之弟，或且有伯叔之子在内，亦未可知。譬如董彦堂先生在《甲骨文断代研究例》中列举武丁诸子，恐内中即有武丁诸弟兄的儿子。

此外斯宾塞更说所谓一代的长子并不一定最年长者，凡弟兄中长支之长子，虽其年龄较次支之长子为幼，其继立亦将居先。商人是否亦若是，现在虽然文献不甚充足，不敢确下断语，但观祖辛以下，祖辛之崩，沃甲继立，此兄弟相继也；沃甲之崩，立者非沃甲之子而系祖辛之子祖丁，此长支优先权也；祖丁崩，立者为沃甲之子南庚，此显然从父兄弟继立也；南庚崩，立者不为其子，而由祖丁之子阳甲，此又长支之有优先权也。史公对此数世所记特详，想必非臆造而有所确据。惜对其余诸代阙文无征，只据称谓无从证明其确实血统，在殷墟发掘对此未得详确佐证以前，现尚不能确立完备的商人继承律。但祖辛至阳甲间诸代继承现象当非偶然。此外再加上康丁至武庚间，一代只有一人继立；更加上商代季世有"大示"之祭，一代只祭一帝（表中凡加框者皆系大示）；显然在弟兄平权之中，已露出长支的优先权，这已渐踏上宗法社会大宗地位高过小宗之路。商人继承律对此恐怕亦与瓦独蛮者相似罢。

虽然若是，但商代政权，至少在成汤以后，已不由舅甥相传，而由父子相继。此外有人说商代社会尚在亚血族群婚阶段，似过武断，称谓固然引起兄弟共妻问题，但只称谓不足证实其在某时代仍旧存在。上篇中曾讲到汉晋人尚称叔侄为父子，就能以此说晋人尚在亚血族婚阶段么？郭沫若先生以卜辞中"多父"证商人仍在亚血族婚阶段，尤觉薄弱，多父等于诸父，《诗》亦说"速我诸父"，然则亦说西周人尚在亚血族群婚阶段么？历史的证据亦与之恰相反。商人这节尚须其他佐证，对此不敢苟同。

（四）长子集权制

周人立长子代表另一阶段。文王以前是否已实行立嫡长，抑亦似商人之兄弟同等，这层史料无征。固然《周书·克殷解》："王烈祖太王，太伯，王季，虞公，文王，邑考，以列升。"颇似商人之兄弟同等，但这或只是祭礼如此，而继承不一定必然。因为如果兄弟可继，太伯、仲雍则可以不必逃，继立者亦将属王季。反过来，文王以前的世系虽若历世父子相传，即将后稷不窋间世次之确否阙而不论，这些世系是否不与商代后半之祭大示相似亦成问题。吾人知道商代后半曾有大示之祭，所祭一代只一帝，而将同代的余帝置而不祭。或者文王以前的世系只系大宗，一代只举一王，事实上在位者不止此数。因为目前对此难下断语，所以只以文王以后的周人作长子集权阶段的代表。

文王以下，周人确系父传子，一世只立一君不再弟兄共权。其世系表见下。文王至赧王共三十二世（洩父一世未立，不数），三十八王，父子相继者三十二王，非父子相继者只孝王，定王，敬王，思王，考王，显王六王。其中有三王已确知其即位非照常例，当时皆有乱争，即敬王，思王，考王是也。悼王卒时，周室方乱，子朝与悼、敬争立，悼王年幼，想必无子，故不得不立其母弟丐（《史记集解》引贾逵曰：敬王，猛母弟），否则无以敌子朝。其事载于《周本纪》及《左传》甚明。至于思、考两王，《周本纪》明说"弟叔袭杀哀王而自立，是为思王。思王立五月，少弟嵬攻杀思王而自立，是为考王"。则此三王之立皆由于乱时，而非常例也。懿王崩，不立其子，反由其叔父孝王立，观孝王崩，诸侯复立懿王太子，是为夷王，其间想必有争立之事而史失载。以三十八王计，其中三十二王合于正轨，只六王例外，其比例数略等于百分之十五，况其内实有因乱而变例者，则文王以后之周人父子相继，几等于百分之百，事实与礼经所载，亦相同也。

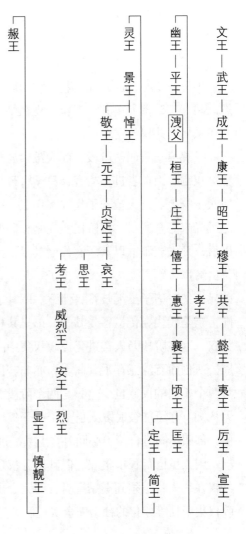

周人虽立长，但西周之初，未尝无若干兄弟共权的遗痕。当文王时，他的兄弟虢仲虢叔皆为卿士（《左传》僖公五年）而文王有事必咨询他们（《晋语》：谘于二虢）；当武王成王时，则武王的兄弟周公为太宰，康叔为司寇，聃季为司空（《左传》定公四年），弟虽无权继承兄的王位，但未尝不分他的一部分权力，参与国之大政。降至春秋，鲁之三桓，郑之七穆，最初莫不系公之弟兄。彼时之卿，权力实高过后世之相。虽然不皆若卫献公所说"政在宁氏，祭则寡人"，但国之所有大政，不能不咨询他；立君亦必须征其同意（鲁庄公问后于叔牙，又于季友，皆其弟。子家羁亦言"若立君则有卿士大夫与守龟在……"）。君之与会、聘问等莫不以卿大夫为相。虽名为相礼，但事实上办外交，《左传》中君之言少而相之言多，想即因此。卿权即分君权之一部，卿权重则君权轻，两者互为消长。这些尚系兄弟共权的遗痕。

再进一步看，周初的封建虽系实施"以藩屏周"的政策，亦未尝不有分权的意义暗存。以前兄弟共一王位，现在则将王位化分出若干小者，与弟兄共享。这亦系兄弟共权的变态。

纵观第三第四两阶段，商人虽弟兄共权，但末世一代只立一人，已趋向长子集权制，由前者进至后者，只须将政权集中于长子，而不随意集中于其余任何次子身上。周人虽长子集权，但王之弟兄仍保留着相当权威，足征弟兄共权之风尚未完全脱尽。两阶段实在是相联的，后者出自前者。方私有财产权建立以后，凡人莫不欲以其所有传诸其子，而不欲传诸其姊妹之子——甥，于是权位由舅以传甥者变为由父以传子。凡人皆欲以其所有传诸其子，而不欲传诸其弟兄。父对诸子虽无歧视，但下一辈其子却对其弟兄及其子（子之子）显有不同，于是代代相传，各爱其子，弟兄共权遂不能不变为一子集权，甚至于长子集权。这些阶段乃人类进化史政权集中的自然趋势，并非若王静安先生之以为周公所创而有深意存乎其间者，亦非若徐中舒先生据这些不同制度以断殷周之为两个不同的民族也。这只是两个阶段而已。至于夏人，禹以后在何阶段，现无从知，亦可能彼时夏人已上于一子集权阶段里。这并不与商人之弟兄共权相仿，部团不同，自然不必同时登上某一进化阶段也。

周人虽已行长子集权，但其余分权现象仍旧未全泯，已如上所述，真正的集权在一人身上须到秦始皇时方能完全出现，于是由平等共权的图腾社会进至政权集中且等差化的社会完全实现。

七　结论

以上极简略的研究给与吾人的结论如下：

中国史前时代曾有过图腾制度，内包括图腾团的组织。

并有过这制度附带的一些现象，若外婚，若婚级等。

其次并由于图腾团的演变而发生地域化、个人化各项现象，于是发生图腾地域化及地名姓氏化定律。

更因图腾地域化、个人化现象而发生生祖，地方神，自然神等。

由这些现象的综合，遂使最初散在全团的政权渐集中到一人身上。

简单说起，这些现象亦与现代初民社会的相似。

这自然是一篇极不完备的文章，有些材料或尚未为著者所采及，或蕴藏地中而尚未被发现，当然尚有待极端的补充，但研究的大纲似已具于是篇。最初目的即在于证明中国史前时代曾有过图腾社会，及说明政权集中亦略若其余初民所经过者，渐缓的由平等共有而趋向一人集权。图腾社会的演变是政权集中所必须的现象，不能不略有说明，除此以外，说明有史时代若干制度之处实系少数，且所说者皆极概括者（虽然待此说明者，似非鲜少），细微处皆未能研究，因将超出这篇的范围，皆留待专篇详细讨论。

不只对有史时代的制度能有说明，图腾研究且能于古史有极深的裨益。我在这篇内屡提及部团性，这是我草这文时，常顾及的事实。但这并不妨害古时中国各处种族或是相同，亦不妨害最初或只是极少的几个文化丛，甚而一个文化丛。部团性的假设并不害及这些。苏末尔人在美索不达米亚的现象足供参考。

同源的文化因为环境的不同，产出的制度常不尽全似。我虽然目中常顾及部团性，但亦未将各部团文化同源的可能绝对放弃。我以为在未能证实古代各民族的种族相同或否，文化的同源或否以前，不妨先将各部团分别研究，若先立起人种同源，文化同源的一统成见以后，或将使古史研究发生误解；反过来部团分别研究能作整个古史研究的前驱，能将整个研究的阵地筑成。实在说来，我颇疑傅孟真先生古代东西两派文化之近理，但亦疑心两派之接触不始于殷周之际，其相激相荡当由来已久。傅先生以为西派传说为虞夏二代，东派为太皞少皞商三代，至周合而为虞夏商周四代。但我疑心虞团与风团最初似非毫无接触，有虞氏皇而祭，皇冠是风姓特有的图腾冠，有虞氏用之，必是最初虞团风团曾发生接触，故采取之，并足证风团文化彼时高于虞团者。至于祝融八姓久处黄河两岸，与夏之关系似极密切。但这些未能完全证实以前，将各部团分别研究，似较合理。由图腾观点上看，现在陕晋之间有姜姬两部；晋南有祁姚姒各团，鬼团亦与接邻，易（狄）团稍北且东渐至于河北；东部则有凤团，玄鸟团等团，他们似一部所分化者；人团（夷团）或亦与有相当关系；沿河两岸，东至鲁东，则有祝融诸团。至少在某一时代，各部团的定居有若上者（这只是举例而已，此外古书中尚有不少姓氏，足供研索；且当有若干团部，其称号或未传至有史时代者。事实上最古部团数目当甚多）。研究图腾团分布问题有两个困难：（1）由于图腾地域化及地名姓氏化的双层现象，常难确悉某氏是某团的支团；（2）由于地名的迁徙现象，虽知某地名与某图腾有关，但难确悉这图腾最初属于何姓，因而确定这姓最初的定居范围。若顾及这两个困难，将地名与图腾的相互关系加以研究，对于史前时代的各部团分布当有较详的知解，这于研究古史裨益必非浅鲜。我在上篇中所举各姓下曾略及其定居范围，即为稍示若向此方努力，当能有新的创获。

有史时代若干制度亦非明白图腾制度，无法说明。譬如周人的宗族组织已极完密，世系谱牒昭然，为何尚保存昭穆制度者，即因这实源自图腾制度，由来已久也。更有甚者，有些习俗、神话，亦莫不与某一团的图腾有关，所以为中国民族学、宗教史计，亦有研究他的必要。图腾制度研究实在太重要了，几乎可以说他与初民的研究合而为一，固然不能说初民社会的种种现象皆出自他，若说这些现象以前就曾存在，但因他而发生与前不同的色彩，似非过甚之辞。所以我以为证实图腾制度曾存在于中国史前时代，对于中国古史研究，民族学研究，宗教史研究，皆有极重要关系。

图腾社会研究不只与中国古史有益，证实中国图腾制度的存在且与人类史有极重要的贡献，因为他或将使人类史研究者的观念改变。图腾制度只存在于澳美非三洲及亚洲的一小部分，而大部分的亚洲、欧洲、北非洲皆无之，久已成了民族学的定论。譬如图腾制度研究的大师弗莱则在其巨著《图腾制度及外婚制》上就这样说（第四册，11—15 页）。有些学者虽极力研究图腾社会的遗痕，若莫莱（Moret）之对埃及，莱那施（Reinach）之对希腊，由于能作根据的材料过少，其成绩尚极细微。以我国在地域上所占之广，证明我国史前曾有过图腾制度，使图腾制度在世界的区域增加，即使他在人类史上地位增高。不止此也，图腾社会系宗法社会的前身，莫尔根深感其若此，所以他列希腊的演司（Gens）于北美的团之后，并称团亦曰演司。但有不少民族学家非其说，皆因现在所知者，一方面有现代初民的图腾社会，另方面有希腊罗马的宗法社会，而未见两者过渡的痕迹，等于只见河之两岸，而未见中间之桥梁。现在可说这桥梁已寻获，即我国史前的图腾社会变为有史时代宗法社会之经过。由于姓即图腾的证实，吾人能看见图腾社会进至宗法社会的经过，这不与人类史有极重益处么？现代初民未能保存写出的极古历史，有极古历史者若埃及，若希腊等又未能保存甚多图腾社会的遗痕。有极古历史且至晚近尚保存图腾社会遗痕者，我国是人类史唯一的现象。

再者希腊罗马的宗法社会系与周代宗法社会相同的进化阶段，周代宗法社会既出自史前的图腾社会，则希罗等邦更早亦必有过图腾社会，似无疑义。若是，则不特能证明非小部分亚洲而系大部分亚洲有过图腾制度，即亚利安系亦曾有之，岂不将图腾制度区域更加扩展了么？由是而结论各洲皆曾有过，这制度之普遍将使弗莱则等诸学者所疑为人类进化史一阶段者，遂能证实，而杜尔干所谓图腾信仰实宗教的最简单形式或亦由是而可信矣。所谓或将使人类史研究观念改变者此也。人类史这些疑问因而有了解答，这真是何等重要之事。我固然不敢妄谓这篇粗浅研究即能对这些有何等贡献，只想说中国史前时代曾有过图腾社会，既由有史时代尚保存的各种遗痕证实以后，顺着以上所列这些途径，能有达证实图腾社会为人类进化史的一个阶段这种目的之一日，这篇不过稍尽对中国史前图腾社会研究筚路蓝缕的工作，至其详细研究，则非这文所能举其万一也。

附录　中国古代婚姻制度的几种现象

在这篇内，我的目的不在对古代的婚姻制度做普遍的研究，只欲对几个特殊的现象与代近初民社会者互相比较，然后再说明其所以然。由古书内的记载，对于古代的婚姻看出三个现象，即（1）娣媵制；（2）多姓多妻制；（3）烝与报。

在研究他们以前，尚有一件事必须先说明的，即外婚制。若不先将他说明，对于以后的研究就有时甚不易了解。较原始的社会分为若干图腾团（Clan totemique），团各有其所奉的图腾，团就是当时社会的最小单位。对于这些我在拙著《中国古代的图腾制度及政权的逐渐集中》篇内已经详述，兹不再赘。我在那篇内并曾证明中国古代亦曾有过图腾团的存在，而较后的宗法社会只是较古的图腾社会的演进。团既各有其图腾（姓），亦各有其团性（性），因此而发生各种事物之不同，因此而发生个个团的独立性。但图腾社会有另一种现象，即禁止团内的杂交，同团人的配合被视为乱伦行为。所以婚姻必须互求于异团。于是在团的独立性以外，又发生相反的现象，即二团间时有相互的交换。由前一种现象使团各保持其独立性，由后一种现象使团间保持不断的交换。两种现象的相互影响遂使互相交换的两团合组成另一种团体、部落。团的性质若是家族的，部落的性质是政治的。近代民族学家常谓部落分为两团，其实应当说部落是由两团合组的，部落与团的性质完全不一样。两团交换的事物虽非一端，而婚姻实为最重要者，即甲团的男子必须娶乙团的女子，而乙团的男子亦必须娶甲团的女子。不特甲团团员不许与同团人互相婚娶，且只能与固定的另一团（乙团）通婚，对另外的团是不许的；反之，乙团亦如是。这就是最典型式的外婚制。现代初民社会以及中国古代的行辈称谓皆足证其曾存在过（关于中国古代行辈称谓，请参阅拙著《中国古代的图腾制度及政权的逐渐集中》篇）。古人极重视行辈，这观念直存至现在的中国，因此行外婚的两团是按着行辈历世互为婚姻，即不止甲团的第一代男子娶乙团第一代的女子，乙团第一代的男子娶甲团第一代的女子，而甲团第二代的男子仍须娶乙团第二代的女子，乙团第二代的男子仍须娶甲团第二代的女子，第三代，第四代以至于无数代莫不如是。他们的婚姻契约是一次订立而包括历代的。近代民族学家对于这典型式的外婚制疏忽指出一个现象，即典型式的外婚制产生时的环境及以后的维持赖于群婚。试问两团同行辈的男女人数不一定相同，他们既不能向另一团去求婚，又不能恰合的一男娶一女而无余剩，那么，外婚的维持只有赖于群婚。即甲团的一代男子共娶乙团同行辈的一代女子，而甲团的一代女子共嫁乙团同行辈的一代男子。图腾社会最初的婚姻制度是外婚的且是群婚的。

但后来环境变化，图腾社会亦发生了演变。由平等共产的社会渐变为政权集中且个人化的社会。团内产生了父权，部落内产生了君权。婚姻亦由群婚而趋向个人婚。更加各团的接触较易且多，不能再维持单独两团的简单关系。于是婚姻变为较复杂，外婚虽仍旧维持，而亦渐变其性质。通婚虽仍须向异团，然不必再似以前的必须只向某异团，而能向任何异团。这即周人的同姓不婚，同姓不婚制只是外婚制的一种演变。

一 娣媵制

初民的外婚制既已说明，现先陈述娣媵制的史料。

周的娣媵制分为两类：曰娣，曰媵，请先言娣。

娣，女弟也，其义甚明。对此有引起吾人兴味的一事，必须特别指出者，即北美印第安人称兄及姊各有不同，而称弟及妹则不分。中国古时称兄曰兄，称姊曰姊（《诗·邶·泉水》：问我诸姑，遂及伯姊），而称弟及妹皆曰弟。娣当系较后起之字，加女旁以区别男女者，最初当皆曰弟也。妹之初义只指少女，《易·归妹》及《诗·大明》足证（《归妹》注：妹者少女之称也）。后因弟之不分男女不便，且娣有姊媵意，遂用妹字以代之。最初则弟及妹皆曰弟也。而后来娣则变为从姊共嫁的女弟的专称。娣之最早见于记载者，当为《易》及《诗》。《易·归妹》：

> 其君之袂不如其娣之袂良。

《诗·大雅·韩弈》：

> 诸娣从之，祁祁如云。《传》：诸侯一娶九女，二国媵之。

韩侯西周时人，而《易》称帝乙归妹，虽其文或系西周者，但由故事足证商末亦有娣也。

东周的世族尚通行娣的制度。《左传》隐公三年：

> （1）（卫庄公）又娶于陈曰厉妫，生孝伯，早死，其娣戴妫，生桓公，庄姜以为己子。

戴妫是厉妫之娣。又庄公二十八年：

> （2）晋伐骊戎。骊戎男女以骊姬，归生奚齐；其娣生卓子。

骊姬及其娣同适晋献公。又闵公二年：

> （3）闵公，哀姜之娣叔姜之子也。

叔姜是哀姜之娣。又文公七年：

> （4）穆伯娶于莒曰戴己，生文伯；其娣声己生惠叔。戴己卒，又聘于莒。莒人以声己辞，则为襄仲聘焉。

声己是戴己之娣。又襄公三十一年：

> （5）立敬归之娣齐归之子公子裯。

齐归是敬归之娣。又哀公十一年：

> （6）（卫太叔）疾娶于宋子朝，其娣嬖。

宋子朝这二女同嫁太叔疾。由是条及（4）观之，娣制不只适用于邦君，且适用于大夫，鲁孟穆伯及卫太叔疾皆大夫也。再《左传》虽未明言，然以情形度之，则亦娣制，如隐二年《经》：

> （7）伯姬归于纪。

隐七年《经》：

> 叔姬归于纪。

范宁《穀梁传集解》：

> 叔姬，伯姬之娣。（《左传》杜《注》文同）

《左传》僖公二十三年：

> （8）秦伯纳女五人，怀嬴与焉。

此虽未用娣字，而五人皆秦穆公女，同嫁晋文公，则亦为姊妹共夫也。

由以上各事观之，则东周时娣制至少尚通行于鲁（3、4、5、7），卫（1、6），晋（2、8），骊戎（2、以上姬姓）；齐（3），纪（7、以上姜姓）；陈（1、妫姓）；宋（6、子姓）；莒（4、己姓）；胡（5、归姓）；秦（8、嬴姓）。见于记载者如此，其未见者尚不知凡几。其制以等级论则上至邦君，下及大夫，以区域言，则见于记载者已经甚广；真可谓普遍矣。

这种婚约是连带的，一次适用于几个姊妹。若姊妹皆已达相当年龄则偕行，否则幼者待年于国或家，及年始往夫国（或夫家）。所以何休注《公羊传》隐公七年"叔姬归于纪"说：

> 叔姬者，伯姬之媵也。至是乃归者，待年父母国也。妇人八岁备数，十五从嫡，二十承事君子。

范宁《穀梁传集解》在同条下引许慎曰:

> 侄娣年十五以上,能共事君子,可以往。二十而御。

不止往嫁是连带的,即离婚亦是连带的,假使姊被出,妹亦同时被出。《左传》文十二年:

> 杞桓公来朝,始朝公也。且请绝叔姬而勿绝昏。公许之。杜《注》:不绝昏,立其娣以为夫人。

盖若不特别声请,则绝叔姬即同时绝其娣,所以有声请之必要,并须鲁公之“许之”。又哀公十一年:

> (卫太叔)疾娶于宋子朝,其娣嬖。子朝出,孔文子使疾出其妻而妻之。疾使侍人诱其初妻之娣,置于犁,而为之一宫,如二妻。

孔文子使疾出其妻,照例其娣亦因此而同被出。但是疾终久嬖之,故使人诱置于犁。若无连带性,则疾不妨出其妻而留其娣,不必出之而更诱之也。因为婚约是连带的,所以婚须同时成,亦同时离。且生子亦系连带的。所以文公十八年《穀梁传》说:

> 侄娣者,不孤子之意也,一人有子,三人缓带。

范宁以为“一人有子则共养”是也。初民既视姊妹之子若己子,侄娣之子,皆仍视同嫡夫人之子,所以说生子亦系连带的。盖古时所谓母弟,不必系同母所生,凡侄娣所生亦曰母弟。

娣以外从嫁者有时有侄,据庄公十九年《公羊传》:

> 侄者何,兄之子也;娣者何,弟也。

记载内对东周时事亦曾言及侄。若《左传》襄十九年:

> (9)齐侯娶于鲁曰颜懿姬,无子;其姪鬷声姬生光,以为太子。

又襄二十三年:

> (10)臧宣叔娶于铸,生贾及为而死;继室以其侄。

则东周时从嫁习俗，娣以外至少有时有侄。嫡以外一侄一娣，只见于汉儒或六国时人之说，而由以上记载内，有时言娣，有时言侄，或者当时不必须侄娣同时具备，亦未可知。但从嫁者，有时有侄，则甚确也。

现尚须问侄娣制有何限制？是一次须娶嫡之所有女弟及侄耶？抑只娶嫡之若干娣或侄耶？据汉儒所说，只许娶一娣一侄。上面所引《左传》（1）至（7）条皆只举一娣，（9）及（10）条皆只举一侄；只（8）秦伯纳女晋文公，则系五人，这亦或是例外。照常法说，汉儒之议或亦距事实不远。并且鲁国诸姬亦不皆似（7）之伯姬叔姬皆归于纪。譬如庄公二十五年《经》：

（11）伯姬归于杞。

庄公二十七年《经》：

（12）莒庆来逆叔姬。

叔姬未随伯姬而归杞也（僖公十五年《经》：季姬归于鄫。季姬或即上归莒之叔姬之娣）。又若《左传》庄公十年：

蔡哀侯娶于陈，息侯亦娶焉。息妫将归，过蔡。蔡侯曰：吾姨也。止而见之，弗宾。

蔡侯称息妫曰姨，则蔡妫与息妫系姊妹，一适蔡，一适息，未共嫁一夫也。《左传》闵公二年：

初，惠公之即位也，少，齐人使昭伯烝于宣姜。不可，强之，生齐子戴公文公宋桓夫人许穆夫人。

宋桓夫人及许穆夫人是姊妹，一适宋，一适许，亦未共嫁一夫也。

由以上各事，能知娣有不随姊嫁者。反之，只娶嫡之若干娣，而非同时娶嫡之所有女弟也。

至于充娣须何条件？譬如有姊妹几人，伯嫁时何人合充娣的条件？还是以次序耶？还是照另外的条件？对此汉儒并未有说。若照（7）条看，伯姬适纪，叔姬从嫁，则系按次序。然宋桓夫人与许穆夫人只有同母姊妹两人，何以许穆夫人不随姊而共归宋？且鲁嫁女于宋而卫晋齐人皆来媵，卫嫁女于宋则只一人，似不宜相远如此。且《诗·卫硕人》言庄姜系"邢侯之姨"而"谭公维私"，她的妹并未充她的娣而分嫁邢及谭，或者她若少于邢姜或谭姜，则她亦未充她的姊之娣。卢文弨始提起这问题，他以为古者对嫡庶之分甚严，嫡出者适他国为夫人，而庶出者则充侄娣（《抱经堂文集》卷二十四，答问）。

后王宗洙亦以为：

> 古不以同母妹为娣。宣姜二女，一为宋桓夫人，一为许穆夫人；庄姜同母姊妹，一适邢，一适谭，可证也。且夫人所出恒为夫人，娣所出恒为娣，所谓贵贱有常也。（《说文解字述谊》）

我意娣媵制是姊妹共夫制的一种演变，在这种制度下，不能再无限度的娶妻之所有姊妹，只能娶妻妹中之一；非所有妹皆随姊嫁，只妹中之一人随姊嫁，所以充娣是有条件的。至于条件，或亦常有变更，但卢文貂所举似是其中之一，即嫡女出嫁时，以其庶妹充娣。

侄娣以外尚有媵。《公羊传》庄公十九年：

> 媵者何？诸侯娶一国，则二国往媵之，以侄娣从。侄者何？兄之子也；娣者何？弟也。诸侯一聘九女，诸侯不再娶。

杜氏《释例》：

> 古者诸侯之娶，適夫人及左右媵各有侄娣，皆同姓之国，国三人，凡九女。参骨肉至亲所以息阴讼，阴讼息所以广继嗣也。当时虽无其人，必待年而送之，所以绝望求，塞非常也。夫人薨不更聘，必以侄娣媵继室。（《左传正义》首引）

媵与"诸侯一聘九女"似是相连的问题，盖传意以为一国之女从以侄娣，则共三女；三国各有侄娣，则共九女也。据《左传》成公八年：

> 卫人来媵。

又九年《传》：

> 晋人来媵。

三传皆以为媵鲁女伯姬。而对于成公十年之"齐人来媵"，《左传》则以为"凡嫁女于诸侯，同姓媵之，异姓则否"。然则所谓三国者指同姓之国言，媵与嫡皆系同姓〔《公羊传》以为"三国来媵，非礼也"，而未说异姓宜否从媵，所以"何休以为异姓亦得媵"，但郑君在《箴膏肓》难之曰"天子云备百姓，博异气；诸侯直云备酒浆，何得有异姓在其中？"（何、郑说皆见《穀梁传疏》及《左传疏》）何郑所引似皆无确实证据，足以确证这问题。我意同姓媵是较初的办法，因为最初这姓只能娶另一姓的女子，不能娶他姓者。但后来政权逐渐集中，或者同姓媵更扩展至异姓，亦未可知。郑君所说较前，而何邵公所说指较后者。现以同姓媵为娣媵制，异姓媵暂不讨论，若苟有之，则将入下文之多姓多妻制节〕。

据《左传》僖公十七年：

> 齐侯之夫人三：王姬徐嬴蔡姬皆无子；齐侯好内，多内宠，内嬖如夫人者六人：长卫姬生武孟，少卫姬生惠公，郑姬生孝公，葛嬴生昭公，密姬生懿公，宋华子生公子雍。

颇使人疑长卫姬少卫姬郑姬密姬之内有系王姬或蔡姬之媵者，而葛嬴系徐嬴之媵者。媵者实即侄娣之扩充，其来源下文当细论之。

现对于娣媵制的史料既已陈述，再略举近代初民的姊妹共夫制材料，以备比较。

在初民社会中，姊妹共夫制亦是屡见不鲜的。莫尔根（L. H. Morgan）是指出这现象的第一人，而姊妹共夫（Sororate）这字却造自弗莱则（J. G. Frazer.）。莫尔根在《古代社会》（Ancient Society）中说这习俗至少在北美印第安人四十个部落中通行。一个人若与一家的长女结婚，其余女既达婚年之后，他亦娶她们为妻（432页）。弗莱则在《图腾制度与外婚制》（Totemism and Exogamy）第四册内（141页至147页）曾搜集这习俗的若干材料，今简单迻译如次。

美洲：

> （1）欧萨治人（Osages）的习俗，若娶一女，不只此女归其人为妻，凡女之妹皆归于他。
>
> （2）波达瓦他米（Potawattamies），若娶许多姊妹之一人，则姊妹全体归于他。
>
> （3）白拉克佛人（Blackfeet Indians），妻的众妹皆被视若其妻。妻妹若另适他人，必须先得夫之同意。
>
> （4）堪沙人（Kansas），妻的众妹皆备归其夫。

（5）米乃达利人（Minnetaree），娶长姊者俟其妻之妹及年之后，亦能求娶她们。

（6）阿巴希人（Apaches），妻之妹及年之后，夫亦娶她们。若妻无妹，则娶同团他女。

（7）曼丹人（Mandans），娶长姊者有权娶其众妹。

（8）克洛人（Crows），娶一家之长女者，俟妻之众妹及年时，有权娶她们全体。

（9）阿拉巴荷人（Arapahoes），若妻之兄弟不反对时，妻之妹及年时，亦归于他。妻者无妹，则以较远之族妹代之。

（10）孟特莱（Monterey）的土人亦有娶所有妻妹的习俗。

（11）美杜人（Maidus）有娶妻妹之权，若不欲行使其权利，他可转让与他的兄弟。

（12）克利人（Crees）可以同时娶两姊妹。若只娶其姊，则姊卒后，有娶其妹之义务。

（13）北提乃人（Northern Tinnehs）同时娶数姊妹并不以为非礼。

（14）阿拉斯加的加惟耶克人（Kaviaks）的富人常同时娶数妻，她们亦常是姊妹。

（15）加利伯人（Caribs），一人常娶姊妹三人或四人为妇，她们是他的表姊妹或甥女。他们以为女子自幼养育在一起者，必更能友爱，必更能互相了解，必能互助，故亦易事其共夫。

（16）欧莱公人（Oregon），夫拉黑德人（Flatheads），乃拜塞人（Nez Percés），斯抛堪人（Spokans），瓦拉瓦拉人（Walla-wallas），加尤斯人（Caynse），瓦斯科人（Waskows），皆有同类习俗，即娶长姊者亦有权娶其众妹。

美洲以外，世界他处亦常有这类习俗。如非洲：

（17）且鲁人（Zulus）常同时娶几个姊妹。

（18）加惟伦都人（Kavirondo）有权娶妻之所有幼妹，俟她们及年之后。除他自动声明不欲娶外，她们无权另嫁他人。

（19）巴沙加人（Basaga）的习俗，女子诱其妹来居其夫家，与她同住，遂亦成其夫之妻。

（20）巴厄欧罗人（Banyoro）不禁止同时娶姊妹数人。若妻不生育，夫有权求娶其姨。

（21）马达加斯加（Madagasca）的习俗，同时娶妻妹。

印度：

（22）马德拉斯（Madras）的叟拉人（Sooras）常娶妻妹，姊妹同居直至生育为止，然后别居。

（23）阿叙（Assam）的加罗人（Garos）行多妻制，一人能娶两姊妹，但他必须先娶姊，方能娶妹。

澳洲：

（24）坤斯兰（Queensland）的人可同时娶两或数姊妹。

（25）萨摩亚人（Samoa）旧俗，女子使其妹与她同居。

（26）摩特劳克人（Mortlock）同时可娶几姊妹，但只有首领能享这特权。

（27）菲治人（Fijians）不能在若干姊妹中选择一人为妻，他若娶其姊，则同时亦娶其妹。

亚洲：

（28）柬埔寨的罗德人（Rodes）娶一家之长女者，有权娶其妻诸妹。她们若适他人，必须先得他的允诺。

（29）堪察加人（Kamtchatkans）可同时娶几姊妹。

据以上所引，这习俗遍及于美、非、澳、亚四洲，此外未为民族学家发现者尚不知凡几。其中如（5）（6）（8）（18）几处皆有待年的习俗，亦与所谓"叔姬待年于国"之事同。又如（15）条之加利伯人所娶的常是夫的"表姊妹或甥女"，按之典型式的外婚制，两团既历世按行辈而互婚嫁，则妇恰是夫的表姊妹（姑舅之子女），而甥女恰是表姊妹的侄女，这岂不与中国的侄娣更相合么？并且加利伯人更说："女子自幼养育在一起者，爱必能更深，互相了解必能更易，必能互助，因此亦易事其共夫。"这岂不是《释例》所谓"参骨肉至亲所以息阴讼"的确切注疏么？

现对于娣媵制之陈述既明，对他与姊妹共夫制亦已加以比较，试再穷其原由。

初民社会较古曾实行外婚制，并同时行群婚，前面已经说明。彼时不只姊妹共夫（多数的夫），而且兄弟共妻（多数的妻）。后来社会环境变化，由渔猎而农业，由游牧而定居，社会亦随之而发生变化，即政权由公共而个人化，团员亦由平等而等差化，于是父权成立，兄弟之间亦由平等共产而变为长子集权制。不只弟兄所共有的财产皆改属于他一人，即由群婚制弟兄共娶之妻亦皆改归他一人，于是由群婚制而变为姊妹共夫制。以前姊妹若干人共嫁兄弟若干人，现则姊妹若干人只嫁弟兄中之一人——长兄。

但社会的进化是逐渐的，由群婚变为个人婚不能一蹴而至，其间不能不有若干调停办法。譬如有些部落尚保存娶鳌嫂制，即系群婚制至个人婚制的一种中间阶段。虽然兄在时弟对嫂已放弃其夫权，但兄一旦卒后，弟对鳌嫂之夫权重行生效，不只有娶之之权，且有娶之之义务。这制度古时羌人曾实行过，《后汉书·西羌传》足证（《传》；兄亡则纳鳌嫂）。羌者姜姓之别，则姜姓亦未尝不有过这制度。至于娣媵制亦同样是群婚变至个人婚制的调停办法。长兄固将以前弟兄共有的权集于一身，但不能不少示限制，即不准娶所有一代的女子如以前外婚制所行者，而只许娶其内的若干人（一嫡、一娣、一侄）。若是则其余的女弟尚可嫁其余的弟兄。

这亦如政权集中所循的曲线。以前弟兄共权，后则长兄集权，然长兄势不能不少分其政权与诸弟。如周人已进至长子集权阶段，长子立为天子，但仍立余子为诸侯或任周室的卿士。长子所享政权虽较余子为多为高，然尚非总揽一切而不少分与余子（参阅《中国古代的图腾制度及政权的逐渐集中》下篇）。娣媵亦若此，长兄所娶虽较诸弟为众，然尚不能尽娶妻之所有妹而不少留与诸弟。

上引（11）美杜人所规甚为明显，夫有娶妻妹之权，若不欲行使其权，可转让与他的兄弟，转让与其兄弟而不与他人，即因以前对妻妹之权为兄弟所共有，故只能仍还诸其兄弟也。

《公羊传》谓"诸侯不再娶"，《释例》亦谓"夫人薨不再聘，必以侄娣媵继室"。其说皆甚合于理。所以载己卒后，孟穆伯不以声己继室，而另聘于莒，莒人就以声己辞，不允更聘。而《左传》首亦载鲁惠公的婚事说他的元妃孟子卒后，继室以声子（她的娣或侄，不详）；但后宋仲子生而有文在手曰：为鲁夫人，故仲子归于我。照常理孟子卒后只能以声子继室而不能另聘于宋，只因仲子生来就"为鲁夫人",故变例而亦归于鲁,否则宋亦必以声子辞了。这皆由于对姊妹共夫的限制,若能更聘则仍可娶妻之所有姊妹,而娣媵制亦失其初意了。

至于媵,我说过这不过娣之扩充。初民所谓姊妹并不只指同父姊妹,父视己之女与兄弟之女既同,则同父姊妹与伯叔姊妹或更远之族姊妹互视亦相同,可以说团内同行辈的女子皆互视若姊妹。所以较古共夫之姊妹不只包括同父姊妹,且包括至同族姊妹。则所谓娣,最初不必系同父之女弟,且或系同族之女弟。及周室大事封建,兄弟之后分侯诸国,当时同姓诸国之女虽似疏远,然若以初民眼光观之,彼等仍系同族姊妹而仍可适用群婚者。卫晋之媵鲁即系由于此。所以媵仍系娣之扩充,两者可视为一种也。

初民极重视行辈,最初同姓国之充媵者想必亦须同昭穆,但后来不一定必须也。

据初民之重行辈看起,侄似极违反这原则者,然他竟曾有过,盖有其他原因在。

我以为这是下文所谓烝与报的反面,所以留待下文再为讨论。

二 多姓多妻制

周时婚姻上另有一种制度,即多姓多妻制。娣媵已经是多妻,但这节所侧重者尚非此,娣媵是同姓的多妻,而现所欲讨论者则诸妻的不属于一姓,而为多姓多妻制。

古代记载内尚能看见极清晰的多姓多妻的记载,如上文所引的《左传》,"齐桓公之夫人三,王姬徐嬴蔡姬皆无子"。齐桓有多姓的夫人(姬、嬴)。又《左传》文公十四年:

> 邾文公元妃齐姜生定公,二妃晋姬生捷菑。

文公十八年:

> 文公二妃,敬嬴生宣公。

出姜于文公四年归于鲁,则文公有二妃:元妃出姜,二妃敬嬴。又昭公八年:

> 陈哀公元妃郑姬生悼太子偃师,二妃生公子留,下妃生公子胜。

凡此皆同称夫人或妃,地位相等,非如嫡之与媵;姓则不同,亦非如嫡之与娣媵。此外一人而娶数女，此数女又非一姓，则古代记载内其例甚夥，如晋文公至少有九人（1文嬴、2婤姶、3季隗、4杜祁、……9怀嬴，见僖公二十三年及文公六年《左传》）；晋献公至少有六人（贾、齐姜、狐姬、戎子、骊姬。不数骊姬之娣。见庄公廿八年），因记载内未言元妃次妃，不能确知其等差地位，故不征引。但周时邦君之多妻则系事实。

多姓多妻制在现代初民社会中亦常有之，兹举几个例若后。

特劳布莱因（Trobriands）是美拉尼西亚的群岛之一，土人的姓是母系的，但首领之位则由兄以传弟或由父以传子。婚姻是外婚的。平民一妻而首领多妻。首领所辖常有几个或十余个支团，他从所管辖下的各支团各娶一女。这婚姻是永久的，假设所娶之女卒，则女的支团须另纳一女与首领以补其阙（马里欧斯基 Malinowski 著《美拉尼西亚西北部土人的性生活》Sex- ual life of Savages in North-Western Melanesia，112页），有时不再纳女与首领而纳女与首领之继承人（子或弟，114页）；一位首领故后，所遗之诸妻皆归继立者（114页）。首领的妻约分为三类：（1）受自前首领者，年纪多较现首领为长，有时她们亦甚有地位。譬如杜卢瓦（To'luwa）有位夫人，系受自其兄者，被尊视为诸妻之首（元妃）。（2）首领自娶的夫人。（3）补阙的年少夫人（115等页）。

非洲的瓦黑黑人（Wahehe）是父系社会，亦行多妻制。一人死后其妻皆归其子，无子则归其弟。但不得烝其生母或其生母的姊妹。嫡妻须归其同母弟，无则归其同父弟（《图腾制度与外婚制》第二册405页）。

这两条是极有趣的，尤以特劳布莱因者能说明中国古代的相类现象。特劳布莱因共分为若干部落，各有其领域，各有其首领。同时有若干图腾团，每团有若干支团。在一个部落的领域内，有或多或少的不同图腾的支团生存着。这一区的支团皆归这部落的首领管辖，于是这首领由区的每一个支团内娶一女为妻。这里所谓部落等于中国的邦，支团等于邦中不同姓的各世族。邦君于各姓世族内各娶一女，这不即《曲礼》所谓"纳女于天子曰备百姓"么（百姓者，域内诸姓皆备之意，极言其备，非必百族姓也）？至于维持永远备百姓的方法，特劳布莱因与中国略有不同，特劳布莱因用补阙办法，而中国则用娣媵。然两者的原则相同，皆所谓"诸侯不再娶"。至于改归后任首领则与烝与报相类，当留待下节讨论。

这制度的来源当由于君权的集中。考部落之组织，最初由于两团，而其相互关系尤侧重于婚姻。当时所用的方式是群婚的外婚制。后来团人增众，交通的工具亦增多而更便利，各团间的交际亦更频，于是两团不能闭关自封，不能不与更多的团发生关联，部落内的团遂由昔者之两而增至较多。但团间须时常维系其相互关系，而相互关系既以婚姻为最重，则各团间须常维系其婚姻关系亦如以前两团间常维系者。所以这时的婚姻变成多角的。以前只两团互通婚姻，这团的男子只能娶彼团的女子，彼团的男子亦只能娶这团的女子，现则一团的男子亦能娶部落其他任何团的女子。但这时另有一种现象即君权的集中。最初的团内部系平等共产的，外部亦系互不干涉各有地域的。较后团内既有父权出现，团与团间亦有君权出现。部落首领亦常是各团的首领中之一个。各团不再是互不干涉的，因各种原因，部落内的某一团特别有力量，于是这团遂驾其他各团而上之。兹称这团为君团，君团的首领遂变成部落的君。各团间若欲互维系其婚姻关系，他们欲与这个君团的维系尤甚。君团的首领亦即君团之父，在这团内君父是一体的。但因为团内的等差化，父权出现，这位君团之父已将其弟兄共有权集中于一身，以前弟兄共有之妇亦已归他一人；及各团间亦等差化，君权出现，各团对君团的婚姻关系亦遂集中于君之一身，所以君的婚姻变为多姓多妻制。总起来说，娣媵制由于团内父权的集中，多姓多妻制由于团间君权的集中。

虽不能说婚姻是政治的，但其影响于政治经济皆甚大，试想在两团团结成部落以后而政权渐集中之时，邻居各团或和平的加入，或因被迫而加入，欲与君团发生互换，遂嫁女于君团，尤欲嫁女于君团之长亦即部落之君。婚姻能增加各团的团结，这对于部落的政治经济皆甚重要。降至周代，尚能看出这类现象。譬如商为周所灭，宋降为周王下的一邦，而姬子之间婚姻却变成频数。鲁之孝惠皆娶于商（《左传》哀公廿四年）；鲁伯姬适宋公（《左传》成公九年）；宋襄公娶王姬（《左传》文公八年）；此类甚多。

三　烝与报

东周时婚姻上尚另有一种特殊现象，即子之纳庶母是也。见于《左传》者共计五处，兹列之于后。

（1）卫宣公烝于夷姜，生急子，属诸右公子。为之娶于齐而美，公取之，生寿及朔，属寿于左公子。夷姜缢。宣姜与公子朔构急子。公使诸齐，使盗待诸莘，将杀之。寿子告之，使行。不可，曰："弃父之命，恶用子矣！有无父之国则可也。"及行，饮以酒，寿子载其旌以先，盗杀之。急子至曰："我之求也，此何罪？请杀我乎！"又杀之。杜《注》：夷姜宣公之庶母也。（桓公十六年）

（2）晋献公娶于贾，无子。烝于齐姜，生秦穆夫人及太子申生。又娶二女于戎，大戎狐姬生重耳，小戎子生夷吾。晋伐骊戎，骊戎男女以骊姬，归生奚齐，其娣生卓子。杜《注》：齐姜武公妾。（庄公二十八年）

（3）初，惠公之即位也，少，齐人使昭伯烝于宣姜。不可，强之。生齐子，戴公，文公，宋桓夫人，许穆夫人。（闵公二年）

（4）晋侯（惠公）烝于贾君。杜《注》：贾君，晋献公次妃，贾女也。（僖公十五年）

（5）（郑）文公报郑子之妃曰陈妫。（宣公三年）

由以上诸节，吾人能看出以下各种情形。即这是纳庶母，纳后与其他夫人的地位相同，并非私通。彼时亦有私通的情事，若卫公子朝之于襄公夫人，但这类《左传》皆称为通，而以上五项则称为烝或报，两者名称完全不同。若是而纳的夫人所生之子与嫡夫人所生之子地位相同，可以作太子。晋献公立申生为太子，《春秋》载"晋杀其世子申生"，以及上列《左传》所记甚明。卫宣公属急子于右公子，想必有立为太子之意，且《史记·卫世家》亦谓"立以为太子"。且骊姬为谋立其子，须进谗用计方能倾申生；宣姜及朔须构急子方能代其位，皆足征他们的太子地位之合法，且高出庶子之上。且卫人晋人对此皆未闻非礼之言，晋大夫且拥护申生于死后。若以后世眼光观之，宣姜系卫侯所娶之夫人，骊姬亦骊戎女于晋侯者，继位之权，其子当较奸父妾而生者高，废申生急子而立他子，当毫无问题也。然古时与此相反。不止其国人不反对，其母家反甚赞成，昭伯不欲，齐人且强之矣。凡此诸端皆深资吾人之感（《毛诗序》谓《墙有茨》为刺公子顽，《鹑之奔奔》为刺宣姜，系汉儒之言，未可确信）。

再细观卫宣公一条。夷姜者，卫庄公之妾也。据《史记·十二诸侯年表》，周平王三十七年卫庄公卒，桓公立；桓公立十六年，州吁弑公自立；次年，卫人杀州吁，立宣公。宣公十八年，太子伋弟寿争死。《史记》列太子伋之死于宣公十八年，《年表》及《卫世家》同。《左传》载于鲁庄公十六年，等于卫惠公四年，盖因卫侯之出奔而追记者。《年表》确否虽无他证，其事至晚当在宣公十八九年，似无疑问，因宣公卒于十九年也。急子已届能娶妇之年，至少当已年十五六岁，再加上宣公自娶宣姜而生二子，一子能劝急子行，能与争死；一子能构急子于宣公，似皆非十岁以下小儿所为。凡此皆非宣公之十八年所能容，故急子之生必不在宣公年间，则宣公之烝夷姜必在庄公卒后，桓公在位之时也。试位其事于庄公卒后，则宣公初年，急子年已十四五岁，当然可以将娶妇；而宣公纳宣姜后。至宣公十八年，寿朔亦皆能在十四五左右矣，故能争死或进谗。若此假设，各方皆合。观此则宣公之烝夷姜，确在桓公之世，等于昭伯之烝宣姜亦在惠公即位之年，若《左传》所明载者。由是吾人又能测知烝父妾并不必俟为君后方有特权。

《左传》对此所记虽只五条，但皆因有特种理由，如晋之二条皆因骊姬之乱；卫宣公一条则由于杀急子；昭伯一条则因卫懿公为狄所杀，文公之得国；郑一条则为说明穆公之所以立。苟晋无骊姬之乱，卫无急子之杀与狄之祸，郑无文公诸子死而穆公立之事，则这五件烝报事亦与其他相类事同，不至载上历史。反之，其烝报而无政治的影响者恐且不知几倍于这五条，亦因其无政治影响变成平凡的事，遂未有机会载入历史，以至湮没无闻，则这现象当时想亦非不甚普遍者也（连尹襄老之死，黑肩烝夏姬，亦足证此俗不只行于邦君，且下及大夫也）。

若一读对有些初民的记载，这些资人疑惑的情节就皆能阐明，毫无足异了。

斯宾塞（Spencer）在其所著《澳洲北部的土人部落》（Native Tribes of the Northern Territory of Australia）内记有下列诸事。这是对这类研究之最重要者，兹节译如后（原书页 47 至 52）。

这部落曰加加都（Kakandu），斯宾塞书中列有土人一家的世系表，原表皆用人名，既长且冗，兹为便利起见，改用拉丁字母，但阅者勿因此而疑为理想的表，其实表后皆有真人存在，非向壁虚造者比。

表内以第一字母表示行辈，如 AA，AB，AC 皆属第一代，BA，BB，BC 等皆属第二代是。第二字母表示其人的地位，由 A 至 N 表示这族内所生的男子或女子，女子则加女字以别之，如 AA，BA，CA 及 CB 女是；N 以后则表示所娶的妇人，如 AN 为 AC 之妻，BN 为 BA 之妻是。妇之行辈以初嫁者为定，若 AN 初嫁 AC，虽其后转适 BB 及 CA，仍称为 AN。BR 亦然。单字之 K 则表示异姓，CB 女所嫁之夫也。而 KDA，KDB，KDC 则表示 CB 女嫁 K 所生之子，其姓则 K，其行辈则 D 也。加号表示嫁娶，如 BA+BN 即 BA 娶 BN，CB 女 + K 即 CB 女嫁 K 也。

AA 与 AB 为同父弟兄，AC 则系族兄弟。AC 有妻曰 AN，生子曰 BC。

AB 有子曰 BB，他娶妻七人。其中二人，AO 及 AN，皆曾为其父辈之妻，后更归于 BB 者。AN 即 AC 之妻 AN 也。

AA 有子曰 BA，亦娶妻数人。其中之一曰 BN，生子 CA 及女 CB。

方 BB 卒后，BR 的舅父令她转嫁 BC，她即遵办；AN 的舅父令她转嫁 CA，她亦遵办。BC，CA 前皆已有妇，其婚姻系由妻之父作主选择者，但丈夫卒后，妻之转适其子辈，（子或侄）则由妻之舅父作主。

CA 为 CE 之兄，CA 之子在将来将承受其叔父 CE 的诸妻之一。

转嫁子辈的主权掌在妇人的舅父之手。譬如 BR 对著者说：她嫁 BB 时是遵父谕，嫁 BC 时系遵舅父谕也。她较 BB 甚年幼，亦不甚较 BC 年老。

因为这些，遂使吾人深感加加都人称谓之复杂而难于索解，但土人则不然，彼等皆能举诸人之相互称谓，有条而不紊。如 BR 称 AO 及 AN 曰姑，因为她们皆系上一代的妻；称 BO，BP 曰姊，称 BS，BT 曰妹（按 AO 及 AN 皆为 BR 夫父即其舅之妻，称曰姑甚确当也）。

$$
AA \longrightarrow BA + BN \left\{
\begin{array}{l}
CA + \left\{
\begin{array}{l}
AN \\
CN \\
CO
\end{array}
\right. \\
CB\,女 + K \left\{
\begin{array}{l}
KDA \\
KDB \\
KDC
\end{array}
\right.
\end{array}
\right.
$$

$$
AB \longrightarrow BB + \left\{
\begin{array}{l}
AO \\
BO \\
AN \left\{
\begin{array}{l}
BC + \left\{
\begin{array}{l}
BR \\
CP
\end{array}
\right. \\
（另有三子）
\end{array}
\right. \\
BP\text{-}CC \\
BR\text{-}CD\,女 \\
BS \\
BT\text{-}CE
\end{array}
\right.
$$

$$
AC + AN\text{-}BC
$$

又妻之转归于子辈，系在夫生前已约定者，所以在夫生前，妻亦称将来所归之子曰夫，但对其余诸子则仍称曰子。譬如 BC 在 BB 在世时，称 AO，BO，AN，BP，BS，BT 皆曰母，唯称 BR 曰妻，而 BR 称 BB，BC 皆曰夫。

除这制度以外，尚有转嫁夫弟的习俗。须转嫁夫弟，而不得转嫁夫兄。譬如表中之 K，他娶 CB 女为妻，方 K 之卒，K 之弟恰远出，CB 女遂适 K 兄，但后 K 弟归来，其第一事即由其兄处索还 CB 女。又如 BC 有妻曰 CP，现已约明，俟 BC 卒后，她即转嫁 CE，CE 者 BC 之弟也。

亦有时不归夫弟或夫之子辈而归夫之外甥者。这习俗可以 CA 为例。CA 无子，其众妇之一曰 CO，俟 CA 卒后，将归其外甥 KDA；若 KDA 于 CA 前卒，则归其弟 KDC，KDA 及 KDC 皆 CA 的姊妹 CB 女之子，于 CA 为甥也。

观加加都人的习俗，烝报是公开且合法的举动，而转适子辈须听其舅，尤能说明昭伯不欲，齐人何以强之，盖此事并不由男方而须听女家之意也。

烝报系较娶嫠嫂更进的习俗。上文已说过娶嫠嫂制是兄弟共妇制的演进。方政权集中之时，家族内发生的现象之一即子与弟的争权，最初弟兄共权的时候，产业以及妻皆为弟兄所共有。后政权既集中于长兄一身，生前固无问题，但俟长兄卒后，将传弟乎？传子乎？君位上我们曾看见商人之由传弟而传子（请参阅《中国古代的图腾制度及政权的逐渐集中》下篇），以前弟所享之各种权利，现皆有改归子之趋向，烝报亦其一也。娶嫠嫂则其权归弟，烝报则其权归子，然两者固无异也。

娣是将兄弟的婚姻权，至少一部分的婚姻权，集中于长兄之身，而相成的有娶嫠嫂；这等于将兄弟的政权集中于长兄之身，而相成的有传位于弟。同样父所有的政权亦恰是将来子所当有者，长兄不只集中兄弟的政权，且集中了长兄之子的将来政权。与集中兄弟的婚姻权相似，他亦集中了子的婚姻权，这即侄从媵的由来。在行外婚制时，两团团员既按行辈而历世互婚，子所娶妇恰是父所娶妇之侄。父既集子权，所以侄亦从姑嫁。父权父位既于父卒后传子，婚姻权亦还于子，这即烝报的由来。所以在上文说侄从嫁是烝报的反面。特劳布莱因人对此尤为明显，他的首领所辖下的各支团须各纳女一人与他为妻，有缺则由那一支团纳另一女为补，但有时不再纳女与首领而纳女首领的继承人，因为首领卒后，其众妻皆归其继承人也。这能说明侄从嫁与烝报的密切（我屡说集婚姻权于长兄，但娣媵制既行于后，其制亦渐渐扩及于弟。这亦若大宗固集政权，然小宗渐渐变做大宗而亦取得相当的政权。邦君是大宗，大夫是小宗，所以大夫亦行娣媵。明此则长兄之词不至于以辞害意矣）。

总上而言，这几个现象皆与外婚的群婚有关。由于政权的集中，团内的政权（父权）集于长子一身，于是姊妹共夫制变成有限制的姊妹共一夫，即娣媵制；更由于团间的政权（君权）集于某一团的首领身上，于是发生多姓多妻制。政权的世袭当初曾由兄以传弟，后更由父以传子，于是由兄以传弟时代的娶嫠嫂制变为父以传子的时代的烝后母制。又因为由兄传弟至父传子是渐渐演化而成的，有时娶嫠嫂与烝后母常同时并存。更因长兄既能集中各弟兄的权而生娣媵，父亦集中子权而发生侄之从姑并嫁；娣媵系娶嫠嫂的反面，娶侄亦系烝报的反面。兹为明了起见，再列表如下：

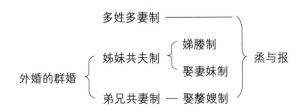

姊妹共夫制专指姊妹共一夫而言，等于弟兄共妻制亦专指兄弟共一妻而言。若姊妹共多夫而弟兄共多妻两者兼则为群婚矣。姊妹共夫制及弟兄共妻制皆是群婚的单面变化。再进一步，娣媵制、娶妻妹制皆是有限度的姊妹共夫：娣媵制只许姊妹中的少数几个共夫；娶妻妹制只许于妻卒后方娶妻妹而生时不得同时娶。娶嫠嫂制是与娶妻妹制相反而实相成的，他是有限度的弟兄共妻制，于夫卒后妻方能嫁夫弟而不能同时嫁。将娶嫠嫂制兄弟所有的权利移到儿子身上，再与多姓多妻制相混合，于是烝与报发生，而暗中又与侄从嫁互相联贯。

娣媵制的发生必有待于政权之集中，姊妹共夫制在世界上较弟兄共妻制为多，即由于社会之由母系而变为父系。等于烝与报亦多行于君权确立以后，与多姓多妻并存。因为只能烝后母及庶母，而未行多姓多妻以前，除母之姊妹外，固无他姓的后母庶母，而母之姊妹在原始社会中既被视作母，亦不得有乱伦也。彼时只能改嫁夫弟，而不能有烝与报。瓦黑黑人对此有不得烝报的限制，尤为明显。总之，这些皆由最初图腾团的外婚的群婚，经过父权集中、君权集中而发生的现象。

一九四〇年二月

历史的剖面

自 序

近来及门诸子多劝我搜集旧文，俾刊成一集。他们的善意我甚为欣喜，可是旧文搜集起来亦不容易，只好竭力去搜寻，搜得了二十余篇，聊以慰诸君的善意。但是有两篇：一篇是研究《儿女英雄传》的作者文康的家世；另一篇是与胡适之先生讨论《三侠五义》的信，当时皆登载在《猛进》杂志中，托人到美国去找，亦毫无踪影，只得付诸阙如。我的文章实在平凡不足道，从前先君曾批评我的文章说："这种文章既非今，又非古，既不像文言，也不像白话，真是拙得很。"虽然这些文章很拙，但它包括中国史，同时也包括外国史；有上古史的问题，也有近代史的问题，所以我用"历史的剖面"为题与读者见面。

一九六五年六月高阳李宗侗序

古史问题的唯一解决方法

　　研究历史已是件难事，研究古史更是难上加难。我国人素来懒于动笔，所以关于近代的史料，比起欧西各国来已经算少了。加以古代世既辽远，史料真伪糅杂，研究起来，较之欧西古史似乎更难了。近来顾颉刚钱玄同诸先生审别史料，将东周至于今对于古代的错点指穿，于古史研究尽力真算不少！但现在这个问题是否算是解决？还是必须有待？这也是关心古史研究的所欲知的。

　　研究前人的往迹，所可藉的材料约分二种：曰载记，曰遗作品。第一类包括一切纸片的记载。近人研究古史所用的证据皆属于这一类。古代载籍去今既远，展转抄刻，错误愈多。何况中间更有人伪造呢！在用史证以前，分别真伪是件不可免的要务。前清以来，学者对于这节甚为注意，颇有重要的发现。但是我对于真伪书籍之辨颇觉怀疑。作伪的人去古比我们为近。他们所见的古书，如果我不敢说绝对比我们见的多，至少可以说他们所见的各种有与我们所见的不同。那么，他们所造伪本的全体虽然不是古人的原样，若分段看起来，也许有一两段真是古人的。或者其语出自古某人，但其意则"断章取意"。或其语虽非古人原文，其意则系古人的。我们设再前进一步讲。造伪的人是否受了种暗示？若然，则所谓某时代如此如此虽不尽然，但与某时代有关而为造伪者所可闻见的或系如此。那么，这类记载虽不足供作研究某时代的材料，但颇可为研究某时代有关的材料。譬如所谓夏礼如此，商礼如此，虽不必尽实，或系受杞礼宋礼的暗示，由于杞夏宋商的关系而涉想到礼的同样。供作夏商的史料固然不可，却可作研究杞宋的材料。在"伪书"中分出真的，这样的难。反着去看，现在所谓真书又全是真的吗？《论语》一书现在学者多半认为真的。孔子当时的言语总不能这样的简单。弟子们或觉得他话中的一二句说的好，就记在"小板"上了。这样是取其言。取其言多系断章，对于原意有否改变？取其意则所记是种改造的话，与原意是否仍合？这两件皆是甚要紧的问题。果与原意有所改变，虽不能说他是伪书，价值却减少了许多。

这分别真伪的困难既然如此，何者绝对可用作史料，何者绝对的不能用，真是个极难的问题了。所以用载记来证古史，只能得其大概——譬如西周以前的形势与西周时不同，而不能得其详情。顾颉刚刘掞藜两先生所争论的"禹的存在"，两造所引的书籍皆是那两句，实不足以解决这个问题。

载记既不能与"我们"一个圆满的回答，我们只好去问第二种材料，"古人直遗的作品"。

直遗的作品直接出自古人，古人所能看见的，除了缺破以外，我们仍能看见。所以他的价值远非传抄错误，伪作乱真的载记所可比拟。现地中藏品，除为商贾盗发者外，大半尚未发掘。设以科学的方法严密的去发掘，所得的结果必能与古史上甚重大的材料。这种是聚讼多久也不能得到的。所以要想解决古史，唯一的方法就是考古学。我们若想解决这些问题，还要努力向发掘方面走。

十三、十二、二七《现代评论》一卷三期

颉刚回答我的一封信，也登在十四、二、十四《现代评论》一卷十期，亦登在《古史辨》第一册中。

附录　答李玄伯先生

顾颉刚

在本刊第三期中，读到李玄伯先生的《古史问题的唯一解决方法》，非常快乐。李先生所说的"用载记来证古史，只能得其大概；……要想解决古史，唯一的方法就是考古学；我们若想解决这些问题，还要努力向发掘方面走"，确是极正当的方法。我们现在研究古史，所有的考古学上的材料只有彝器文字较为完备，其余真是缺得太多。发掘的事，我们应当极端的注重，应当要求国家筹出款项，并鼓吹富人捐出款项，委托学者团体尽力去做。

但李先生这句话颇有过尊遗作品而轻视载记的趋向，我还想加上一点修正。我以为无史时代的历史，我们要知道它，固然载记没有一点用处；但在有史时代，它原足以联络种种散乱的遗作品，并弥补它们单调的缺憾，我们只要郑重用它，它的价值决不远在遗作品之下。我们现在讨论的古史，大都在商周以降，已入有史时代，载记的地位已不可一笔抹煞。要讲遗作品直接出于古人，载记何尝尽是后人写的。要讲载记多伪作难以考定，遗作品又岂纯粹无伪作而又易考定呢。所以我觉得我们若是多信一点遗作品，少信一点载记，这是很应当的；若说惟有遗作品为可信而载记可以不理，便未免偏心了。推原从前人对于古史专主载记的弊病，只为他们用了圣道王功的见解去看古人，用了信古尊闻的态度去制伏自己的理性，所以结果完全受了谬误的主观的支配，造成许多愈说愈乱的古史。若是他们能够用了客观的态度去做整理的功夫，像他们对于名物训诂一样，他们所得的成绩当然不能菲薄。我们生于今日，初懂得用历史演进的眼光去读古书，初懂得用古人的遗作品去印证古书，乍开了一座广大的园门，满目是新境界，在载记中即已有无数工作可做。依我看，我们现在正应该从载记中研究出一个较可信的古代状况，以备将来从遗作品中整理出古史时的参考。若我们轻易跳过这个阶级，那就失去了研究的基础了。

前年，我们对于古史作过一番汗漫的论辨；承李先生称引，甚为惭感。但李先生似乎看得我们的论辨过于有力了，仿佛我们所讨论的问题已经自许为解决似的。

这一点误会使我不敢领受。我要在此声明一句：我作这些文字，只是想把我的假设开出一条研究的路；我固然未尝不希冀从我的假设上解决古史，但我深明白从假设到解决不知要费多少日子的研究，在研究中间不知要经过多少次的困难，我决不敢贸贸然想在半年之内所作的几万字中作一个轻率的解决。

李先生说，"载记既不能与我们一个圆满的回答，我们只好去问第二种材料，古人直遗的作品"。我对于这句话，以为在学问的目的上是无疑义的，但在我们研究的工作上则未必便应这般。学问是无穷无尽的，只有比较的近真，决无圆满的解决。另一方面，学问是随时随地可以研究的，材料多固然便于研究，材料少也应把仅有的材料加以整理，不必便尔束手。现在古史问题在载记的研究上刚才开头，面前原有许多路径可走，并不是已经碰住了死胡同里的墙脚，非退出来不可。若说因它终究不能给我们一个圆满的解决，不如把它丢过一旁，专从发掘去求圆满解决，话虽说的痛快，其如眼前放着路不走，反而伸长了头颈去待不知何年可以实现的事业，岂不是与乡下人不去种田单想候着触树的兔子的办法相同呢？语云："俟河之清，人寿几何！"我们若必等到材料完备而后去做研究的工作，恐怕永远没有工作的日子吧。所以我们在研究的工作上，对于新材料的要求加增，对于旧材料的细心整理，有同等的重要，应当同时进行，不宜定什么轻重，分什么先后。

以上说的，是我对于李先生所论的解决古史方法的一点意见。至于研究的工作，是学问界全体的职责，应当有许多人分工去做，不能独责一二人作全部的包办，这是无疑的。我自己就惟之所近，愿意着力的工作，是用了"故事"的眼光去解释"古史"的构成的原因。现在就讨论之便，叙述于下。

十年前，我极喜观剧，从戏剧里得到许多故事转变的方式，使我对于故事的研究甚有兴味。后来读到适之先生的《井田辨》与《水浒传考证》，性质上虽有古史与故事的不同，方法却是一个，使我知道研究古史尽可应用研究故事的方法。回忆观剧时所得的教训，觉得非常亲切；试用这个眼光去读古史，它的来源，格式与转变的痕迹，也觉得非常清楚。例如看了八仙的结合，即可说明《尧典》九官的结合；看了薛仁贵、薛平贵的化名，即可说明伯翳、伯益的化名；看了诸葛亮的足智多谋，即可说明伊尹、周公的足智多谋；看了曹操、秦桧的穷凶极恶，即可说明桀、纣的穷凶极恶；看了何仙姑的为武平人，又为歙人，又为零陵人，孟姜女的为杞人，又为同官人，又为澧州人，又为华亭人，即可说明舜的为东夷人，又为冀州人，舜妻的为都于平阳的尧女，又为湘夫人，又为三身之国的母亲。因为我用了这个方法去看古史，能把向来万想不通的地方想通，处处发见出它们的故事性，所以我敢大胆打破旧有的古史系统。从此以后，我对于古史的主要观点，不在它的真相而在它的变化。

我以为一件故事的真相究竟如何，当世的人也未必能知道真确，何况我们这些晚辈；但是我们要看它的变化的情状，把所有的材料依着时代的次序分了先后，按部就班地看它在第一时期如何，在第二时期如何，……这是做得到的，而且容易近真的。例如我前年考的禹，知道他起初是一个天神，后来变成人王，后来又变为夏后，最后作了舜的臣子而受禅让。又如去年考的孟姜女，知道她起初是却君郊吊，后来变为善哭其夫，后来变为哭夫崩城，最后变为万里寻夫。这样的"不立一真，惟穷流变"地做去，即使未能密合，而这件故事的整个的体态，我们总可以粗粗地领略一过。从前人因为没有这种眼光，所以一定要在许多传说之中"别黑白而定一尊"，或者定最早的一个为真，斥种种后起的为伪；或者定最通行的一个为真，斥种种偶见的为伪；或者定人性最充足的一个为真，斥含有神话意味的为伪。这样做去，徒然弄得左右支吾。结果，这件故事割裂了，而所执定的一个却未必是真。

我研究古史的愿望还有一个，是把神话与传说从古代的载记中，后世的小说诗歌戏剧以至道经善书中整理出来，使得二者互相衔接，成为一贯的记载。本来古代人对于真实的史迹反不及神话与传说的注意，所以古史中很多地方夹杂着这些话。后世知识阶级的程度增高了，懂得神话与传说不能算做史迹，他们便把这些话屏出了历史的范围以外。但它们的势力虽不能侵入历史范围，而在民众社会中的流行状况原与古代无殊，它们依然保持着它们的发展性与转换性。黄帝虽不提起了，老子却"一烈化三清"，抵着他的地位而有余了。活了八百岁的彭祖，变为"一瞑困千年"的陈抟的儿子了。齐景公时叫天的庶女，变为明朝海瑞审清官司的窦娥了。这种情形，在从前的学者看着，只有一笑置之；便是认真一点，也只有加上"荒唐悠谬，不可究诘"的八字批语。

现在我们可不能这样了。我们在比较上，要了解古代的神话与传说的性质，必须先行了解现代的神话与传说的性质；在系统上，要了解现代的神话与传说所由来，必须先行了解古代的神话与传说所由去。二者交互萦回，不可分割；不过从前人因为没有这种观念，硬把今古同性质的东西打成两橛罢了。我希望我能够得到时间，从《左传》《楚辞》等书研究起，直到东岳庙、义和团、同善社、悟善社的神位，神坛、神咒、神乩，以及平话家口中的历史，乡下人口中的"山海经"，一切搜集，为打通的研究，为系统的叙述。

以上两项——（一）用故事的眼光解释古史的构成的原因，（二）把古今的神话与传说为系统的叙述——是我个人研究古史愿意担任的工作。我自己知道，我现在学力太浅薄，不够正式做这项工作；我只愿从此勉力下去，至竭尽我的力量为止。至于能解决多少问题，我自己全没有把握，惟有听诸天命而已。

李先生说，"顾颉刚刘掞藜两先生所争论的'禹的存在'，两造所引的书籍皆是那两句，实不足以解决这个问题"。关于这件事，我久有一点意见要说。可是我实在没有闲空，只得停住了。记在这里，待将来的讨论。

寒假中杂事苦多，匆匆写此，甚不惬意，请李先生原谅！

十四、二、十四《现代评论》一卷十期

读水浒记

一　水浒故事的演变

水浒故事的流传，就起源于当时，可以说宋江等还存在的时候，这种故事已经变成了俗间的传说。所以致此的缘故，是非常的浅显，完全与那时的地方情形有关。北宋的末年，徽宗以美术家的能力作天子，加以蔡京、童贯、高俅那班小人，于是闹得外面辽金交侵，里面民不聊生，盗贼的横起，也是当然的事。方腊之起，由于花石纲的扰民（花石纲的事见后《方腊始末考》），王伦、宋江之起，是因为夺民田事。陈桱《通鉴》说：

> 宣和三年九月，诏宦者李彦括民田于京东西路。初，胥吏杜公才献策于内侍太傅杨戬，立法索民田契，自甲之乙，乙之丙，展转究寻，至无可证，则度地所出，增利赋租。始于汝州，侵淫于京东西，淮西北，括废堤弃堰荒山退滩，及大河淤流之处，皆勒民主佃额，一定后，虽冲荡回复不可减，号为西城所。梁山泊古钜野泽，绵亘数百里，济郓数州，赖其蒲鱼之利。亦立租，算船纳直，犯者盗执之。一邑率于常赋外增租钱五十余万缗，水旱蠲税，此不得免。擢公才为观察使。至是戬死，以内侍李彦继之。

观此则当此北方诸盗发生之由，颇可想见。但是宋江等受招安以后，何以他们的故事又特别的发达呢？就是因为宋江等被招安以后，搜括民田的事有加无已，人民痛恶官吏，怀念那些力能抗拒他们，为民御侮的豪杰，当然他们的故事，愈传愈远了。陈桱《通鉴》上说李彦的搜括民田，远在杨戬以上：

彦……置局汝州，临事愈剧。凡民间美田，使他人投牒告陈，皆指为天荒，虽执印券皆不省。鲁山圇县，尽括为公田，焚民故券，使田主输租佃，本业诉者，辄加威刑，致死者千万。公田既无二税，转运使亦不为奏除，悉均诸别州。……发物供奉，大抵类朱勔……皆责办于民，经时阅月，无休息期。农不得之田，牛不耕垦，殚财靡刍，力竭饿死，或自缢辕轭间。

但是这种的传说，当然是没有系统的。在京东的注意梁山泊，在京西的注意太行山，在两浙的注意平方腊，并且各地还有他所喜爱的中心英雄。这还是水浒故事口传的时期。这时期的经过不甚久，因为南宋时，已经有了笔记的水浒故事了。

由口传的水浒故事，一变而为笔记水浒故事，这变化当在南宋时间，我引两事为证。

（一）周密《癸辛杂识续集》载有龚圣与所作《宋江三十六赞序》，起首说："宋江事见于街谈巷语，不足采著；虽有高如、李嵩辈传写，士大夫不见黜。"所谓传写，即由口说的而变为笔记的。宋时说平话的极多，初时不过强记，后来渐有人简略的写出，以备传习之用，并不为供给读者，笔记之由始此。近来小说，如《三侠五义》《施公案》等，末不先有说平话的口说，然后有写出的，演变类的小说，大都如此。周密宋人，元时尚在，则所谓高如、李嵩辈，至少是宋元之交的人，传写的时代，至少也是宋末。

（二）《宣和遗事》系杂采各种记述而成，所以文体忽然文言，忽然白话，前后甚不一律。大约是当时平话者传习所用，凡诗句，奏章，皆甚详细载记，而言语则从略，盖亦如现说书的，言语可以顺口改易，奏章书信则必须默记也。所采书甚多，如元集崇宁元年，徽宗对蔡京所说的话，与《宋编年通鉴》所载文字相同；朱勔办花石纲一节，半系赵彦卫《云麓漫钞》文字之方腊一段，半系《宋会要》文字；至后二集，更与《窃愤录》等书相似了。以这些例其余，宋江等一段，恐亦系采自他书者，或即高如、李嵩辈所作的一篇，亦未可定。旧本《宣和遗事》上有"南瓦子……"印记。南瓦子系宋时杭州娼妓及说平话者聚所，《梦粱录》曾道及之，则《遗事》一书，确是南宋作品。亦可证水浒故事，在那时已入笔记时代了。

但是那时的记载，并非如现在通行《水浒传》的体裁，所谓章回体的。那时只是短篇的。这种本子，现在固然逸失，我却有几个间接的证据，足为此说的证：

（一）现在《水浒传》内，常在一段大节目以后，加一句"这个唤作……"，如百回本第十六回，述说吴用建策，将杨志送的生辰纲取了以后说："这个唤做智取生辰纲。"大约以前有段短篇作品，唤作"智取生辰纲……"，所以结成长篇以后，还留了这么一句。

（二）宋江等在梁山，忽然叙写他们去打华州，似乎非常的无道理。但是我们要明白了初一步的水浒是短篇的，是无系统的，就可明白了这无道理内的理由。上边我说过，梁山左近有梁山的水浒故事，京西有京西的水浒故事……。龚圣与的赞有四处"太行"字样的。足可证说宋江等起于京西的，在当时颇盛行。华州事即京西故事之一，后人想综合京东、京西各种为一长篇，想将宋江在京东搬到京西，只好牵出史进被陷，鲁智深被擒，宋江下山去救……以作线索了。

这些短篇水浒故事，是与元代的杂剧同时或少前的，元曲的水浒剧，即取材于这些篇。因为他们的传说，作者，产地的不同，所以内容常异，杂剧内人物的性格，也因取材的不同而不一致。

笔记的水浒故事的第二期，就是将许多的短篇笔记，连贯成了长篇，截成一回一回的，变作章回体的长篇水浒故事，这时期约在元明之间。当时有多少篇这种的小说，我们现在却难知道。我们所知道的，只有四篇，即所谓水浒四传。我先说明何为四传，然后再说他们存在的理由。

水浒四传的第一传内的事迹，约等于百回本的第一回至第八十回所包含的，就是从误走妖魔起至招安止（现行七十回本的楔子，第一回至第七十回，及平四寇的第一回至第十一回）。

第二传是百回本的第八十回至第九十回，平辽一段（平四寇第十二回至第十七回）。

第三传是百回本所无，征田虎王庆一段（百二十回本第九十回至一百十回，平四寇第十八回至第四十回）。

第四传是百回本第九十回至第一百回，平方腊一段（百二十回本第一百十一回至第一百二十回，平四寇第四十一回至第四十九回）。

上面所谓"是"者，不过说与某回至某回的事迹约略相同，当然不能说完全一样，从水浒四传到如今，曾经过许多修改的。

为什么说水浒四传，而不说一传呢？重要的理由是四传内的事迹，互相冲突。在短篇的时候，各种故事的产生地点不同，流传不同，互相冲突的地方，在所不免。如果当时就直接的成为一传，而不经过四传的阶级，自应删去冲突字句，前后照应。现在所以不如此者，恰因是经过四传分立的阶级，在合成一传则冲突者，在四传各身，固不必皆冲突也。引几事作证：

> 王进、王庆两段，前后相似，如前曰柳世权，后曰柳世雄，因此有人疑后面的王庆，被移在前改作王进者。此说似不甚对，两传所取短篇故事，或者倒是同一蓝本。鲁智深别智真长老时，长老所赠四句言语是："遇林而起，遇山而富，遇水而兴，遇江而止"，与《征方腊传》的四句："遭夏而擒，逢腊而执，听潮而圆，见信而寂"，相似而不相同，亦由集《前传》的人，只叙到招安，则前四句已够，后四句系作《征方腊传》者所作，故所含皆征方腊时事。胡适之先生疑后四句系原有，前四句系七十回本改作，殊不知前四句固不能包括后边的事迹，后四句又能包括前边的事迹么？以前大约相传有智真长老赠四句言语的这回事，两传皆窃仿罢了。梁山泊及蓼儿洼，是一非二，蓼儿洼是梁山泊的一部分。第一回内说："直使宛子城中藏虎豹，蓼儿洼内聚神蛟。"以宛子城与蓼儿洼相对，因皆系水泊内地名；尤明显的是第三回，"柴进道：'是山东济州管下一个水乡，地名梁山泊，方圆八百余里，中间是宛子城，蓼儿洼。'"第十五回，"吴用道：'这里和梁山泊一望不远，相通一派之水，如何不去打些？'……阮小五接了说道：'教授不知，在先这梁山泊是我弟兄们衣饭碗……'"而第十九回，"阮小五歌道：'打鱼一世蓼儿洼……'"

以上所举各端，皆足证明《前传》作者以蓼儿洼作为水泊一部分。但是《方腊传》却说：

> 楚州南门外，有个去处，地台唤作蓼儿洼。其山四面是水港，中有高山一座，其山秀丽，松柏森然，甚有风水，虽然是个小去处，其内山峰环绕，龙虎踞盘，曲折峰峦，陂阶台砌，四围港汊，前后湖荡，俨然是梁山泊水浒寨一般。

百回本说:

> 梁山泊内祈风得风，祷雨得雨；楚州蓼儿洼亦显灵验。

这样看来，《方腊传》的作者，将梁山泊、蓼儿洼分作两处，与前大不相同。

除了这几个证据以外，即以文体而论，四传亦不甚相同，且所用地名，亦多古今的分别。皆足证明各传非一人一时之所集，更足证各传集成时的前后。《前传》及《征方腊传》，《征二寇传》较老，《征辽传》次之。《征方腊传》所用宋代地名最多，如润州、楚州等是，且与当时实情有许多相似，下篇《方腊始末考》内，当详言之，《前传》经后人修改处似较多。然不论后人修改了多少，现所见《水浒传》字句，当仍有系宋元人旧者，比如传中说童贯造大海鳅船，《老学庵笔记》内也说："鼎澧群盗战舡有丰船、有桨船、有海鳅头。"足见是当时盛行的一类船名。传内常言"唱喏"，亦当时常礼。因为《水浒》是演变而来的小说，与创造的不同，虽经百手，终难将原面目一概抹杀，不留一二也。

第三时期，约在明代，即将水浒长篇故事，或二传、或三传、或四传合成更长篇的《水浒传》。百回本即合三传（《前传》《征辽》《征方腊》）而成，百二十回本等即合四传而成者。百二十回本的发凡说："郭武定本……退王田而进辽国"，则在郭本以前（明嘉靖以前），尚有合《前传》《征王田》《征方腊》三传而成的《水浒传》了。因为他们是分开的，自成一段，所以合一传、三传、四传，皆无不成。

第四时期，即清初以后，《王田》《征辽》《方腊》三传皆被删去，《前传》亦被删去七十一回以后事迹，加了卢俊义一梦，变作现行的七十回本。这种变化，完全是金圣叹的独出心裁，他虽假托古本，这个古本却似乎并未存在过。现在存在的本子，百回本、百二十回本、百十五回本、百二十四回本，皆无卢俊义一梦，这是七十回本所独有的。即如金圣叹叹赏的句子："那和尚便道：'师兄请坐，听小僧……'智深睁着眼道：'你说！你说！'那和尚道：'……说在先敝寺……'"各本亦只作"听小僧说"。及"在先敝寺……"，先是改本所独有。圣叹所叹赏者，即他所改。然自此以后，七十回本独行，明代各本皆不易找了。

至于宋江等三十六人，皆实有其人。《宣和遗事》，龚圣与《赞》皆有：呼保义宋江，智多星吴加亮（《赞》作吴学究），玉麒麟卢俊义（《遗事》俊作进），大刀关胜（《遗事》作关必胜），活阎罗阮小七，尺八腿刘唐（《遗事》作

赤发鬼），没羽箭张青（《遗事》作没羽箭张清），浪子燕青，病尉迟孙立，浪礼
白跳张顺（遗事作百跳），船火儿张横（《遗事》作船火工张岑），短命二郎阮
小二（《遗事》作阮进），花和尚鲁智深，行者武松，铁鞭呼延绰，混江龙李俊
（《遗事》作李海），九文龙史进，霹雳火秦明，黑旋风李逵，小旋风柴进，插
翅虎雷横，神行太保戴宗，先锋索超（《遗事》作急先锋），立地太岁阮小七，
青面兽杨志，赛关索杨雄（《遗事》作王雄），一直撞董平，美髯公朱全，没遮
拦穆横，拼命三郎石秀，铁天王晁盖，金枪班徐宁（《遗事》作金枪手），扑天
雕李应；《赞》有两头蛇解珍，双尾蝎解宝，而无豹子头林冲，摸着天杜千，小
李广花荣，《遗事》反此。至于事迹，则有下列各条：

> 盗宋江犯淮阳及京西河北，至是入海州界，知州张叔夜设方略讨捕，
> 招降之。（《续宋编年资治通鉴》宣和二年）
> （宣和）三年二月庚辰，宋江犯淮阳军，又犯京东河北路，入楚州界，
> 知州张叔夜招抚之，江出降。（《十朝纲要》）
> （宣和）三年二月，方腊陷处州，淮南盗宋江等犯淮阳军，又犯京东
> 江北，入楚海州界，命知州张叔夜招降之。（《宋史本纪》）
> 剧贼宋江剽掠至海州，趋海岸，劫巨舰十数。公（张叔夜）夜募死士千
> 人，距十余里，大张旗帜，诱之使战；密伏壮士匿海旁，约候兵合，即焚
> 其舟。舟既焚，贼大恐，无复斗志。伏兵乘之，江乃降。（《东都事略》）
> 宋江寇京东，蒙上书，言江以三十六人横行齐魏，官军数万无敢抗者，
> 其才必过人。今清溪盗起，不若赦江，使讨方腊以自赎。（《宋史·侯蒙传》）
> （童）贯将刘延庆、宋江等讨方腊。（《北盟会编》）
> 王涣统领马公直并神将赵明、赵许、宋江……入（帮源）洞后。（《续
> 资治通鉴长编》）
> 辛兴宗与宋江破贼上苑洞。（《十朝纲要》）

由以上这些条看起来，宋江等之起在宣和二年，侯蒙始建议招抚，然实行之者
是张叔夜。招安在宣和三年二月，是时方腊已起，就令他们去征方腊了。

初霸梁山泊的王伦，亦实有其人。《九朝编年备要》记方腊陷处州时说：

> 詹良臣御贼为所执，欲降之，良臣骂曰：往年王伦反，戮于淮南，王
> 则反，磔于河北，同恶无少长皆弃市。……

蔡绦《铁围山丛谈》卷一说：

> ……元昊请服，上（仁宗）又曰："国家竭力事西陲累数年，海内不无劳弊，今幸甫定，然宜防盗发，可诏天下为预防也。"会山东有王伦者焱起，转斗千余里，至淮南，郡县既多预备，故即得以杀捕矣。

据此两节，则王伦事发生于王则以前，元昊请和以后。元昊请和在仁宗庆历四年，王则乱在七年，王伦当在四年、七年之间，他起事在山东，故《水浒》称引他了。

二　方腊始末

方腊这一寇，在宋代历史上，也颇占一位置，因为他据了"六州五十二县，杀平民一百余万"，而宋师"自出至凯旋，凡四百五十日"，始平。因此他也就变作了水浒故事里的重要部分，水浒四传里的一传（水浒四传一说见上篇）。所以我们为读《水浒》的参考，也应将方腊始末考证一下。

方腊，也叫方十三，是宋睦州青溪县人（青溪县即今淳化县）。他造反的原因，是为那时朱勔在东南搜求珍异物品运京，名为花石纲，扰得民间不堪，所以方腊乘此而起。花石纲的发生是在宋徽宗崇宁四年。《宋史纪事本末》卷五十上说：

> ……至是渐盛，轴舻相衔于淮汴，号花石纲……命（朱）勔总其事。……于是搜岩剔薮，幽隐不置。凡士庶之家，一石一木，稍堪玩者，即领健卒直入其家，用黄封表视，指为御前之物，使护视之。微不谨，即被以大不恭罪。及发行，必撤屋抉墙以出。不幸有一物小异，共指为不许，惟恐芟夷之不速。民预是役者，中家破产，或鬻卖子女，以供其须。剧山辇石，程督惨刻，虽在江湖不测之渊，百计取之，必得乃止。至截诸道粮饷，纲旁罗商船，揭所贡暴其上，舟人倚势贪横，凌轹州县，道路以目。

就此看来，那花石纲骚扰人民，可想而知了。

此外方腊又凭假邪说，煽惑平民。唐永徽四年，睦州女子陈硕真反过，所以那里相传，有天子基、万年楼，他反时也凭借那个。他又说他一天临溪顾影，冠服如王者。他传的教是一种"吃菜事魔"教。方勺的《青溪寇轨》说的最详细：

> 吃菜事魔，法禁甚严，……而近时事益众。始自福建，流至温州，遂及二浙。睦州方腊之乱，其徒处处相煽而起。闻其法断荤酒，不事神佛祖先，不会宾客，死则裸葬。方敛，尽饰衣冠。其徒使二人坐于尸旁，其一问曰："来时有冠否？"则答曰："无。"遂去其冠。次问衣履，遂亦去之，以至于尽。乃曰："来时何有？"曰："有包衣。"则以布囊盛尸焉。……其魁谓之魔王，右者谓之魔母。……其初授法设誓甚重，然以张角为祖，虽死于汤镬，终不敢言角字。

下边又说：

> 谓人生为苦，若杀之，是救其苦也，谓之度人。度人多者，则可成佛。故结集既众，乘乱而起，日嗜杀人，最为大害。尤憎恶释氏，盖以不杀与之为戾耳。但禁令太严，罕有告者。株连既广，又当籍没，全家流放，与死为等，必协力同心，以举官吏。州县惮之，率不敢按，以致增多。

方腊既乘着众人皆怨恨的时候，又假着他那神秘的说去煽惑，州县官又惮不敢按，于是方腊一起，遂不可止。《青溪寇轨》内，述说他起兵的时候，也很详细：

> 腊有漆园，造作局屡酷取之，腊怨而未敢发。会花石纲之扰，遂因民不忍，阴取贫乏游手之徒，赈恤结纳之。众心既归，乃椎牛酾酒，召诸恶少之尤者百余人会。饮酒数行，腊起曰："天下国家，本同一理。今有子弟耕织终岁劳苦，少有粟帛，父兄悉取而靡荡之；稍不如意，则鞭笞酷虐，至死弗恤。于汝安乎？"皆曰："不能！"腊曰："靡荡之余，又悉举而奉之仇雠。仇雠赖我之资，益以富实，反见侵侮，则使子弟应之。子弟力弗能支，则遣责无所不至。然岁仇雠之物，初不以侵侮废也！于汝甘乎？"皆曰："安有此理！"腊涕泣曰："今赋役繁重，官吏侵渔农桑，不足以供应。吾侪所赖为命者，漆楮竹木耳，又悉科取无铢锱遗。……且声色、狗马、土木、祷祠、甲兵、花石糜费之外，岁赂西北二国银绢，以百万计，皆吾东南赤子膏血也。二国得此，益轻中国，岁岁侵扰不已。朝廷奉之不敢废，宰相以为安边之长策也。独吾民终岁勤勤，妻子冻馁，求一日饱食不可得。诸君以为何如？"皆愤愤曰："惟命。"腊曰"……近岁花石之扰，尤所弗堪。诸君

若能仗义而起，四方必闻风响应，旬日之间，万众可集。……不然，徒死
于贪吏耳！诸君其筹之。"皆曰："善。"遂布署其众千余人，以诛朱勔为
名，见官吏公使人皆杀之。民方苦于侵渔，果所在响应，数日有众十万，
遂连陷郡县……

这篇话说的有多么沉痛！外人侵索，政府糜费，安能不发生叛者？于此更明白
了北宋末年，如王伦、宋江、方腊诸盗的所以蜂起了。

方腊既聚集了十余万人，遂于宣和二年十一月初一自称皇上，改元永乐。
二十八，以曾孝蕴知睦州，专捕捉青溪寇。但是第二天，方腊就陷了青溪县。
十二月初二，陷睦州，据寿昌，分水，桐庐，遂安等县。十八，陷休宁。二十一，
陷歙州。

> 案曾孝蕴，乃是曾公亮的儿子。他以先曾知过歙州。"青溪界至歙州
> 路，皆鸟道萦纡，两旁峭壁万仞，仅通单车。孝蕴以两崖上驻兵防遏，下
> 瞰来路，虽蚍蜉之微，皆可数，贼亦不敢犯境。宋江扰京东，孝蕴移守。
> 掌州者以雾毒为辞，移屯山谷间，州遂陷。"（方勺《泊宅编》）

方腊陷歙州后，婺源、绩溪、祁门、黟县等官吏皆吓逃了，后四天，又陷富
阳、新城，遂离近杭州。王黼这时方铺张太平，关于方腊的事皆不上奏，并且责
备浙西提刑张苑，教他不要张狂生事。至是，淮南发运使陈遘奏说腊众强，官
兵弱，请速调京畿兵，兼程南下。徽宗方大惊，派承宣使谭稹去捕捉睦州青溪
贼，又使威武军承宣使王禀前去节制。但是谭稹逗留不进，方腊遂又陷宣州，
十二月二十九，陷杭州。因为他们痛恨官吏，凡得到的，"必断裔支体，探其肺
肠，或熬以膏油，丛镝乱射"（薛应旂《通鉴》）。于是京城里大怕起来了。恰
好那时因为北征的事，许多陕西劲兵聚在京城，遂尽派往，而以领枢密院事童
贯为江浙淮南等路宣抚使，殿前副都指挥使刘延庆为宣抚司，统制诸路军马，
征讨方腊。方腊至此已乱了两个多月，连陷四州，徽宗方正式的派人征伐，北
宋末的政府的糊涂，于斯可见一斑。

童贯临行的时候，徽宗暗暗的送他，握着他的手说："有不得已者，竟以御
笔行之。"童贯至苏州，大众皆说贼不能平的原故，是由于花石的挠扰，遂使董
耘作手诏罪己，罢苏杭造作局及御前纲运并木石彩色等场，又黜朱勔父子弟侄
的在官者，吴人大悦，方腊的势力所以未能到江北者，或者因为这个缘故。

还有一个缘故，就是因为秀州防御甚力，方腊党羽不易过去。《两浙名贤录》说：

> 方腊来攻秀州，去城南一舍而阵，众号十万。（王）子武白太守……简精锐五百人……启门鼓噪而出。太守后率百姓登陴，雷鼓发喊以助之……贼大骇奔溃。追奔数十里，斩首五千级，筑京观五以表其功。贼遂退据临安，不敢北面以窥江淮者，由于武以孤军遏之之力也。

童贯南下以后，宋师与方腊互相攻守，一面宋师渐渐夺回所失各地，一面方腊党四出攻城。宣和三年正月，方腊陷婺州，又陷衢州。二月，陷旌德县，陷处州，三月，吕师囊屠仙居县，攻台州，不克。在这时期内，宋师却颇有进步。王禀于二月夺回杭州。三月，方党再来攻，王禀等战于城外，斩首五百级，又在桐庐打败他们。关于夺回杭州，《青溪寇轨》说：

> 贼（由秀州）退据杭州。二月七日，前锋至清河堰，贼列阵以待。王师水陆并进，战六日，斩贼二万。十八日，再火官舍学官府库与僧民之居，经夕不绝。翌日宵遁，大军入城。

《宋史·韩世忠传》说：

> 宣和二年，方腊反，江浙震动，调兵四方。世忠以偏将从王渊讨之，次杭州，贼奄至，势张甚，大将惶怖无策。世忠以兵二千，伏北关堰，贼过伏发，众蹂乱。世忠追击，贼败而遁。渊叹曰："真万人敌也！"尽以所随白金赏之，且与订交。

观此则韩世忠不止有擒方腊于帮源洞之功，于攻杭时，战绩也不小了。

三月二十一，王禀等复富阳县。二十二，复新城县。二十四，复桐庐县。二十七，遂夺回睦州。

王禀又分遣刘光世去攻衢、婺。到了衢州，方党万人出城，宋师大捷，生擒贼首郑魔王。四月十二，复龙游县。十八，复婺州。在这个时候，郭仲荀一支兵已夺回上虞县。王禀遂于四月二十，夺回青溪县，愈离近帮源洞了。

"初，童贯与王禀、刘镇两路预约，会于睦、歙间，分兵四围包帮源洞于中，同日进师"（注意，《水浒》内也说宋江、卢俊义分兵为二路：一路打睦州，一路打歙州，即袭此）。至是，王禀已夺回睦州，到了洞前，刘镇于三月十三已打下了歙州，现已来到洞后。童贯"密谕之：克日既定，当纵火为号，见焚燎烟生，则表里夹攻；仍面缚伪囚，上副御笔四围生擒之策。刘镇将中军，杨可世将后军，王涣统领马公道，并裨将赵明、赵许、宋江。既次洞后，而门岭崖壁峭，坎险径危，贼数万据之。刘镇等率劲兵，从间道掩击，夺门岭，斩贼六百余级。是日平旦入洞后，且战且进，鸣镝纵火，焚其庐舍。禀等自洞前望燎烟而进，禀领中军，辛兴宗领前军，杨维中领后军，总裨将王渊、黄迪、刘光弼等与刘镇合围夹攻之。贼二十余万众，腹背抗拒，转战至晚，凶徒糜烂，流血丹地，火其庐万间，王禀以奇兵斩贼五千四十六级，刘镇等兵斩贼五千七百八十余级，生擒四百九十七人，胁从老稚数万计，尽释之，而未得伪酋方腊"（李焘《续资治通鉴长编》）。山上多窟，"诸将莫知所入，王渊裨将韩世忠潜行溪谷，问野妇得径，即挺身杖戈直前，渡险数里，捣其穴，格杀数十人，禽腊以出。辛兴宗领兵截洞口，掠其俘，遂为己功"（陈桱《续通鉴》）。又俘腊妻及亳二太子（腊的太子）方肥等五十二人于石坑内，于是方腊一寇始平。这天是宣和三年四月二十六。

但是这浙东方氏的支党尚炽，又使郭仲荀、刘光世、姚平仲等分路往讨。五月，郭仲荀夺回了嵊县、新昌县。姚平仲打破求日新洞。闰五月，又打破仙居县境四十余洞。方五相公，七佛等众屡次被打败，方党渐衰。六月，"辛兴宗与宋江破贼上苑洞"（《十朝纲要》），姚平仲打破金像等三十余洞，又打败方党于石峡口，吕师囊弃石城逃了，擒得他的太宰吕助等。而吕师囊不久也被擒了。关于这件事，《宋史·杨震传》说：

> 追袭至黄严，贼帅吕师囊扼断头之险，拒守下石，肆击累日不得进。（折）可存问计，震请以轻兵，缘山背上，凭高鼓噪发矢，石贼惊走。已复纵火自卫，震身被重铠，与麾下履火突入，生得师囊，及杀首领三十人。

方腊余党，至是始平，童贯遂于八月得任太师，加楚国公，谭稹也得加节度使。但是应奉局又置设了，朱勔也又得志。

方腊的事迹，现在所能考出的，约略如此。他占据地方之多，诛戮人民之众，不得不说是个大寇。宋江曾随征方腊，《续资治通鉴长编》《北盟汇编》里皆曾提起，而现在《水浒》内（除七十回本外），所说战略，与真正的事迹颇类。

宋江、卢俊义分兵去打睦、歙二州，然后聚攻帮源洞；王禀、刘镇也分下睦、歙二州，会攻帮源洞，不过将宋江、卢俊义放大了，变作元帅而已。《水浒》所说润州、苏州、常州为方腊所据固非事实，然进兵步骤，似亦相仿。童贯先驻镇江，后来往金陵，后又往杭州，是现在记载上明明有的。至于吕师囊、郑魔王（水浒作郑魔君），又实有其人了。照此看来，《水浒》的末十回，征方腊那一部分，却是比较古点的故事。至宋江征方腊以后，得何升赏，记载内却未提及。为童贯所抑，也是可能的事。韩蕲王为辛兴宗夺功，姚平仲为童贯所忌，不得召见，皆是当时的事实，又何必特待宋江呢。

校印《筹办夷务始末》后记

　　《筹办夷务始末》一书，乃集清道光以来对外交涉之档案而成。自道光十六年议禁鸦片始，至同治十三年止，凡上谕、廷寄、章奏，以及往来之照会、书札，均编年纪月按日详载，诚近百年来外交史上之重要材料也。溯自道咸以降，海禁开弛，受帝国主义之侵略，国势陵夷，各种不平等条约相继发生，致国权日丧，国境日蹙，而民生凋敝亦日甚。故我先总理遗嘱中废除不平等条约一语，国人莫不期其早日实现。然欲求实现废除此项不平等条约，必先明了当时订立之历史；则是书之为重要参考材料，不待言矣。民国十四年，办理清室善后委员会点查故宫物品时，初得同治朝一百册于昭仁殿，分装十函；后又得道咸两朝百六十册于景阳宫后殿学诗堂之西间，颇有被蠹鱼损伤处，然黄绫面红丝阑，与同治朝者固同为当时进呈写本也。院中同人即以为重要，屡建影印之议。彼时军阀盘踞北平，文化机关多被摧残，更何足以语此；然同人等之志，则仍待机缘而期其实现也。十五年清室余孽又勾结军阀，思不利于故宫，于是陈援庵、庄思缄两先生先后被宪兵监视，而予亦几被捕。是时执政者对国民党员侦察尤严，乃间道南下。于十六年夏间，在南京丁公馆与吴稚晖师谈及此书，先生亦深以为有印行之价值，乃商议一面由沈兼士先生摄影寄京，一面由稚晖师提议于中央政治会议，在南影印。会清室阴谋得势，故宫被迫改组，而兼士先生去文献馆职，事不果行。北平既克，予乃建议于北平政治分会，筹款三万元交故宫博物院克期影印。而未几分会取消，款亦未能照拨。乃又商诸院长易寅村先生，由本院自行借款着手影印。今者道光一朝业已印毕，咸同两朝亦即陆续出书，至于道光以前及光宣两朝之外交史料则院藏之军机处洋务档奏折档具在，亦将用以编成前编及后编，俾清代外交史料得有全书，其于不平等条约之废除，或者不无小补。至于董理印刷局之交涉，总务处长俞星枢先生之用力居多，例宜记之。

一九三〇年二月

曹雪芹家世新考

　　我写这篇文章是根据故宫懋勤殿所藏的曹氏两代三人，在康熙年间的奏折，并附有圣祖的朱批。按以前的习惯，奏折上去以后，皇帝加上朱批，再由原送折的带回去，但至世宗继位以后，他改了一个新办法，就是奏折送回本人以后，经本人看过了，有朱批者必须仍旧送还给奏事处，并且加了一句，以前圣祖时代的奏折，亦必须将有圣祖朱批者补行退回。这批曹氏奏折，恐怕就是在雍正初年缴上的，另外有李煦的若干奏折亦在懋勤殿中发现。李煦是跟曹寅同时的人，江宁织造、苏州织造两个缺，常是两人互相交换做的。

　　关于我作这篇文章，我在民国二十年旧日记中，亦偶有记载，比如五月初二日的日记："饭后再到院往文献馆看曹寅父子奏折，得材料颇多。寅有女嫁王子，颟其嗣子，而非其生子，加以前所得材料，颇能成一篇曹氏家世新考矣。"又五月初三："早到院看《丰润县志》，乾隆年修，得曹氏材料不少。"又五月初四："早到院做纪念周，看乾隆《丰润县志》，为考曹氏家世也。饭后作《曹雪芹家世新考》。"又初五："早到院，饭后作《曹家世新考》，昨今共作得一至五及第七条。"本篇原刊在《故宫周刊》第八十四期，系民国二十年五月十六日出版。

故宫懋勤殿藏有朱批奏折一小匣，内计曹寅折百十八件，曹颙折十七件，曹頫折四十六件，于曹氏家世颇有足考证者，因合以前年所考诸节，著为此篇，至于各折全文，院中已从《文献丛编》第九辑起，陆续发表，可备阅者参考。

一 曹氏非旗人而是汉人

清入关以前，汉人而从军有功者，多半派入汉军旗内，曹氏即其一也，尤西堂侗与曹寅甚有关系，寅在苏州时常与唱和，集内并有祝寅母之寿序，祝寅之寿诗、寿词，《栋亭赋》《御书赞》《曹公虎邱生祠记》，故西堂之言当可信也。《艮斋倦稿》文第十三卷《松茨诗稿序》：

> 司农曹子荔轩与予为忘年交，其诗苍凉沉郁，自成一家，今致乃兄冲谷薄游吴门，因得读其《松茨诗稿》，则又体气高妙，有异人者，信乎兄弟擅场，皆邺下之后劲也，予既交冲谷，知为丰润人。

观此则知寅与河北丰润之曹冲谷为同族弟兄也。

冲谷名鋐，贡生、理藩院知事，其父名鼎望，顺治己亥进士，历任新安、广信、凤翔知府，即西堂序中所称冠五太史者也。曹氏为丰润望族，且多擅诗文者，鼎望有《新安集》《楚游集》；鋐有《雪窗诗集》；长兄钊，字靖远，有《额毚集》；仲兄鈖，字宾及，有《瘿庵集》《黄山纪游》《扈从东巡纪略》《笔涛养正图》《图绘宝鉴续纂》。今据光绪《畿辅通志》、乾隆《丰润县志》而得其世系如下：

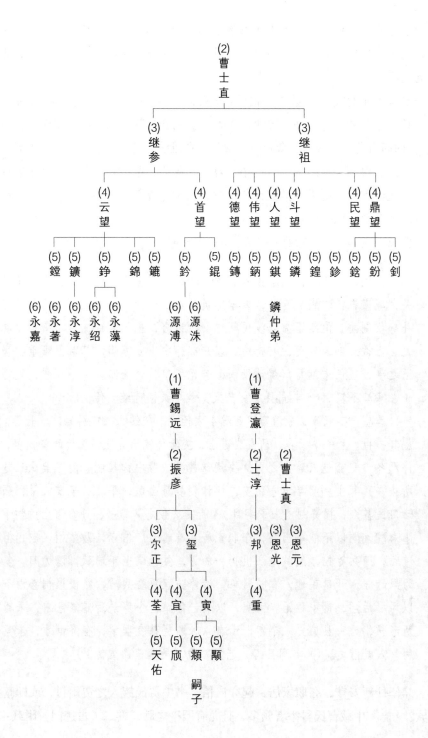

士直、士真、士淳，志内虽未明言是否兄弟行，然《曹继参传》及《曹邦传》皆谓为邑人咸宁里人，而直与真之名既相近，士直字和石、士真字金石，则为弟兄无疑义。

鼎望弟兄七人，（《县志》载《吴慎曹鼎望传》）而见于《志》者只六。

鉁、鍠、鳞、錤、锅、源溥、永著，虽无从知其支派，然比附得其行辈。《志》内尚有曹牧、曹潜、曹重辉、曹采、曹维法、曹司弼、曹思敬、曹杲、曹溁、曹涉、曹淑、曹志彬、曹衍裕、曹闾、曹英、曹子安、曹远、远子宗礼、曹元、元子秉和，则无从推其行辈，封赠门又有曹邦彦从子森贵一条，邦彦或与寅之祖振彦为兄弟行耶？

曹氏于康熙年间任知府者二人：（一）首望，（二）鼎望。

> 首望，字统六，以恩拔入成均，考授中书舍人，转户部主事，差榷芜关，廉谨自持。康熙丙午，以本部员外典试广西，榜发，士论佥然。寻升礼部仪制司，值廷臣有以改民间妇女妆请者，上下其议，首望请当事奏寝之。再擢工部通惠河，有奇绩。以户部郎中出守苏州，苏赋役烦重，当天下之半，莅任未期月，赋清役简，若无所事，致仕归。足不窥户，延师课子，寒燠不辍。（《丰润县志·艺文》载《吴慎曹继参传》）

> 鼎望，字冠五，号澹斋，曹继参之侄也。父继祖，官别驾，举七子，鼎望其一也。甲午举于乡，己亥成进士，授翰林院庶吉士，既而改授秋曹，请停严冬遣犯豁逃人连坐之冤，决疑狱甚多，曹中称其能。丙午典试三楚，所拔多孤寒士。明年出守新安，协计剿婺源山贼，平之。辛亥大旱，赈粥活饥民甚众，损资刻《朱子纲目》《新安文献志》等书，日召诸生讲学于紫阳书院，嗣以不能事当路，夺职家居。旋起为广信守，乃整顿残破，招复流亡，请兵筹饷，剿贼寇江机杨一豹等，复乞蠲七年逋赋，以忧归。复起为凤翔守，开垦芜地，宽减科条，请停防汉更番兵马，修横渠祠喜雨亭，以风励后学，郡中称治。丙寅，以老乞休。邑令罗景泐嘱修邑乘，采辑多所考核，为一县信史，卒年七十有六。鼎望精究理学，有济世才，未竟其用，人咸惜之。（《丰润县志·艺文》载《吴慎曹鼎望传》）

鼎望仕新安守，夺职家居，起守广信，书中贾氏族人之贾雨村，或即暗指此欤？《志》中载曹氏科举者颇多，且尤有园亭之胜，卷二《古迹门》附载：

> 冷心亭，在城外西南隅，故苏州太守曹首望别业，……今废。
>
> 近林亭，在西关外，故州司马曹云望别业，……今废。
>
> 松茨，在东关，故徽州太守曹鼎望别业，有西松，因以为名，今废为菜圃。
>
> 小辋川，在县西南，亦曹氏别业。

以上园亭至乾隆修《志》时已荒废，则其盛衰之速，亦不亚于雪芹支矣！

曹寅以外，丰润曹氏仍有入旗籍者，《县志》卷五《人物传》：

> 曹邦，字仔清，咸宁里人，明崇祯二年随清兵出口，及定鼎后，占籍正红旗，从征屡建奇勋。顺治十年，授吏部他赤哈哈番，旋擢户部启心郎。左迁湖广慈利令，再迁直隶阜城令，乞养归里。

曹寅实系丰润人而占籍汉军，观此更无疑义矣。

二　曹玺及曹寅之妻

曹玺之妻姓孙氏，《艮斋倦稿》文卷四，《曹太夫人六十寿序》：

> 曹母孙太夫人者，司空完璧先生之令妻，而农部子清、侍卫子猷，两君之寿母也。于今辛未腊月朔日，年登六袠，敝邑诸大夫共酌大斗为祝。

孙氏于丰润为大姓，《志》中载有康熙进士孙濯，乾隆进士孙穆、孙镳，选举门又有孙兆麒、孙郁文、孙潢、孙嗣昌、孙因、孙隆英、孙世億、孙志礼、孙寅、孙寯、孙宓。曹玺妻里系虽不可知，或亦其同乡欤？

又康熙四十五年八月初四曹寅折：

> 惟是臣母冬期营葬，须臣料理，伏乞圣恩准假，容臣办完水陆二运及各院司差务，捧接敕印，由陆路暂归，少尽下贱乌哺之私。

此虽不足证明孙氏之卒即于是年，但旗人惯例速葬，寅虽汉人，而受旗人化者，恐亦不至久停始葬，则孙氏之卒，前此当不甚远。康熙四十五年上去辛未十五年，孙之寿约亦七十四五矣。曹寅之妻姓李氏，即李煦之姊妹行，康熙五十四年三月初七曹頫折：

> 奴才母在江宁，伏蒙万岁天高地厚洪恩，将奴才承嗣袭职，保全家口，奴才母李氏闻命之下，感激痛哭，率领阖家老幼，望阙叩头，随于二月十六日赴京，恭谢天恩，行至滁州地方，伏闻万岁谕旨，不必来京，奴才母谨遵旨，仍回江宁。

同折尾又云：

> 本月初二，奴才母舅李煦前来传宣圣旨。

但李氏非煦的胞姊妹，李煦父李士桢墓志内只言一女，适周承诏佐领，而无曹寅名，俗例称母之堂弟兄，从堂弟兄，亦曰舅，曹頫盖从习惯呼之也。

三　曹寅之子颙及其嗣子頫

曹寅只一子曹颙，曹頫则其过继之子也。康熙四十八年二月初八曹寅折：

> 臣有一子，今年即令上京当差，送女同往，而臣男女之事毕矣。

康熙五十一年九月初四曹连生折：

> 奴才年当弱冠，正犬马効力之秋，又蒙皇恩，怜念先臣止生奴才一人，俾携任所教养，岂意父子聚首之余，即有死生永别之惨，乃得送终亲殓者，皆出圣主之赐也。

曹寅尚有子珍儿，早夭，故不数，两折皆云只一人也。连生曹颙小名，故康熙五十二年正月初三曹颙折内云："复奉特旨，改唤奴才曹颙学名。"

康熙五十一年八日二十七日，江西巡抚郎廷极奏报曹寅病故于扬州府书馆，江宁士民并机户等恳请以其子曹颙仍为织造，曹寅病卒，当稍前于此。曹颙继承织造职，并加授主事职衔，遂于康熙五十二年二月初二抵江宁任（见正月初三折，折中谓二月初二日抵江宁莅任，而折尾日期作正月初三，必有一误），卒于康熙五十四年正二月间（参考上引康熙五十四年曹頫折）。

曹颙既死，其妻怀孕，生男女尚不可知（见下），故以頫为寅嗣。故曹頫一折云："伏蒙万岁天高地厚洪恩，将奴才承嗣袭职。"又一折云："奴才自幼，蒙故父曹寅带在江南，抚养长大，今复荷蒙天高地厚洪恩，俾令承嗣父职。"不只曰袭职，且曰承嗣，并曰蒙恩，则为奉旨过继，而非寅之生子明矣。语句之间，又似养子，而非寅侄，曹頫任织造时，方弱冠，頫称頔为兄。康熙批朱内并谓为无知小孩，（见下）则其年亦不过二十余。曹頫于康熙五十四年三月初六接任（三月初七折），至雍正六年正二月罢（见下）。

四 曹頔之妻及其遗腹子

康熙五十四年三月初七曹頫折：

> 奴才之嫂马氏，现因怀妊孕已及七月，恐长途劳顿，未得北上奔丧，将来倘幸而生男，则奴才之兄嗣有在矣。

观此则曹頔死于北方，而不在江宁，或当时适召入京耶？其妻马氏，怀妊已七月，则其遗腹当生于五六月间，康熙五十四年下去乾隆二十七年，凡四十七年，若其遗腹系男子，证以敦诚诗"四十年华付杳冥"句，或即雪芹耶？且《红楼梦》中人物：贾兰系遗腹子，而宝玉出家，亦有遗腹子，则此种推测，虽近于武断，然不为无理矣。

五 曹寅之女

曹寅一女，嫁于镶红旗王子，康熙四十五年八月初四曹寅折：

> 今年正月，太监梁九功传旨，著臣妻于八月船上奉○（原空一格）女北上，……窃思王子婚礼，已蒙恩命尚之杰备办，……

是其女之嫁王子，乃康熙指婚。同年十二月初五折：

> 前月二十六日，王子已经迎娶福金过门，上赖皇恩，诸事平顺，并无缺误，随于本日重蒙赐宴，九族普沾。

结婚以后，女并生有世子，康熙四十七年七月初五折：

> 臣接家信，知镶红旗王子已育世子，过蒙圣恩优渥，皇上覆载生成之德，不知何幸躬逢值此，臣全家闻信，惟有设案焚香，叩首仰祝而已，所有应备金银、缎疋、鞍马、摇车等物，已经照例送讫。

寅又为之置房屋田产，康熙四十八年二月初八折：

> 臣愚以为皇上左右侍卫，朝夕出入，住家恐其稍远，拟于东华门外置房移居臣婿，并置庄田奴仆，为永久之计。

观此，则贾元春实有其人，曹氏虽无贵妃，然有王子福金矣。

六 曹寅之弟、侄及甥

曹寅之弟侄见于折内者，有其弟宜（康熙四十七年四月初三曹寅折），及其侄颀（康熙五十一年曹连生折），曹𫖮称颀为堂兄，则长于𫖮可知。

其甥名昌龄，刑部尚书傅鼐长子，仕至学士，栋亭藏书多归于彼。予去年在南京购得叶焕彬丈所藏《唐类函》，上有"曹氏栋亭藏书"，及"长白敷槎董斋昌龄图书"二章。叶鞠常丈著《藏书记事诗》卷五有诗咏昌龄，并引李南涧《琉璃厂书肆记》：

> 延庆堂刘氏，夏间从内城买书数十部，每部有曹栋亭印，又有长白敷槎氏董斋图书记，盖本曹氏物而归于昌龄，昌龄官至学士，栋亭之甥也。

袁枚《小仓山房文集》卷二，《刑部尚书富察公碑》内载子三人，长即昌龄，次科占，次查纳，而未载其夫人姓氏，昌龄为甥之关系，尚待考。

七 曹氏与圣祖之密切

曹氏与圣祖关系，可谓甚为密切，曹寅在江苏地方，大小事件，苟有所闻，必立奏闻，观熊赐履及科场案两事可知（原折载文献丛编第九辑），康熙五十七年六月初二曹頫奏折尾康熙批：

> 朕安，尔虽无知小孩，但所关非细，念尔父出力年久，故特恩至此，
> 虽不管地方之事，亦可以所闻大小事，照尔父密密奏闻，是与非朕自有洞
> 鉴，就是笑话也罢，叫老主子笑笑也好。

当时曹寅的密折，决不止现在所存者，必甚多也。有时圣祖并且问他的家事，
康熙五十四年批问："你家中大小事为何不奏闻？"他们的密切，真像家人了。

八　曹寅及曹頫的亏累

曹寅卒后，公项的亏空，共有五十四万九千六百余两，所以圣祖令李煦代
任盐差一年，以便还清。康熙五十二年十一月十三日曹颙折：

> 今李煦代任盐差已满，计所得余银共五十八万六千两零，所有织造各项
> 钱粮，及代商完欠，李煦与奴才眼同俱已解补清完，共五十四万九千六百
> 余两。

所余之三万六千余两，曹颙曾进呈圣祖，同年十二月廿五折尾批：

> 当日曹寅在日，惟恐亏空银两不能完，近身没之后，得以清了，此母子
> 一家之幸。余剩之银，尔常留心，况织造费用不少，家中私债想是还有。
> 朕只要六千两养马。

公债以外尚有私债，所以曹頫折内亦云：

> 幸蒙万岁天恩，赏了曹颙三万银子，才将私债还完了。

曹頫亏累见于隋赫德折：

> 再查织造衙门钱粮，除在机缎纱外，尚亏空雍正五年上用、官用缎纱，
> 并户部缎疋，及制帛诰敕料工等项银三万一千余两。

亏累原因当然是"差事甚多"，"费用不少"，进贡正项以外，刻书要钱，造瓷
造法瑯要钱，圣祖左右亦假名要各种物品，所以圣祖说：

近来你家差事甚多，如磁器法瑯之类，先还有旨意，件数到京之后，送至御前览完才烧，法瑯今不知骗了多少，磁器朕总不知。已后非上传旨意，尔即当密折内声明奏闻，倘瞒着不奏，后来事发，恐尔当不起，一体得罪，悔之莫及矣。即有别样差使，亦是如此。（康熙五十九年二月初二曹寅折批）

织造虽然进项不少，如此用钱，安能不亏累！

九　曹氏之产业

曹氏产业之见于折内有二处：

（一）曹頫折

江宁织造主事奴才曹頫跪奏，恭请万岁圣安。七月十四日，奴才家奴赍捧折子回南，蒙御批："家中大小事为何不奏闻？"钦此。奴才跪读之下，不胜惶悚恐惧，感激涕零。窃奴才自幼蒙故父曹寅带在江南，抚养长大，今复荷蒙天高地厚洪恩，俾令承嗣父职。奴才到任以来，亦曾细为查检，所有遗存产业，惟京中住房二所，外城鲜鱼口房一所，通州典地六百亩，张家湾当铺一所，本银七千两，江南含山县田二百余亩，芜湖县田一百余亩，扬州旧房一所，此外并无买卖积蓄，奴才问母亲及家下管事人等，皆云，奴才父亲在日，费用很多，不能顾家，此田产数目，奴才哥哥曹颙曾在主子跟前面奏过的，幸蒙万岁天恩，赏了曹颙三万银子，才将私债还完了等语。奴才到任后，理宜即为奏闻，因事属猥屑，不敢轻率。今蒙天恩垂及，谨据实启奏，奴才若少有欺隐，难逃万岁圣鉴，倘一经察出，奴才虽粉身碎骨，不足以蔽辜矣，奴才不胜惶恐感戴之至。康熙五十四年七月十六日。

此曹頫初任时曹氏产业情况，至曹頫罢后，其产业则约见隋赫德折。

（二）隋赫德折

江宁织造郎中奴才隋赫德跪奏，为感沐天恩，据实奏闻，仰祈圣鉴事。窃奴才荷蒙皇上天高地厚洪恩，特命管理江宁织造，于未到之先，总督范时绎已将曹頫家管事数人拿去，夹讯监禁，所有房产什物，一并查清，造册封固，及奴才到后，细查其房屋并家人住房十三处，共计四百八十三间，地八处，共十九顷零六十七亩，家人大小男女共一百十四口，余则桌椅床机旧衣零星等件，及当票百余张外，并无别项，与总督所查册内仿佛，又家人供出外有所欠曹頫银，连本利共计三万二千余两，奴才即将欠户询问明白，皆承应偿还。再曹頫所有田产房屋人口等项，奴才荷蒙皇上浩荡天恩，特加赏赉，宠荣已极。……

随园即隋赫德之园，想系所赏曹氏房产之一部，袁枚谓大观园即随园，不为无征矣。

十　曹頫之末路

曹頫之罢免，系由亏累而抄家，抑系死后而抄家，详情尚不可知，但隋赫德折谓范时绎将曹頫家管事数人拿去夹讯监禁，所有房屋什物，一并查清，造册封固，则为抄家无疑。但谓讯其家人，而不谓讯頫，又折尾云："曹頫家属，蒙恩谕少留房屋以资养赡，今其家属不久回京，奴才应将在京房屋人口，酌量拨给"，只云家属而不云頫，頫当系前卒，否则至少亦如贾赦之充军矣。

曹氏抄家只因亏累，抑尚有其他因，现尚无从推测，有一奇事，则隋赫德奏曹頫代塞思黑藏狮是也：

江宁织造郎中奴才隋赫德跪奏，为查明藏贮遗迹，奏闻请旨事。窃奴才查得江宁织造衙门左侧万寿庵内，有藏贮镀金狮子一对，本身连座共高五尺六寸。奴才细查原由，系塞思黑于康熙五十五年遣护卫常德到江宁铸就，后因铸得不好，交与曹頫，寄顿庙中。今奴才查出，不知原铸何意，并不敢隐匿。谨具折奏闻，或送京呈览，或当地毁销，均乞圣裁，以便遵行，奴才不胜惶悚仰切之至，谨奏。雍正六年七月初三日。

塞思黑弟兄等案牵连甚众，曹頫而代其藏金狮，曹氏或者为塞思黑党，则受宠四代之织造，忽然抄家，亦不为无因也。

十一　曹氏之亲戚李煦

李煦亦山东人而占旗籍者。《碑传集》卷六载杜臻《广东巡抚李士桢墓志》：

> 公本姜姓，世居东莱之都昌。……壬午从龙辽左，继正白旗佐领西泉李公，即以李为氏。……子六人，长煦，文氏出，前内阁中书，随征，补广东韶州知府，改补浙江宁波府知府，今授督理苏州织造府事。次耀，陈氏出，原任贵州贵阳府修文县知县。次炘，现任内务府会计司员外郎。次灿，候选知县，俱王夫人出。次炆，白氏出，分理畅春园事。次炜，候选州同，女一，王夫人出，适周承诏佐领。孙男十五人。

煦又曾任畅春苑总管（《张贞朱宏祚行状》），灿后任两淮盐运道（康熙四十三年十一月二十日曹寅折）。

述也是园旧藏古今杂剧跋

《古今杂剧》既出，郑西谛先生为跋登于《文学集林》，孙子书先生更为专文论之。但关于藏是书者季振宜、赵宗建两人，尚有若干事迹未曾道及而有俟于补充者，因跋于孙氏书后。

季沧苇之两任谏官

季氏之任台谏实前后两次，中间曾经罢官。子书先生误以为一次，故对康熙九年之《请免扬州河工科派疏》无法解释。《清史稿》（列传卷三一）《季振宜传》著者亦未明悉其两任，遂将前后各奏联书之。顺治中各奏以下，即接书康熙者，而不标明康熙年字样，似其任职皆在顺治年间，尤足奇也。幸而敝藏季沧苇日记，足证明季氏之两任台谏，并间足以考证其罢官复任之年月。康熙九十两年间，季氏曾三次阅《资治通鉴》，随手将所见闻日记于各卷末，此真研究季氏之无上材料也。

关于其罢官有一段若下：

> 康熙十年二月十六日：季振宜阅第二次。是日以真定梁清标补刑部尚书。公以康熙六年大察革职归田里，中间患难厚经殆无所不至。有人赠公诗"林下风波及大臣"之句，最可叹也。六年大察，不由八法竟奉旨处分者，梁公，石侍郎申及余，才三人耳。

由末句可知季振宜与梁、石两人同于康熙六年革职。据《东华录》梁、石之革职在康熙六年三月，则季氏亦必相同。据钱遵王集中之《季沧苇侍御休沐归里诗》及季氏《钱注杜诗·序》，季振宜曾于康熙五年请假归里。但至康熙六年夏延钱曾渡江时，则已罢官而非请假矣。

季振宜之复任在何时，日记中固无明文，我以为其复职在康熙八年，而其补缺在八年或九年也。《东华录》康熙八年七月记有吏部会同议政王贝勒大臣议祁彻白等呈文一事。据祁彻白等称为鳌拜所嫉，于康熙六年无故解任降级，实为冤枉。经议奏上后，谕或复降级或俟补用不等。盖康熙六年三月时鳌拜方擅政，至八年五月鳌拜被诛后，圣祖尽革其所措施，故诸人遂求平反也。祁彻白等上呈之人皆满官，彼等既开复，于是牵及同时被革诸汉官问题，故康熙八年八月上谕：

> 前京察处分满尚书侍郎等因无事故被革，俱给还原官，令其候补。今思满汉诸臣被革相同，朕原无异视，应一体加恩。

于是吏部奏礼部尚书梁清标、刑部左侍郎石申均系京察无故被革，应复原职。上谕照准。季振宜既与梁、石同革，其复职当亦与略同时。

季沧苇日记始于康熙九年七月，是时已重任给谏，则其补缺必在九年七月以前，八年八月以后也。日记迄于康熙十年八月，至少彼时季氏仍任谏官。

季振宜之两任御史时间现可显知若下：第一次由顺治十五年至康熙六年，第二次由康熙八年或九年至康熙十年以后。

赵宗建之生卒年月

常熟翁氏与赵氏的关系由来已久。他们既同是常熟人，而翁文恭之父文端心存又曾授馆于赵氏。《翁文恭日记》第一册开首即提赵氏弟兄：

> 送行者赵价人次侯兄弟，徐仲恬季和兄弟也。

时咸丰八年七月初六日，翁文恭方副潘文勤祖荫往陕西典试也。

以后《翁记》中常见赵氏弟兄名字。同治间赵价人与翁皆在北京，往来极频繁。及文恭于光绪二十四年返里，与赵次侯又常往来，以碑帖互相质赏。此为翁赵往来极勤的两时期。其间异地相处亦间以书札往来，现在《日记》中皆可考见。据这些翁所记赵氏事当极确实，足为良好史料。方赵宗建卒，翁文恭曾为撰墓铭：

> 赵坡生来为求其尊人撰墓志。（光绪二十六年闰八月十五日。翁记）

　　赵补笙以蝯叟册赠，意欲墓志之，兼欲余书也。题诗还之。（光绪二十七年五月二十二日）

　　拟次公墓铭，未惬。（同上，七月二十二日）

　　别撰赵次公墓志。（光绪二十八年二月初九日）

　　晚，赵坡生来谢次公墓铭。（同上，二月二十二日）

现翁撰赵墓志既尚未见刊本，幸日记中对赵氏卒年所载甚明。光绪二十六年五月二十六日日记：

　　晨，遣问次公病，则于卯刻长逝矣，为之一涕。

赵次矦的年岁，《翁记》未题及，但由《翁记》间接证据可以算出。《翁记》第三十八册：

　　光绪二十五年，六月初十日。晴，有风。未明起。是日约吴儒钦赵次公姚湘渔药龛和尚过我山居。已初先后（至），因看《长江万里图》卷，欢吴移时。五人综计三百七十四岁矣，谁欤画五老图耶？

赖由《翁记》他处可以查出赵以外四人的年岁，所记若下：

　　吴儒卿来，年八十二矣。（光绪二十四年五月二十三日）

　　夜，药龛为法师，登坛。余设杯酒延之。药师年七十八，久不轻出矣。（光绪二十八年九月十五日）

　　湘渔为先公门下士，今七十三。（光绪二十四年六月十九日）

据此，吴儒卿于光绪二十四年年八十二，则二十五年年八十三；姚湘渔于同年七十三，则二十五年年七十四；药龛于光绪二十八年年七十八，则二十五年年七十五。翁文恭于光绪二十五年年七十。总计四人共三百零二岁。以此与五人合计之三百七十四岁相差，恰得七十二岁，即赵次矦于光绪二十五年年七十二岁也。光绪二十六年次矦卒时，年七十三岁。上溯其生在道光八年。

　　《翁记》更有两处题及次矦生日，即：

　　次公生日。（光绪二十四年七月初五日）

　　次公偕一客萧子钦来谈。伊今日生朝也，款以面。（光绪二十五年七月初五日）

据此及以上诸记，赵次侯之生卒年月已大明：即彼生于道光八年七月初五日，而卒于光绪二十六年五月二十六日也（一八二七——一九〇〇）。孙子书先生书中表所假设之一八二七？——一九〇一？只卒年少误，生年则洽吻合也。

旧山楼

旧山楼确系赵宗建楼名，但其始建则非由宗建。《翁记》：

> 是夜，往赵次侯旧山楼下，此屋先公馆赵氏时授书之所也。今七十六年矣，不肖子犹得以白发残年，仰瞻遗迹，亦幸事也。庭前菩提一树，老桂一株，尚是旧物。次侯以疏笋饷余，价人及其子君默在座。剧谈，观字画，极乐。次侯特设一木榻，香烟茗碗极精。次侯所住曰梅颠阁，与旧山楼相属。阁小而窗棂面面皆有趣。（光绪十五年八月二十七日）
>
> 访次公，坐旧山楼下，一室之中旷如也。（光绪二十四年六月初二日）

第一条所记明谓翁文端公在旧山楼授书，距光绪十五年已七十六年，上溯得嘉庆十九年，距赵宗建之生道光八年早十四年，绝非宗建所能建，想其祖若父时已存在矣。子书先生据旧山楼记以为"旧山楼即宗建所庀"（上篇，32页），似尚有小误。

赵氏尚有半亩园，曾两见于翁记：

> 诣次公处，过其半亩园，徘徊良久。（光绪二十四年六月十五日）
> 慰次公失孙，晤于半亩园，甚难为情。（同上，八月廿七日）

疑即旧山楼之园也。

赵宗德及其子侄

翁记中赵价人屡见，价人即宗德字，宗建之兄也。价人次侯同见于上引咸丰八年七月《日记》，厥后，《翁记》北京各事只见价人，不见次侯，宗建当于咸丰八年回南，而宗德独留京也。宗德与翁氏弟兄过从极频，过年时文恭尝博于其家。至光绪中《翁记》于北京不载宗德，则其于同治末已回南矣。至光绪十五年文恭请假回里，记中重见价人，与次疾偕。宗德能画，见于《翁记者》如：

又题赵价人摹渐江画册七古一首。（光绪二十六年二月二十三日）

题赵价人画册，为其弟五女周儒人所藏者也。

宗德外《翁记》尚提及其子君修、君默，及宗建子坡生、补笙。君修不知其名，君修其字，举人，曾屡往京会试，君默名仲简，见光绪廿七年十月廿六日翁记：

晚，赵君默仲简价人子，从嘉兴来见，长谈。

一九四三年三月补记

君位由女性转变至男性的途径

在这篇论文中，我并不想研究母系社会中如舅传甥，兄终弟及等诸传位的问题，只想讨论在若干地方君位由女性演变到男性的过渡途径。

一

女君在中国极古之世，似曾存在过。而在现代初民社会中，尤不乏实例。中国古代的传说，女娲即曾继伏羲为帝。

> "女娲之笙簧"。(《礼记·明堂位》) 郑注："女娲、三皇，承宓羲者。"
>
> "俗图女娲之像为妇人之形，殆谓女娲古妇帝王者也。"(《论衡·顺鼓篇》)
>
> "古之国君，造簧作笙，礼物未就，轩辕篡成。或曰二皇，人首蛇形，神化七十，何德之灵！"(曹植《女娲赞》)
>
> "女娲，古神女而帝者。"(《大荒西经》注)
>
> "女娲，风姓也。一号女希，是谓女皇。"(《帝王世纪》)

据以上各种传说，女娲是极古时代的一位女王。或有人反对此说，以为系一种神话，而非史实。但我们不难想到神话若不以风俗为根据，就无从创造。纵令女娲之名不合，或其时代更前，然由此神话中，也能窥见中国远古曾经有过女王的事实。如果自远古就只有男王，而绝无女王，则造神话的人必无法想象出女王之女娲，且亦何必强造此不合后世社会的神话？况《汉书·律历志》说：

> （张）寿王言化益为天子代禹，骊山女亦为天子，在殷周间。

我颇怀疑骊山女即后世相传的西王母：西王母曰王，亦当是一位女君。此外，东汉末年，日本也曾有女王出现。《后汉书·东夷列传》：

> 桓灵间，倭国大乱，更相攻伐，历年无主。有一女子名曰卑弥呼，年长不嫁，事鬼神道，能以妖惑众，于是共立为王。

在近代的初民社会中，这种现象尤属屡见。在非洲的 Angola 王国，也常有女王统治的现象，该地人民至今尚能记忆到七位女王的称号。最后一位女王并曾因葡萄牙人的侵略，对之作激烈的反抗战争。黄金海岸的 Fanti 人，最近也曾经有过一位女王。在 Uganda 北端的 Latuka 地方，有一位女王，其在位年代甚久。在非洲中东部的 Mpororo 国，两位极有权威的女王曾经统治其国多年。此外，非洲的 Agonna 国在前世纪开端，也曾被一位女王所统治。又在非洲刚果（Congo），未被比国人占据以前，国中分为若干省，常有女子被任命为总督，管理一省的事务；其中一省称为 Matamba 的，后来独立成一国，也曾有过一位女王（蒲立浮著《母亲》Briffault，Mothers，第三册 28—29 页）。蒲立浮结论说："据说在极古非洲的王国里，没有男性的国王，他们相信由女神统治而由主教代表她们来管理。"观以上他所引用的民族学材料，在最近时期，非洲尚有五处有过女王，而且 Angola 王国，其国人至今尚能列举七位女王的称号，足见此非偶然之事；而刚果以女子管理一省的事务，犹如女诸侯，亦即等于次级的女王。在玻里尼西亚的 Huahine 岛中，也有过女王（爱里斯著《玻里尼西亚研究》，W·Ellis，Polynesian Researches 第三册 99 等页）。

王位在若干地方虽曾由女性担任，但其后多转为男性。这种演变有几种途径可循。现在先言第一种途径。

二

王位由女性演变到男性的途径，是王位由女王而传，但事实上执掌王权者为女王之夫亦即前王之婿。这种制度在古代希腊曾经实行过。弗来则（J. G. Frazer）曾搜集过若干材料。兹为简单而明了起见，将之改编为表，并附说明于后。号数以示世次，世次线上为人名，下为所王之国名或地名。

表一

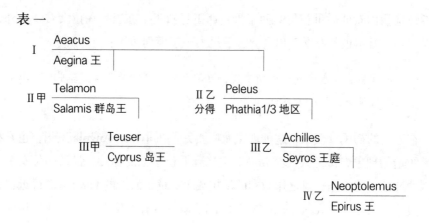

对于Ⅱ甲，Ⅱ乙，Ⅲ甲我们确知他们不仅在该地为王，且与前王之女结婚。至于Ⅲ乙，确曾与王女结婚，且生有子女；但是否继前王之位，史无明征。Ⅳ乙为该地新王朝的始祖，则其与前王之女结婚，殆无疑问。

表二

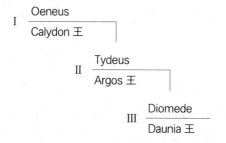

Ⅱ与当地王女结婚。Ⅲ与当地王女结婚，但所分得的国土只有一半。

表三

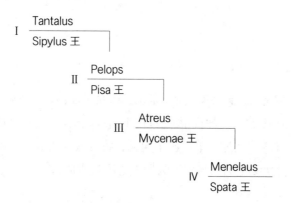

我们现在知道 II 与 IV 确曾与当地王女结婚而后继承王位（弗莱则著《金枝》，J. G. Frazer，Golden Bough，第一卷，下册，278—280 页）。

在以上三表中我们可以看出，王子皆不在其父国为王而反适异国。王位由王女以传，其夫多是异邦王子，王位虽仍由女性以传，但王权则已渐转移至男性的女夫身上。斯堪的那维亚及古代苏格兰的皮克特人（Picts）皆曾有同类的现象。

不传于子而传于婿，在中国古代亦曾有之，尧舜的相承即系其例。因当时的王位，应由尧之二女相传，故舜必须先娶得二女方能取得王权。娥皇之称皇，似亦可作为王位属于女性的旁证。希腊古时，也有王子因杀人而逃亡他邦，故王不得不传位于婿的传说，殆为后世父系社会对母系社会现象的解释，和我国旧有丹朱不肖的传说，皆非古史之真象。

三

王位由女性传到男性的另一途径，就是南美洲古代秘鲁和古代埃及与现代非洲若干国所用的方法。秘鲁的因加（Lnca）人，其初王位既不由王子继承，也不由王的外甥继承，而是传之于王后之子。王后称之为 Mama-Ccoya，意即王团之母。其后一方面虽仍遵守旧章，但另一方面后之子也不能夺去王子的继承权。为调和此两种不能并存的条件，则只有出于王子与其姊妹结婚之一途，于是因加人乃形成王朝乱伦（Dynastic Incest）的现象，但这无疑是调和父系继承与较早的母系继承之唯一妙法。同样的方法，也实行于布哥达（Bogota）国王的王位继承（蒲立浮著《母亲》，第三册，第 26 页）。

在古代埃及的王族，兄弟与姊妹互婚，由最古王朝以至于被罗马征服时为止，皆曾实行。在埃及人的眼中，兄弟与姊妹互婚，是最完美的婚姻。若结婚者的祖父母及父母也属于兄弟姊妹，则其婚姻可达到极神圣的地位。不只王族如此，即神与平民亦复如此。在罗马征服埃及以后，此类婚姻，尚曾实行，而彼时罗马早已进入父系社会，可见这种婚姻，实为埃及所固有，而非受罗马人的影响。这类婚姻，盖为欲保存王位或财产不致旁落而成，故埃及最崇敬的神 Osirls 与他的姊妹 Isis 女神结婚，想亦以埃及王朝的历史为蓝本，而非强造出的神话（弗来则著《金枝》，第四卷，第二册，214—217 页）。

穆锐女士（Miss Margaret Murray）对此也有深密的研究。她列举埃及新王朝的八位王后，以及 Ptolemaic 王朝的若干代以证明埃及王曾娶姊妹为后，当王后卒时，为维持国王的地位，他就将王后的女继承人，娶为新王后，故常发生娶己女为后的现象。一直到埃及的最后一位王后克娄巴第六（Cleoparta），为罗马所战胜，而凯撒之所以娶她为后，也因由此可以攫取埃及的王位（穆锐女士著《国王婚娶与母系》Miss Margaret Murray，Royal marriages am Matrilineal descent，J. A. I. Vol. XLV）。

巴刚达王国在非洲中部维多利亚湖的西北，行专制政体而兼有封建制度的遗痕，其国在般图（Bantu）人种中处最高文化地位。人民善于制陶器、木器、金属制品、皮革制品以及修建房屋和公路。国中分为十道，每道各有总管，由国王任命。其下置有次级官吏，由国王任命后受总管的指挥。人民对国王必须纳贡赋，服劳役。

虽然政治有如此高度集权的现象，但仍保存若干初民的习俗，譬如王族行内婚制，即其中之一。

巴刚达（Baganda，或称乌干达 Uganda）人，民间属于父系，然其王室则属母系（罗斯克著《廿五年在东非洲》J·Rocsoe，Twenty Five Years in East Africa 161—163 页）。民间行外婚制，而其王室则与秘鲁相同，行内婚制。王的正式结婚典礼在即位后举行。在此以前，他虽然可能已有若干夫人，但皆属于其他各图腾团的平民；而其正式结婚的王后必须是其父之女，换句话说，王后必须是一位公主，或可能时，是他的同父异母姊妹。王后有她自己的宫庭，其宫庭距离王宫不远，其间隔以小河。她与王同拥有"Kabaka"的称号，其意为王。"Kabaka"既非阳性，亦非阴性；而属于中性。王、王后、太后以及王的生母，皆有是称。除王后以外，王又可将其余的姊妹列入后宫，但不须举行典礼。其余的公主皆不许结婚或生育，违犯者处以死刑（同上书 167—169 页）。王后也不得生育，因此嗣王必是群妃所生。

巴刚达国王的葬礼与常人不同。"火灭了"是国王逝世的称谓，而"死"字则为国人所忌讳。他们认为王并没有死，只是回到他祖先的世界去。若干人被指定殉葬，殉葬者全是国王生前曾为之服役者，死后他们仍须服侍国王；其中有男有女，此外尚包括许多奴隶。他们认为国王死后即变成神，所以他不再降生；但其余平民则相信转世之说，与王不同。殉葬以外的若干国王的旧吏，包括其近侍以及各省的总管，皆被新王撤换，迁居于旧王陵庙之旁，各得田园一小区；旧后也从旧后宫中迁出，移居于陵庙旁新建的后宫中，管理旧王时代所有的随员及官吏以及侍奉王陵的群妃。旧后死了以后，新王另任命一位与旧后同辈的公主以继承其职务，代前后统领旧王之群僚。同样，在庙中居住的群妃若有死者，也由死者的图腾团另遣一女子继任其职务，以侍奉前王。前王的侍从和前王所任命的各省的总管，如有人病卒，死者的图腾团也须另派一人以接任死者的职务。前王群妃设获得其图腾团的允许而由其图腾团另遣一人以代替其职务时，亦可重婚（同上书149—150页）。

观王即位之初必须与其姊妹之一结婚，则王位实由王女以传，与之结婚方能取得王权。况王后之称"Kabaka"与王同，尤其明证。后虽无王权而有其位，至王卒后，后更管理前王的臣吏，无异将王权仍交还王后手中，虽其权已缩至局部的。后不能生育，新王属于异姓群妃所出，与下述契塔拉国相同，而较埃及王之为姊妹所生者已少更矣。

巴刚达王国的东北，与契塔拉（Bakitara）王国接壤，两国时常互相侵伐。在上一世纪，契塔拉王国曾占领巴刚达国土之大部，更并吞其南方与东方诸小国。当时曾为中非洲极强盛的王国。然未几即告衰微，其国境又缩至今日的小疆界。他与巴刚达王国不同之处，是其国中兼有游牧人及农业人杂居，各分为若干图腾团。其王室属于游牧部落。据罗斯克（J·Roscoe）的意见，土著是农业部落，而游牧部落则为外来的征服者，所以游牧部落人的地位较尊。王室行内婚制，与他族之行外婚制者不同。此殆与巴刚达人相似。

据罗斯克的调查，当契塔拉的王子尚未即位以前，多半即已曾结婚；但即位以后，纵令其宠妃也不能立之为后，因王后必须是王的同父异母姊妹。王子若与其同母姊妹结婚，就被认为乱伦，但王子却时常娶同父异母姊妹为妻。这种婚姻虽然不受处罚，也不受国王的反对，但仍不能举行正式婚礼。至于国土则不相同，当他娶同父异母姊妹为后时，须行正式婚礼，同时在王族之中，只有国王娶后可以举行正式的婚礼。在国王即位以后，必先葬其前王，然后举行若干被除的仪式，继而选立王后。选后之日，国王的同父异母姊妹皆集于王后殿中。其殿为国王殿旁七座圣屋中最靠近的一座。有若干首领随从着国王，其中大多数等候于殿外，惟 Bamuroga 与 Munyawa 二人随国王进入殿中，Bamuroga 即宰相，而 Munyawa 之意为王团的首领。王后选定以后，由他们二人高声宣布中选公主的名字，于是被选的王后就坐于殿中的宝座上（罗斯克著《契塔拉》，The Bakitara，136—137页）。

王后的新宫在她被选定之日即已备好，后宫永远建筑在王宫之外，正门之西；但这仅是临时的宫邸。等到国王即位典礼举行完毕后，国王将迁入一座永久性的新宫，而新宫的宫邸仍建筑于新王宫正门外之西。

在婚礼完成的六个月以后，王后必须举行饮圣乳的典礼，而后她的地位始被确定。在此以前，她仍旧处于试署时期，国王可能因为她道德性格的不良或她的不善治理其封邑而废之，另选立一位同父异母姊妹为后（同上书 138 页）。

圣乳亦即圣牛群的乳，为国王所独有。圣乳只能供给国王作饮料，在任命新首领时，亦有饮圣乳的典礼。王后在后宫中，一如王之在王宫中，有自由处理宫务之权；王后的封邑系继承前后所有，此外又从前后处继承若干牛群，但无圣牛。她每年可从封邑中获得若干牲畜的贡赋，也可征调封邑中若干农业部落的人民为她修建房屋或作其他的劳役。她对封邑的人民握有生杀之权（同上书 142 页）。

国王与王后异居，但王后每月必须作两次正式的进见。假若国王派人作例外的召见时，后则于晚间入侍国王，但必须在次晨以前回返她的宫中，其行动必须秘密。王后被禁止生育，如果国王认为其行为不端时，可以废而送之于远处居住。当王后坐于后殿中，只有其同辈姊妹可以入见，新王之女及前王的姊妹皆不准入殿（同上书 141 页）。

王与王后的结婚是王族唯一的结婚典礼，王子及公主的婚娶皆不举行正式的婚礼。王的后宫拥有无数的妃。在王后以外，王又可以任意娶若干异母姊妹，但不能举行仪式；他可以赐予她们若干牛甚至一个封邑，但她们仍旧被禁止生育。这类的妃很少留住在王宫内。

国王又可以从任何宗族中娶妃。这类的妃则常住在王宫内，但她们的地位远不及王族群妃。她们虽然管理着王宫中各种重要的职务，且被各团首领及人民所尊重，但在王族群妃或群公主之前，她们只是平民，永远不能亲密相处；且对前者说话时必须下跪。异族群妃之一将来可以作王太后，纵令作王太后以后，其卑微的身世仍旧使她与王族群妃或群公主分为尊卑判然的两个阶级（同上书 149—150 页）。

王后若病卒，埋葬时，她的双手合掌置于头的左侧。合掌置于头之左侧者只有王后一人，国王及王子、公主等卒后，皆合掌置于头的右侧。王后私有牛群的牛乳也于后下葬时被滴入后的口中。王后的尸体须先在她的宝座上停放数分钟，而后下葬于她的封邑中一个农民的屋中，这人亦就变成后坟的看守者（同上书 143—144 页，121 页）。

后死后四个月 Babito 团的首领先选择团中若干女子，然后由王和 Bamuroga 及 Munyawa 在群女之中选立新后。新后的典礼与前者相同。行过典礼以后，由新后正式宣布旧后病死的消息。新后继承旧后的宫邸、封邑以及其余的财产（同上书 144 页）。若国王先后而卒，后不必担负保护王陵的责任，由新王后另给她一个封邑，使旧后退居其处，将她原有的宫邸封邑与财产让与下一代的新后。

国王只有与同父异母姊妹一人能有正式的结婚典礼，足征王位在于女子身上；必须经过正式结婚，男子方能取得王权。此节与埃及、巴刚达皆相同。王后葬时，双手合掌置于头之左侧，与国王、王子及公主等之皆置于右侧者迥异。王后葬礼之独特，足征王后为国中最尊贵的人，其地位实超出国王之上。此又为较古时代王位属于女性遗痕之一端。现在全部王权虽属于国王所有，但王后在她的封邑中，仍保有生杀之权，所不同者只将全部王权缩小而已。据罗斯克所说，王子或公主有罪时，惩戒的命令，虽然只能由国王颁布，但缢死的刑罚必须在后殿中执行（同上书 172—173 页）。不在王殿执刑而在后殿执刑的现象，恐亦系沿袭古时女性王权的遗痕。

四

巴刚达的王位由选举产生，但只有前王之子可以当选。（罗斯克著《廿五年在东非洲》J. Roscoe, Twenty Five Years in East Africa. 84—85 页）而王之长子则永远不被选出，因为他是宗子，为同辈之长。（弗莱则著《图腾制度与外婚制》G. J. Frazer. Totemisrm and Exogamy，第二册，468 页）新王即位后，即将他的生母尊为王太后。这位旧王后原是平民的女儿。在前王生存时，其地位并非极尊；因为她的儿子即位为王，遂使她成为国中最尊贵的一位。在从前，王的兄弟仍许生存，但近几年来，王太后为保护其子的地位，同时亦为保障她本身的地位起见，就命令将新王兄弟圈禁，不给以饮食，使他们绝食饿渴而死。这种圈禁的旧址，现在尚能看见（同上罗斯克书 87 页）。

王太后在政治上也占着极重要的地位。她在每道中皆享有封邑，由她所派遣的官员负责管理，他们的称号与国王的官员相同。太后即位以后，只能与王晤见一次，余时皆居留于自己的宫中，而以使者作为与国王商议国政的媒介。太后若先王而卒，则由其同图腾团的人选出另一同辈女子继其职位（同上弗莱则书 469 页）。

在契塔拉亦有类似的习俗。当国王即位以后，他尊其生母为王太后。由一位巫医和一位卜人的帮助，国王选择一适当的地点为王太后建筑一座新宫。是宫通常距王宫约一二里之遥，由她封邑中的人民负建筑之责。太后新宫的正门与王宫相对；宫中有一座大殿，样式与王殿相似。她拥有圣牛群，亦可举行新月再生典礼，即其冠服，亦与王者相类。她的宝座上覆有牛皮和豹皮。她成为王太后以后，即不能复与国王会晤；假如有重要政事欲与王讨论，亦须乘黑夜秘密潜入王宫，以避免外人闻悉；因此，她亦仅能在王宫作片刻的逗留。她即王太后位以后，接受上一代王太后的封邑和全部的牛群，仅留下一处小封邑以及少数的牲畜和仆役以为上一代王太后生活之用。国王若认为新任王太后的封邑不足时，可以增封。她对封邑的人民有生杀之权（罗斯克著《契塔拉》，146—147 页）。

安克鲁国王即位以后，立即尊其母为王太后。她的宫邸距离王宫不远。她有自己的封邑，封邑中的人民为她私有，她对他们握有绝对的威权。她任命她的亲属管理封邑。她的葬礼与国王相似，所异者只是她以左臂放于头下，而国王则以右臂置于头下而以左臂安放于胸前。据说王太后死后再降生为豹。王太后死后，国王必须在其图腾团中选立新任的王太后以继承她的牲群、财产与封邑。王太后在世时，国王须随时前往朝见，但王太后则不往王宫见王。

在以上各国左近的鲁安达（Ruanda）国中，王太后及国王的弟兄，皆是国王的顾问，可以参预国政，国王的弟兄且被派往各区，分治其地（罗斯克著《乌干达保护国中巴克苏等部落》J. Roscoe, The Bagesu and other triibes of the Uganda protectorat, 189—190 页）。派遣弟兄分治各区的现象，颇与我国周代之分封同姓于各国者相似；而太后及王的弟兄之参与政事，尤似文母，周公之于武王。

太后之能干预王政，实不限于以上各国，在夏威夷，太后有特殊的地位，她的威权至少与王相等。王掌管外交，太后则独掌内政。王若不在都城时，所有国政皆由太后掌管（蒲立浮著《母亲》，第三册，第 27 页）。

在非洲的达侯麦（Dahomey）王国，王位由选举产生，但只有前王之子始能当选。在新王未选出以前，由太后摄行王位，摄位的时间有时可以很长久。非洲中部的伦达（Lunda）王国，由其中的一位公主与王共理国政；她被认为国王的母亲。她虽可以拥有情人，但被禁止结婚，所生的子女也都被处死。而国王却可以娶两位公主，所生的男子也可以继承王位。太后的权限极高，她有独立的宫庭与私有的赋税。她的威权神圣而不可侵犯；国王若不先得其同意，就不能处理任何事务。她干预国王所处理的一切政事，即使国王不在宫庭，她仍有权独自处理。在一八七三年，伦达王国的太后并曾废立国王。

在柏宁（Benin）王国，在王宫以外，太后有独立的宫庭。一切国家的政事，皆须向她咨询；凡国王可以处理的政事，她亦可以处理。但是国王即位以后，太后便被禁止与他重新见面。在达宾（Dwabin）王国，太后有无上威权，而国王的权力则甚渺小。

在非洲黄金海岸的亚山第（Ashanti）人，在王族众女中占首要地位的仍是太后。王离开都城时，由她代王管理一切政务。王位属选举制，凡是公主之子皆能当选，但须经太后之批准。太后也有权废王，据说废王之举曾经实行过。这种制度，一直保存到一八九六年英国人侵入时为止。

由达侯麦太后在新王未选出以前摄行王位，可以使我们对辽太宗未即位以前，应天皇后摄政的故事作进一步的比较与了解。亚山第太后之有权废王，又使我们忆及霍光之废昌邑王而立宣帝，必须请皇太后（昭帝上官后）出坐武帐，再以其名义行之。

五

巴刚达西南安克鲁（Ankole）王国的习俗，较以上巴刚达等国略有改变。国王有若干群妃，而无正式的王后。群妃在国中既无正式地位，亦无特殊权利；而国王的姊妹之一，反是一位重要人物。她既非王后，亦非王妃；可能是国王之姊或妹，但不必是行辈中之最长者。她可以和任何人结婚，且不必获得国工的同意。据罗斯克说："这件习俗，以及许多其他的习俗，尤其是关于继承及被除典礼，皆能证明在较早之世，有母系习俗存在，虽然现在的土人不承认，并以为这种习俗较父系者为低。"（罗斯克著《安克鲁》J. Roscoe. The Banyankole, 34—35 页）

这位国王的姊妹，在国王即位典礼中，被派为举行被除典礼的人。因此人民认为他与国王的健康有密切关系。她有封邑，在封邑中有绝对的主权。她的住所建筑在王宫的左近，与国王经常保持密切的接触（同上书 60 页）。她若先王而卒，则王指定另一位姊妹以继承其职位。若国王先彼而卒，她必须先与元妃共负整洁国王尸身之责，而后或自缢或退隐。在晚近的一位国王逝世时，其主持袚除典礼的姊妹就召集数约二十位王妃于一室中；她先打碎国王所用的鼓和枪，再到室中令群妃自缢，随后她自缢死去。国中的人皆认为她应当如此（同上书 61—62 页）。

由安克鲁王国此种现象，可以推测以前国王亦娶姊妹为后，其后演变成为现在的习俗。契塔拉王国的国王娶姊妹为后，已如前述，但自国长改信基督教以还，仅能一妻而不能多妻，他所娶的并非其姊妹，故不能享有王后的称号；但王后的名称，仍为他的一位姊妹所虚拥。两者相较，颇能窥见其演变的痕迹。

在兰沟（Loango）王国，最年长的公主的称号等于女王。国王由众公主诸子中选出。国王不与公主结婚，故其子不能继承王位。国王称长公主曰母，所有国中的政务必须向她咨询。在杜拉（Daura）王国，公主的地位和兰沟国王的公主一样。国王也由众公主诸子中选出，而非前王之子。在以上两国，王太后和长公主实即一人。以上皆为长公主在国中享有实权之例证。此外，亦有无实权而拥有尊位的，如在玻里尼西亚之通加（Tonga）群岛者属之。岛中教王的最长姊妹，或其最长姑，地位远较王为神圣。王对她的礼仪，犹如人民之对王。她是岛中最尊贵的一位；王的女儿也较王为尊。这些女子，皆不得结婚（爱里斯著《玻里尼西亚研究》，第三册，99 页，287 页）。

在中国汉朝昭帝以前各代，皆有长公主，且似皆极有权威。兹举数例如下：

"景帝立齐栗姬男为太子，而王夫人男为胶东王。长公主嫖有女，欲与太子为妃。栗姬妒，而景帝诸美人，皆因长公主见，得贵幸。栗姬怨怒，谢长公主不许。长公主欲与王夫人，王夫人许之。会薄皇后废，长公主日赞栗姬短。景帝尝属诸姬子，曰：'吾百岁后善视之。'栗姬怒不肯应，言不逊。景帝心衔之，而未发也。长公主日誉王夫人男之美，帝亦自贤之，又耳囊者所梦日符，计未有所定。王夫人又阴使人趣大臣立栗姬为皇后。大行奏事，文曰'子以母贵，母以子贵；今太子母号宜为皇后。'帝怒曰：'是乃所当言耶？'遂案诛大行，而废太子为临江王。栗姬愈恚，不得见，以忧死。卒立王夫人为皇后，男为太子，封皇后兄信为盖侯。"（《汉书》卷九十七上《外戚·孝景王皇后传》）

"初，武帝得立为太子，长公主有力。"（同上《孝武陈皇后传》）

"武帝崩。戊辰，太子即皇帝位。谒高庙。帝姊鄂邑公主益汤沐邑，为长公主，共养省中。"（《汉书》卷七《昭帝纪》）

此外，孝武卫皇后，李夫人，皆由平阳公主得幸（见《汉书》卷九十七《外戚传》）。足征汉之公主仍保有宫闱中若干政治势力（汉代长公主特权，牟润孙先生有专篇研究，见其《汉初公主及外戚在帝室中地位试释》文中，载《台大傅校长纪念论文集》）。至少，自春秋时，宗法社会已经完全建立，列国中也未见国君的姊妹有特权的现象；但刘氏崛起田间，与春秋各国世族迥异，而其保留的初民遗痕也较强。比如高祖之生，则云其母在雷电晦冥时交龙而有娠（见《汉书》卷一《高帝纪》），此与古人或初民的信仰人之生由于图腾者相似。《汉书》卷二十五上《郊祀志》云："（新垣）平使人持玉杯，上书阙下，献之。平言上曰：'阙下有宝玉气，来者已视之。'果有献玉杯者，刻曰'人主延寿'。平又言臣候日再中。居顷之，日却复中。于是更以十七年为元年。"汉文的改元，其用意疑与初民的再生礼相似，又卷三十八《高五王传》："大臣议欲立齐王，皆曰：'母家驷钧恶戾，虎而冠者也。初以吕氏故，几乱天下；今又立齐王，是欲复为吕氏也。代王母家薄氏，君子长者。且代王高帝子，于今见在最为长。以子则顺，以善人则大臣安。'于乃谋迎代王。"立君而视其母家之良否，在宗法社会决不会考虑到，汉朝人士之重视此点，固由于方处吕氏乱后，然亦足见汉代舅权之盛。且由文帝以后，下至东汉，外戚专政，固与吕氏之乱无干。舅权之于母系社会关系的密切，为多数民族学家所共认。由上举三端，足征汉代所保留的初民社会遗痕颇重，而长公主之有权以及太后之干政，亦莫不与此有关系。

六

综合以上的研究，有若干民族曾经有过女君。而君位之由女性转变到男性，根据初民调查报告及古代记载，至少可遵循两种途径：其中的一种是君位由女子以传。而另以异邦人或异族人为夫，代女子执行君权，即本文第二节所曾讨论者。另一种途径，君位仍由女子以传，但其夫不属异族人，而为其同父异母弟兄，亦即本文第三节以下讨论所及者。由埃及的例证，王后可以生育子女；因此将来的王太后和现在的王后本系一人，故王太后之有权并非意外的事。巴刚达等国，王后不得生育，故将来的王太后并非现在的王后；但王太后之仍能干预政治，盖亦由于以前王太后与王后本系一人的缘故。至于长公主之有权，与此相似。王若与其同父异母姊妹婚娶且能生子如埃及者，则将来之王太后即现今之长公主也。

另有介于上述二种途径之间者，则为古代之罗马，罗马自凯撒大帝以后，经过若干代，帝位皆由女子以传，其夫既非异族人，亦非其兄弟，而是母亲系族人（同前穆锐女士著《国王婚娶与母系》）。

我国古代"君"与"后"同称曰"后"，亦若巴刚达人"王"与"后"同称曰"Kabaka"者相同，尤足为中国古代君位先属女性之证。《尔雅·释诂》："林烝上帝皇王后辟公侯，君也。"周初文献如《尚书·立政》亦说："乃敢告教厥后曰：'拜手稽首后矣。'"则亦以后为君称。《释诂》之成篇可能甚晚，但有《立政》为证，则《释诂》所言似不必置疑。且夏后氏诸君皆称后。然则王之称后，由来已古。春秋以后，后称始演变为王后所专有。但起初王之称后，盖夫以妻贵；其后后之称后，则妻以夫贵。其演变的痕迹，不难窥见。

《廷寄》序

　　甚矣修史之难也，时近则恩怨未泯，时远则史料残遗难备。恩怨未泯，则虽史料充斥，曷足以衡量而得其平；史料残缺，则虽持心公正，又何从管窥而定其真，此所以修史者每搁笔而伤叹也。无已，则姑收集史料而保存之，以待后人之执笔。东周以前，尚矣，国各有史，族各有记，历世永宝，累叶相传，其详固不可得而知也。后汉以降，著作东观，方集众力，纂修国史，驯至唐代，创设史馆，广集史才，不只人专著作，且更地接鸾渚。下逮民国，此风未改。自宋以后，地方性之方志繁兴涌起，由省以至府县，莫不延揽名家撰成专书，吾国之修史也可谓勤且众矣。而对史料，反弃置不理，疏于保存之方。簿籍难见，刘知几既兴叹于唐代；文献何征，徐一夔亦吁嗟于明初，亘古如斯，由来已久，深可慨矣。况史书成后，或焚其初稿，或弃其原料，后人欲考证而无从。如元以前之实录，现存有几？明以前之方志，又现存有几？更安论修实录方志所使用之史料矣。然环观近代欧西各国，其修国史也，既不如中土之勤且众，然对史料之保存，则亟致其功。有国立文献馆专司典守整理之责，凡官署档案，历经定限，送往存储，再经定限，方能公开阅览，或刊成史料集，下至各地，馆开文献，规模虽小，用意斯同。自一八二一年，巴黎且设有档案学校，文献专才，于焉成就。厥后德奥等国莫不仿行，与文献馆之设相辅，意至善也。盖其修史虽不必汲汲，而保存史料则尽全力以赴，史料既获保存，安惧无人凭之以修史乎？北伐以还，政府方有各省文献委员会之设，收集遗编，保存史料，近仿欧西之文献馆，远用章学诚志科之意，从此注记无缺，存以有待，修史之困难，庶可免乎！

　　福康安后人所藏《廷寄》亦史料之一也。清代诏旨之流别众矣，其中有上谕，有廷寄，皆由军机处承旨撰拟以指示政令者也。上谕为公布俾众周知之文诰，而廷寄则专对一人或数人而发，较为严密。以军机大臣领班者出名，而书明字寄某官某人，外加函封，识以办理军机处钤记，更标以几百里加紧，由马上接站递之，此其令式也。本书中"军机大臣伯和"者：和珅也，时方位军机大臣之首。清代较晚廷寄不只由一人领衔而用军机大臣全体署名亦有之，盖其体式亦屡变矣。福康安，姓富察氏，大学士傅恒子也。自乾隆三十八年至嘉庆元年，屡参加金川、回匪、石峰堡、林爽文、廓尔喀、贵州苗民之役，皆极有功，清代名将也。

　　民国十年至廿年之间，前朝巨室，每售祖遗旧物，于是档册常流至书肆，本书即其一也。所载皆高宗谕福康安关于林爽文者，现存九册，窥其标签，已佚其一，乾隆五十二年八月初五日以前廷寄皆载其中矣。台湾省文献委员会以其为台湾史料也，急欲刊行，因属于生梨华搜考实录及方志，略述林变之始末，以补廷寄之所缺。既竟，黄纯青林文访两主委更属识于简耑，予既慨夫往昔史料之不为人重视保存，而又喜台湾省文献委员会诸公之能尽其职责也，故乐为之序而不敢辞。

一九五三年二月

《中国史学史》序

由于我国史学之绵长而史书之众多，又因于宋以前书只有抄写本而五代始创雕版，遂造成两种不同的现象：即宋以前史书多存其名而书无传，及宋以后史书众多又不胜列举是也。宋以前若诸家《后汉书》，诸家《晋书》，夥矣；然传至今者，不过范蔚宗《后汉书》及唐修《新晋书》而已。其余各家著作，虽偶有为后人辑佚，然所存多属零星，颇难由之以窥见全豹，欲作有系统之介绍，时感困难。至于宋以后各著作，因雕版愈后愈盛，亦愈后愈众，著作之盛与雕版之推广，相因以成，理所当然。遂又因其过繁，欲一一介绍，则又为篇幅所限，只能为有限度的列举，因此又感难于详明。与宋以前史书形势相反而结果颇相同，此欲为较完善之中国史学史者同感之困惑，此其难满意者一也。

况且微言大义，世人每托始于尼山，然太史公已有言，左丘明惧弟子人人异端，失其真。则孔子既卒，又何人能定其标准乎？又加以有非微言大义，而后人强增比附者。如春王正月，原属鲁以周正纪年；又如"郭公"原属偶然之断简，与夫子之微言毫无干系，若强作解说，亦非尼山之原意也。后世史家特重微言大义，而以书法为标的者尤推庐陵与紫阳。然尼山之书法，三传各有解说，谁得其真，已成问题，则庐陵及紫阳两家之书法，果能上契孔子乎？两家果自相合乎？此论微言大义及言书法者之困惑，此又使写史学史难满意者也。

我国论史者，有时不顾史事之真实而只重史书之文笔，此马、班、欧阳、范蔚宗之所以尤受推崇也。昔圣有言：言之不文，行而不远。固也。然史之足重者，尤当在于记载之真实，若能文笔奇伟，记事翔实，两者均兼，斯为上矣。若不能如此，宁留翔实而略奇伟，孟坚称子长之书为实录，意亦在此。后人常忽略此节而偏重其文，其因亦在于世间多文士而少史家故也。涑水文章虽无龙门之奇伟，然其考证之翔实，于考异书中处处可见，既合于新史学之观点，实足为以后作者之楷范矣。吾于书中专论《通鉴》二章，盖以此焉。

　　是编初意原为授课之用，以时间之关系，不能为过详之论述。晓峰先生闻而喜之，列入丛书，何其幸也。然史书之列举虽细，而著者之生平尚略，知人论世，仍感少阙。今后拟撰中国史学家列传借以补充此编之不足，则史学史偏重于史书之论载，而列传偏重于史家之生平，两者相合，庶几成完善乎?

　　是书编辑之中，史料之检点，初稿之缮校，皆赖任长正女士之相助，使克底于成，是可感也，特识于此。

一九五三年七月

《希腊罗马古代社会史》序

这部书原名《古邦》（La Cite Antique），为法国上世纪历史家古朗士（N. D. Fustel de Coulanges）所著，因为《古邦》这名称不容易了解，所以改用今名。著者是法国古朗士史学派的创始人，这部书亦是古典研究的名著。古朗士历述希腊、意大利各古邦中的家族组织及邦组织，以及最初组织的变化与屡次革命。他认为这些组织皆发生自古代信仰，而这些信仰亦是古代初民所共同的。我在民国廿三年将他译成，交中美文化基金委员会出版。但因印刷的迟延，直到抗战初方能发行，当时道路阻梗，流传颇稀。前年美国陶遂博士（C. L. Dorsey）来台讲学，指定此书为台大同学的必要参考书，但台大只有法文原本一册，而英译本亦不易得。因此我遂向胡适之先生及中基会请求准许在台重印，果蒙慨允，这是我及在台读者皆应当向胡先生特别感谢。我又将其中文句生涩的地方略有改译，名词亦略有修改。我原欲将他改的更白话一些，但字数必因此大增，因印刷的困难而作罢。此书虽是上世纪后半纪的作品，但因著者对古典书籍的深切熟悉，且有独到的见解，至今仍为欧美各大学生常阅之书。比如古朗士推论家族的组织必在邦未存在以前，廿世纪的考古学及古史学对之果已证明其确实，亦足以证明他的观察力的正确而深密。据陈康教授见告，他以前在英国学希腊哲学时，他的导师指定最先须看的书中，就有这部书在内。加以陶遂博士所言，此书至今仍保存着他的青年，自不足异。

我以为此书不只限于研究西方古代，就是研究中国上古者亦不可不读，因为东西两方古代的信仰相同，思想略似，因而发生相类的组织。我在翻译的时候，偶然亦将相同各点随笔注明，兹再列表于下，并非全貌，只是为读者启发的作用。

东周与希腊罗马古代相似制度简表

希腊及罗马	中国	希腊及罗马	中国
祀祖	祀祖	罗马 Toga 袍礼	冠礼(《仪礼·士冠礼》)
演司（Gens）	氏族	神不享外人的祭祀	神不歆非类，民不祀非族(《左传》僖公十年)
长子继承制	周王室立嫡长制	吃饭前必祭	虽蔬食菜羹必祭，必斋如也(《论语》)
祀火	主		
火居院落的中心	宗庙之正中为太室	祭祀用香料	灌鬯(《周礼》)
邦火	社	在各种祭典里，必先祷告圣火	凡祭祀，必先祭耀(《周礼》)
每族各有其族墓	族墓(《周礼》)	婆罗门人食新米以前，必先供祭圣火	献新
无子之妇被出	无子为七出之一条(《礼记》)	犯重罪者不听葬入族墓	兵者不入兆域(《礼记》及《左传》)
妇人童年从父，少年从夫，夫死从子	三从(《大戴礼记》)	公餐	胙，享(《左传》)
Pater 即家长	父，家长率教者(《说文解字》)	建城祭用纯白牛	祭牲尚纯(《礼记》)
罗莫卢斯建罗马城时，将从他故乡带来的土，放在沟中	封国受土自天子(《周礼》及《左传》)	战前必占卜，吉则战，否则否	战前必卜(《左传》)
牛、羊、豕三种同时用，为罗马祓洗礼的习惯	太牢(《礼记》)	凯旋时往庙中祭祀，献胜利品 放逐	入而振旅，以数军实(《左传》) 放逐(《左传》)
界石	封疆	殖民	封建
王兼有政权教权	政与祭祀皆由邦君	主教每月初一宣布每月的佳节	告朔(《论语》及《左传》)
贵族	世族(《左传》)		
客人	庶人(《左传》及《论语》等书)	邦忌，公共生活皆须停止	甲子不乐(《礼记》)
奴隶	皂、舆、隶、僚、仆、台、圉、牧(《左传》昭公七年)	各邦皆有记载礼仪的书	《礼记》

（续表）

希腊及罗马	中国	希腊及罗马	中国
军队先只有骑兵或乘战车的甲士，后始有步兵	先有车战，后始有步卒（《左传》）	法律最初并无写本，后写出亦甚为秘密	晋铸刑鼎，孔子讥之（《左传》）
出征必先集合，由大将祭祷	治兵于庙（《左传》）	各邦皆有史记，由教士掌管	各国宝书，亦由太史氏掌管
出征必载着神像及邦火	出征必载主（《礼记》）	积木斧（Fascis）	𫓧，以积木为之（《毛诗》及《说文解字》）

以上所列者甚为简略，其相似处实不只此。又有须特别声明者，即"殖民"须用拉丁文语根 Colonus 原意，而非后代之所谓殖民。拉丁文原意与中国古代所谓封建相近，即《左传》僖公廿四年所谓"封建亲戚或以番屏周"是也。罗马两邦同出自另一邦者（就是后者为前者殖民而建的新邦），互称为姊妹邦。因为拉丁文邦字 Civitas 属于阴性，所以互称姊妹邦，这与《左传》中屡称"兄弟之国"是同样的意思。建新邦的人必自旧邦带来一块土，这亦与《左传》所谓封康叔于卫时，"聃季授土，陶叔授民"相似。

另有一事必须加以补充的，就是在古朗士写书的时候，父系社会学说方在盛行，所以他未尝考虑到更前的母系社会。但自前世纪末母系社会学说兴起以来，学人的思想似有改变。并且今人已经证明希腊意大利更早亦曾有过。这类证据皆列举于布利弗（Briffault）所著《母亲》（The Mothers）第一册中。现在只须用希罗都特斯（Herodotus）书中一事，即可片言说明。希罗都特斯是希腊最早史学家，他生约在纪元前四八四年，恰近西狩获麟尼圣绝笔之岁，他的书中对小亚细亚希腊所建的一邦，有若下的记载："他们以母姓而不以父姓自称。若有人问他的邻居是谁，他必要称其母族而列举其母的女祖先。若一位女公民嫁给奴隶，其子女属贵族出身；但若一位男公民，纵令他是男公民之首，有一个异类的妻或妾，所生子女毫不能享受公权。"（Herodotus, Vol. 1, P. 17）希腊史家所说他们的古邦之一的风俗，作为当时曾有母系社会的证据，这是再正确无比的。由此亦可知希腊、意大利在古朗士所研究的父系社会存在以前，曾有母系社会的存在。这是读这书时应当注意的。

一九五五年七月

中国史学的绵长与二十五史

一　绵长不绝的记载

若欲明了二十五史之能够写成，必须先知道中国史学的绵长。即以现存者而论，《春秋》及《左传》皆开始于鲁隐公元年（公元前七二二年），这与希腊的第一次奥林匹亚节（公元前七七六年）时代相近，吾国史籍之古不亚于希腊。何况晋朝汲郡出土的《竹书纪年》，其编年体裁与鲁国旧史《春秋》相近，而年代则始自夏朝，由此更可知中国史学当上溯至千余年前。这虽不能比埃及史由近代考古学之研究，可上溯至距今七千年，但论其绵长则世上各国皆不可能与吾邦相较。第一，比如埃及史之古多由于考古学的研究，而非因有文字的记载传至现今；而我国则今本《竹书纪年》书虽残缺，其中仍有一部分确属古代史官所记。第二，欧西各国记载或古有而后绝，或绵长不绝而开始甚晚。前者如希腊各古邦史记，开始虽早，然自希腊中衰以后，记载中绝。后者如德法各国，现今虽有国立文献馆为保存史料之机关，有精密之方法为国史之研究，然皆不过近数百年事，其最古之史料而用本国文字写的不能超过千年。故以欧西论，绵长不绝的记载绝无；而我国则几千年来有绵长不绝的记载及屡朝皆置的史官，所以能有二十五史的写成。

二　起居注、实录与国史

起居注的起始当在汉代，《汉书·艺文志》著录："汉著记百九十卷。"唐朝颜师古的《注》说："若今之起居注。"可见汉人所谓著记（或作注记）就等于后代所谓起居注。并且《隋书·经籍志》有"汉献帝起居注五卷"，这是至南朝（梁）尚存的最早的起居注。汉朝虽有时称为著记（或注记），有时称为起居注，名称不一而性质则似。盖皆如刘知几《史通·史官篇》所说：

> 起居注者，论次甲子之书，至于策命、章奏、封拜、薨免，莫不随事记录，言惟详审。凡欲撰帝纪者，皆因之以成功，即今为载笔之别曹，立言之贰职。

起居注是按月日而记载史事的，因为他是当时人所记载，对于年月等项当极真实，可以说是直接的史料。唐朝并有起居郎及起居舍人专掌管这件事，所以《史通·史官篇》又说：

> 每天子临轩，侍立于玉阶之下，郎居其左，舍人居其右；人主有命，则逼阶延首而听之，退而编录，以为起居注。

临轩就是临朝，郎与舍人逼近朝堂的台阶去听天子与大臣们的问答，没有能比这种再直接的史料了。所以说他是原始史料。唐以前的起居注若何记载的方法，虽不可确知，但周因殷，殷因夏，想亦不过大同小异而已。并且这种方法直沿用至清朝。

刘氏所说"凡欲撰帝纪者，皆因之以成功"，就是说撰国史及实录者，皆须根据史料，而原始史料莫过起居注，利用他亦是自然的道理。

实录是后一帝为前一帝所修的史书，国史是本朝人所修的国史。实录始自《梁皇帝实录》，《隋书·经籍志》著录有两种：一为周兴嗣撰，三卷；一为谢昊所撰，五卷。以后唐宋元明清皆按朝撰修实录。至于国史，则东汉由明帝至献帝共修六次，唐由太宗至肃宗共修八次，宋由太宗至理宗共修六次，皆包括本纪，志，表，列传，与现存正史体裁相同。盖用起居注而修为实录，更由实录参以起居注，遂成国史，这是历朝修国史大体途径。

三 后代用前朝的国史改修为前朝史

第二朝或更晚的朝代根据以前的国史改修为前朝史，这是二十五史写成的普通途径。比如刘宋时的范晔所写的《后汉书》，即系大体根据东汉官修的国史，《东观汉记》而成。这有若干明证足征。比若《明八王传》有"本书"的话，本书即指《东观汉记》而言。又若《光武本纪》有"于赫有命，系隆我汉"的话，清儒钱大昕以为范氏是宋人，不应当有"我汉"之称，这必是沿袭自《东观汉记》的旧文，亦合于东汉官修国史。此外如《旧唐书》多用唐国史及实录旧文，现尚能寻出若干痕迹。赵翼《廿二史劄记》论及这些：

> 今按《唐绍传》："先天二年，今上讲武骊山，绍以仪注不合，坐斩。"今上指玄宗也，此《玄宗实录》原文也。《刘仁轨传》后引韦述论曰："仁轨好以甘言悦人，以收物望；戴至德正色拒下，推善于君；故身后毁誉各异。"此引韦述《国史》旧文也。

赵翼另列有元修宋史多用宋国史的证据，亦见《廿二史劄记》。又明洪武"诏发秘府所藏元十三朝实录"，以为纂修元史之用，（见朱彝尊《曝书亭集·赵壎传》）是元史亦大部根据元官修实录也。其余各史大都皆然，因前朝官修国史或实录以成功。

二十五史中有两书为例外：一为《史记》，一为《新元史》。西汉之初虽尚未有官修国史，然太史公所引用的仍多官藏书及史料，《史记·自序》所谓"天下遗文古事，靡不毕集太史公"是也。至于《新元史》则除明修《元史》沿自元实录部分外，颇采用西文史料，此其异也。

吾人可以总说一句，二十五史的撰写是由起居注进而为实录及官修国史，更由是进展而成的。

《中国一周》　一九五五年八月一日

二十五史的体裁

一 体裁总说

二十五史的体裁创始于司马迁，而凝固于班氏，以后各史遂遵行而不改。

《史记·大宛列传》："太史公曰：禹本纪言河出昆仑，昆仑其高二千五百余里，……"又《卫康叔世家》："太史公曰：余读世家言。"可见在太史公以前，已有本纪及世家的名称，他沿用之而非始创。表及书（《汉书》以下常称曰志）的名称虽为太史公所创，但其意则表沿自古代记谱谍的世本；书源于记事记言之《尚书》。只有列传一种的名称及含义皆为始创。盖战国以前，世族当政，只能有族史而不能有个人列传，不足为异。以上五种：本纪，世家，书，表，列传，太史公虽或用旧称，或标新体，然更有重要者，则合此五种而成一编，前此所未有，有之自司马迁始，所以说二十五史的体裁创自彼也。

何以说凝固于班氏而为各史所遵行呢？班固完全采用太史公的体裁，只将《史记》的通史性质改为断代史而已。此外他更将世家并入列传，这由于两人所处的社会不同而非对体裁有何相异的见解。周代列国并立，周王并未若秦以后天子的集权。且各国皆系世传，不只与周相终始，且有较周后亡者，如卫君角之灭较周尚晚。列传只能记一人之事，而世家则记一国之事，故太史公不能不用世家。汉初行郡国制，既有天子直辖的郡县，又有世袭的王侯国。至少汉初的王侯国仍近似东周的列国，所以《史记》遂亦列为世家，如《萧相国世家》等是也。但自景帝削平七国以后，武帝用王侯分封子弟的办法，王侯国遂与东周列国大异。太史公生于汉武之世，社会较近于古代；班固生于东汉之初，社会与古代大不相同，故并世家于列传，亦有其理由存在。这种改变后的体裁遂为各史所遵行。

二 本纪

自《史记·秦始皇本纪》以下,各史多以一帝为一纪,而始于开国之君。《史记》在秦统一天下以前,多以一朝为一本纪,如夏、殷、周本纪即是。盖愈古则史料愈缺乏,不能以一帝为标准。至于始于开国之君,亦有例外。如《晋书》之开始并非以武帝而以宣帝。此虽唐修《晋书》沿自臧荣绪《晋书》,然实不合于体裁。宣帝及其两子景帝、文帝虽在事实掌握魏之政权,但并未能独自建国,始建国者为武帝。另有本非中国君长,其建国远在入据中国之前,若北魏及元,自不能不详其上代,此与晋之例实不相同。

三 志

《史记》八书如《天官书》等即志也。以后各家名称不同,《史通·表历篇》谓:

> 原夫司马迁曰书,班固曰志,蔡邕(《东观汉记》)曰意,华峤(《后汉书》)曰典,张勃(《吴录》)曰录,何法盛(《晋中兴书》)曰说,名目虽异,体统不殊。现存各史则皆用班固之称,统谓之曰志。志数最多者当首推《宋史》,共十五种;而以《新五代史》为最少,只有司天、职方二考,考亦志也。

四 表

表出自古代的谱牒,所以补本纪、列传之不足,比若王侯将相,传之将过于繁多,载于表最为简便,足供稽考。朱彝尊序《历代史表》说:"揽万里于方寸之内,罗百世于方册之间。"其有助于史学可知。司马迁始作十表,班固因之亦作十表,然其古今人表自乱断代史之例,颇为后世儒者所讥。由《后汉书》至《南北史》十二种皆无表,《旧五代史》亦无之,而《辽史》之表特多。

五　列传

列传多以一人为单位，亦有合一族之人物而为一卷，尤以南北朝门阀极行之时为然。亦有合同类之人而为之者，所谓"类传"，比若《史记》之货殖传，各史之儒林传，文苑传皆是。总之，列传一门，写者变幻多端，非这篇短文所能详尽。

六　二十五史纪志表传有无表

	本纪	志	表	列传		本纪	志	表	列传
史记	有	书＝志	有	有	南史	有	无	无	有
汉书	有	有	有	有	北史	有	无	无	有
后汉书	有	有	无	有	旧唐书	有	有	无	有
三国志	有	无	无	有	新唐书	有	有	有	有
晋书	有	有	无	有	旧五代史	有	有	无	有
宋书	有	有	无	有	新五代史	有	考＝志	有	有
南齐书	有	有	无	有	宋史	有	有	有	有
梁书	有	无	无	有	辽史	有	有	有	有
陈书	有	无	无	有	金史	有	有	有	有
北魏书	有	有	无	有	元史	有	有	有	有
北齐书	有	无	无	有	新元史	有	有	有	有
周书	有	无	无	有	明史	有	有	有	有
隋书	有	有	无	有					

总上表而观，本纪列传，各史皆有，苟缺一种则不能成为纪传体。至于志，则有者共十八史，而《后汉书》之志实为司马彪所作，而宋朝方刊入者；《隋书》之志原称《五代史志》，所包括不只隋朝，且包括梁、陈、北齐、北周、隋五代，与普通史志性质不同。至于表，只有十史有之，在纪志表传中为最少。《新五代史》虽无表，但十国世家年谱即等于表也。

《中国一周》　一九五五年八月八日

二十五史中最重要的两部书及其作者

一 《史记》与《汉书》

二十五史中虽不乏精心的作品，但最重要者当推《史记》与《汉书》。《史记》是纪传体创始的一部书，而《汉书》是断代史第一部作品，两书各有其千秋在。刘知几在《史通·六家篇》中分列为史记家及汉书家，就是由于此。后世论史学者，或赞成司马迁而非班固，若宋之郑樵，清之章学诚皆是；或赞成班固而非司马迁，若唐之刘知几即是。实在说起，各有其长处，不能用一端而论其高下也。

二 司马迁父子与《史记》

司马迁字子长，汉代左冯翊夏阳人。据王国维《太史公行年考》（载《观堂集林》中）所证，他生于汉景帝中元五年（公元前一四五年），而卒于昭帝时（据施之勉先生所考）。他的上世自周代为天官，古时的天官不只掌记载史事，并且能明历象日月阴阳度数，所以司马迁亦说："文史星历，近乎卜祝之间。"（《汉书·司马迁传》）亦就因为这是他的世业，作《史记》"欲以究天人之际，通古今之变"，目的不只写成一家之言而已。究天人之际就是要明了天人之间的关系，这仍是古代史官的旧职。

《史记》原称《太史公书》，至魏晋之间方称为《史记》，盖太史公记的简称。按《自序》则创始并不始于司马迁，至少创意于其父司马谈。谈原任太史令。及病于洛阳，对迁说：

> 今汉兴，海内一统，明主贤君忠臣死义之士，余为太史而弗论载，废天下之史文，余甚惧焉，汝其念哉！

于是迁就"请悉论先人所次旧闻，弗敢阙"。可见谈原有所论次而迁完成其书。

迁为太史令，乃细翻阅"金匮石室之书"。金匮石室是指汉皇家图书馆藏书的地方，其中皆是外面无有的国史珍贵材料。及汉武帝太初元年（公元前一〇四年），武帝诏讨论改历法。汉自高祖仍沿用秦历，以十月为岁的开始。至是经过辩论以后，认为汉应当以正月为岁的开始。司马迁亦是参加讨论的一人，并且赞成这一说。这亦是他生平的一件大事。并且自汉武帝改用正月以后，历代相沿以至于清朝，就是现在所用的旧历。

太史公世为天官，有欲究天人之际的传统观念，所以对于太初改正朔，认为是一个新时代的开始，等于西狩获麟，皆是重要的纪念时代。孔子因西狩获麟而削改鲁国史记作《春秋》，他亦因太初改正朔而创始作《史记》。恰巧两件事正相距五百年，他认为意义重大，就说：

> 先人有言：自周公卒五百岁而有孔子，孔子卒后至于今五百岁，有能诏明世，正易传，继春秋，本诗礼乐之际，意在斯乎！意在斯乎！小子何敢让焉。（《史记·自序》）

由这节可以看出太史公之欲上接孔子，何等的勇气，何等的胸襟！所以能创作出不朽的第一部正史。

三 班氏父子兄妹与《汉书》

《汉书》的创作始自班彪，大部成于班固，而完成于班昭。彪字叔皮，才高而喜爱著作，遂专心史籍。以为太史公所著《史记》，自武帝太初以后事皆阙而不录，其后尝有人缀集当时的史事，以续其书，但鄙俗不足以踵比太史公，于是彪乃搜集太初以后事，作成后传数十篇，《后汉书·班彪传》称为"后传"，是他所写的只有列传。及彪卒，其子固乃细心研究，想完成其业。恰有人上书东汉明帝，告班固私改写国史。就将固下于京兆狱中，并将他写的书进呈。他的弟弟班超，就是后来在西域建立大勋的那个人，这时方在少年，亦亲往京都上书明帝。恰巧班固写的国史亦进呈至都，明帝读其书，深以为奇，就令他与陈宗共撰东汉光武朝的国史。后明帝更令他完成以前所写的《汉书》。固以为《汉书》当起始于高祖，终于孝平王莽之诛，综汉一代的断代史。

但至和帝永元四年（公元九十二年）固卒时，《汉书》的八表及天文志尚未写全，就诏其妹班昭至东观藏书阁将他写完。班昭是汉代第一位有学问的女子，一门学问的盛况，当时真无与伦比了。

四　《史记》《汉书》的写作时间及其异同

司马谈比次旧史的时间，现在无法考证，至于司马迁之撰《史记》经过的时间，据赵翼及王国维两家所论参合言之，多则十六年，即由武帝元封二年至太始四年；少则十二年，即由太初元年至太始四年也。

《汉书》著作的时间较长。《后汉书·班彪传》说："今此后篇，慎核其事，整齐其文，不为世家，唯纪传而已。"其下接言"彪复辟司徒玉况府"。按玉况为司徒在汉光武建武二十三年，彪之撰史必更在前。兹假定为建武二十年左右。班昭之卒，传中虽无年月可据，但以他曾授书邓太后及他事来推测，大约卒于永初四年以后。盖《汉书》之修经七十余年之久。在二十五史中，仅次于清修《明史》，《明史》则经过九十余年的撰修工作。

至于两史的异同，则高祖至武帝朝事迹，《汉书》仍取材于《史记》，因经过王莽之乱，西京旧史料存在者不能超过太史公所录者。文字则司马氏诡奇而奔放，班氏则较谨严，此其异也。

《中国一周》　一九五五年八月十五日

跋《芦浦笔记》各种版本的比较研究

　　《四库全书》纂修时，常有随意涂改增补之处，任长正女士在前文中已经举有明证。兹更略举见闻所及之二例以为佐证。元钱惟善《江月松风集》，宫中藏有原稿本，即著录于《石渠宝笈》者也。然以四库本及稿本相较，则有稿本原缺字者多处，而库本竟为之补足者。比如卷一《陪吴叔巽诸君吴山小饮诗》："□岚郁孤翠"，库本作"晴岚郁孤翠"，晴岚固可成句，然何所根据乎？岂非纂修诸人所妄补乎？此类全书中尚有数处之多。亦有稿本有而库本脱字者，亦有误改者，误缮写者，更不胜枚举矣。

　　至其有意修改之处，多在宋人或明人著作中。宋人常诋毁金元，而明末诸人多诋毁清人，因此凡书中有夷狄字样者，多从改删。但据乾隆四十二年十一月十四日上谕："前日披览四库全书馆所进《宗泽集》内，将夷字改写彝字，狄字改写敌字。昨阅《杨继盛集》内改写亦然。而此两集中又有不改者，殊不可解。夷狄二字屡见于经书，若有心改避，转为非理。如《论语》狄夷之有君，《孟子》东夷西狄，又岂能改易？亦何必改易。且宗泽所指系金人，杨继盛所指系谙达，更何所用其避讳耶？"又乾隆四十一年十一月十七日上谕："又如叶向高为当时正人，颇负重望，及时再入内阁，值逆阉弄权，调停委曲，虽不能免责贤之备，然视其《纶扉奏草》，请补阁臣疏至七十上，几于痛苦流涕，一概付之不答，其朝纲丛脞，可不问而知也。以上诸人所言，若当时能采而用之，败亡未必若是其速，是其书为明季丧乱所关，足资考镜。惟当改易违碍字句，无庸销毁。又彼时直臣如杨涟、左光斗、李应昇、周宗建、缪昌期、赵南星、倪元璐等所有书籍，并当以此类推，即有一二语伤触本朝，归属各为其主，亦止须酌改一二语，实不忍并从焚弃，致令湮没不彰。"观两次上谕之意，凡以夷狄字样称清室者，皆宜删改。若指它国或它人，如宋人之于金元，则可不改。但办理《四库全书》者执行过分，所改之处固不只明人之对清室，然似非清高宗原意也。因此四库全书中遂增加若干有意的删改或无意的错改。

其实四库馆之价值，不在于纂修《四库全书》，而在于《永乐大典》中辑出若干当时已不存在之古籍。其端自乾隆三十八年安徽学政朱筠奏请将《永乐大典》择取缮写各自为书一折发之。辑出各书约分三类：一类为刻本抄本皆已不存在，而只《永乐大典》中保存全书或若干部分，虽不免有被馆臣误删误改之处，然仍为海内孤本。第二类其书虽存有刻本或抄本，但以之较《永乐大典》中所保存者，或卷数不完全，如《续资治通鉴长编》等书是也；或字句有异同，如《水经注》是也。第三类则《永乐大典》中所保存者以外，仍有原刻本的存在。前两类对古书之重现极有帮助。第三类则不然。宋楼钥《攻媿集》即其例也。修四库全书时，馆中未见宋原刊本，只据《永乐大典》中所收楼集辑成，亦即聚珍本所刊而四部丛刊所影刊之本，然宋刊本固存于天壤间也。此亦库本所据不一定是最佳本之一例。宋刊本楼集内容远较辑本丰富。宋人反对妇女再嫁并不若后世之严格，楼氏所撰碑志有记载再嫁者，而馆臣以为有伤名节，遂将删去。有留初嫁之姓名而去其余，亦有留后适之人而删其初嫁之夫者，大都视其人地位之高显或否而定。徐森玉先生以宋刊本校库本，遂发现此中曲折。此亦妄改之一例也。世人多震于四库之名而不知其有异于原书者夥，《芦浦笔记》之校勘及以上所举《江月松风集》《攻媿集》两书，不过例证而已。现北平图书馆及中央图书馆皆藏有大批库底本，若有人逐书研究，岂只百倍于斯，任女士此作殆其先导也夫。

附录　任长正《芦浦笔记》各种版本的比较研究

《四库全书总目提要》说："《芦浦笔记》十卷，两淮盐政采进本，宋刘昌诗撰。昌诗字兴伯，江西清江人……前有嘉定癸酉自序，称服役海陬，卖盐外无职事，惟缮书以自娱，凡先儒之训傅，历代之故实，文字之讹舛，地理之迁变，皆得溯其源而寻其流。盖其监华亭芦沥场盐课时作，故以芦浦为名也。……其书多纠吴曾《能改斋漫录》之失，其论泥轼、屏星、金根车，诸葛亮表脱句，孙叔敖碑舛讹，欧阳修误题《多心经》，杜甫诗错简，皆有特识；又张栻《悫斋铭》，本集不载，黄庭坚咏藕诗，实胡藏之作，皆足以资考据。王士祯《池北偶谈》尤称其记王复死节之事，可补宋史之阙，又称其书流传甚少。此本为丹阳贺氏所藏，而绥安谢兆由所传抄，则亦可宝之笈矣。"由此我们可以知道《芦浦笔记》是一本颇有价值的书，只是流传甚少，不常见到而已。

在鲍廷博的《知不足斋丛书》和曹溶的《学海类编》中，我们可以看到《芦浦笔记》的两种不同的版本；至于商务印书馆《丛书集成初编》中及上海进步书局印行的《笔记小说大观》中所收的《芦浦笔记》，都是采取知不足斋刊本的。另外在《涉闻梓旧》的《斠补隅录》里，有一篇关于《芦浦笔记》的文章；它是清朝人蒋光煦用某种旧抄本来校正知不足斋本的记载。以上所说都是《芦浦笔记》现有的刻本。至于旧抄本，据《四库简明目录》标注所提到的有二种：一种是振绮堂抄本，一种是拜经楼吴氏旧抄本。北平图书馆《善本书目》的记载有两种抄本：一种注明有黄丕烈校并跋，一种是阮文元校。又在《抱经楼藏书志》中，有《芦浦笔记》一项，并注明是知圣道斋抄本彭芸楣手校。除此以外，我又在黄丕烈的《荛圃藏书题识》中发现了三种不同的抄本：一种是《芦浦笔记》杨公笔录不分卷，一种是穴研斋抄本《芦浦笔记》十卷，一种是抄校本《芦浦笔记》八卷。由黄氏的题识中，我们可以知道以穴研斋抄本为最好，用它来校知不足斋本，能够改正和补脱的地方很多。然而以上所提到的抄本，现在根本就没有方法看到。如今我们可以见到唯一的《芦浦笔记》抄本，就是库校底本，现存在李玄伯教授家中。承玄伯师好意，借给我阅读，比较它们内容的异同，探求各种版本的根源，说明它们彼此间的关系，借以作为四库全书修订方式的举例。

关于《芦浦笔记》的库校底本，我们先作一个大概的说明。书中卷一的前页，是《芦浦笔记叙》，在这页的书眉上，加盖有汉文满文参半的"翰林院印"的图章，在叙后又载有谢兆申的题识和厉鹗的跋，文今抄录于下："是书藏丹阳贺进士娘家，予借得命桂父录之，以备稗官--种。万历叁拾有玖年辛亥拾贰月绥安大弋山樵谢兆申寓清凉寺之唯心庵校，朔后叁日书。"又"考《江西志》，刘昌诗清江人，开禧元年毛自知榜进士，《芦浦笔记》乃其所作。芦浦即华亭芦沥场，昌诗盖曾为盐官者，卑吏博雅如此，足征赵宋文治之盛矣。雍正十年壬子十有一日朔，钱塘樊榭山民厉鹗跋"由此我们知道这本书是由贺烺本所转抄而来的。其中共有十卷，每卷中又包括若干小节，全文都是用正楷写成，但有些字句曾经墨笔或朱笔删改，行款格式也有些被更正，尤其是在卷九《祭蝗虫文》的那一篇，被墨笔将它整页的圈去，这是四库馆的职员在办理四库全书时的检定工作。他们在当时很慎重的删去了这篇文章，而今日所存的四库全书《芦浦笔记》中也就短缺了《祭蝗虫文》的记载。在这库校底本的第一页上，有湖南湘乡王礼培先生的题字："卷九《祭蝗虫文》，四库馆以语多忌讳签出，已于正本删去，嗣后不必抄人，是库本已无此篇矣，此本尤当宝重。"（按此本曾经王氏收藏）因此我们可以知道库校底本有它的特殊价值，是应该尊重保藏的。至于它和其他版本的关系与异同，容后段详述。

据知不足斋本鲍廷博所作的《芦浦笔记跋》："右《芦浦笔记》十卷，乾隆壬午正月传龚侍郎翔麟玉玲珑阁本，龚传自晋江黄俞邰千顷斋，黄本则明万历间谢兆申抄于进士贺烺家也。元本曾经渔阳（应作洋）山人借观，前有题款一行，卷中附评语两行，其书后归海宁阮善长，阮有案语三条，今藏钱塘郁佩先礼东啸轩，予所从借抄也。……复介佩先借赵意林信藏本再校，赵本于厉孝廉鹗，厉本仍出于龚。……吴骞阅于横山舟次，陈鳣仲鱼借观。"由此可知（一）这书最初藏本是在贺烺家。（二）谢兆申从贺烺处借抄后，传到黄氏的千顷斋，再由千顷斋传到龚氏的玉玲珑阁。（三）王渔洋所见过的谢抄本保存在郁氏的东啸轩中。（四）赵信的藏本也同样的出自龚。（五）吴骞陈鳣都看过鲍氏的抄本。

跋中又说："癸卯十一月十四日借归安丁小山杰本校正，录其题识于左：'考《江西志》，刘昌诗清江人，开禧元年毛自知榜进士，《芦浦笔记》乃其所作……雍正十年壬子十有一月朔，钱塘樊榭山民厉鹗书'。'按是书所载地理故迹，多及四明奉化，而无一语及云间，……乾隆己亥重午前二日校官书借抄毕附识，祝堃。''己亥秋仲祝中翰堃本抄其元本当为祁门马氏所进，故有樊榭山民跋，辛丑正月以程编修晋芳所藏《学海类编》旧抄本互校的，丁杰'。"由此我们探得另一部分情形，即（六）鲍氏曾用丁杰本校，而丁杰又曾经用过程晋芳所藏的《学海类编》旧抄本互校的。（七）丁杰本子有厉鹗及祝堃丁杰的题识，厉鹗的题识与库校底本所录正相同，祝堃所借抄的本子是祁门马曰琯进呈到四库馆的，厉马是最相熟的朋友，所以在马曰琯抄本上有厉鹗的题识。

鲍氏跋文末段说："余传是书在壬午之春，弹指三十五年矣，屡经校雠，意未惬也。丙辰七月始得谢肇淛小草斋旧抄补脱文二行，王公家传补十六字，《祭蝗虫文》补十三字……其他更定不一而足，庶几成善本矣，亟寿梓氏以传无穷，惜樊榭意林诸老宿不及见也。小草斋本末有辛亥七月望丰城张应桂手录题字一行，以抄藏岁月计之，仅先谢兆申本数月，特未经转写，故未失真，为足据耳。"由此我们可以推知：（八）谢肇淛本比所传抄的谢兆申本要好些。总合以上所谈到的，我们可以明白《芦浦笔记》版本的流传，以及鲍氏校雠本书的努力，而知不足斋本得以流传到现在，和后来刊印《芦浦笔记》都有鲍本做根据的原因，也就在此。

然而蒋光煦在他的《斠补隅录》中，将旧抄本的《芦浦笔记》去校知不足斋本，所改正和补脱的地方很多。他所根据的旧抄本是从何处而来的呢？我在黄丕烈《尧圃藏书题识》中找到了三种不同的旧抄本，现在将他的题识节录于下：

> 《芦浦笔记》杨公笔录不分卷。此节录本《芦浦笔记》较十卷为胜，鲍刻《知不足斋丛书》本虽雠勘精审犹逊此，知其他乎？惟余旧藏穴研斋抄本此胜处悉同，此本未可以节文轻弃也。

> 《芦浦笔记》十卷穴研斋抄本。《芦浦笔记》十卷，向时但有传录之本，近始刊入《知不足斋丛书》中，曾以此抄本校鲍刻，所正甚多。其尤可笑者，《赵清献公充御试官日记》中脱考到诸科卷子一行起，至驾幸复考所起居一行止，共脱九行。虽以渌饮竭三十余年心力，将诸本雠勘，始得付梓，而尚脱误如是；盖不遇此本，亦事之无可如何者……俾共知穴研斋缮写本精妙，真无匹已。

> 《芦浦笔记》八卷抄校本。郡中吴枚庵先生多古书善本，皆手自抄录或校勘者，久客楚中，归囊尚留数十种，此《芦浦笔记》其一也。余欲借校鲍氏新刊本久未得闲；适张䜱庵来谈及近见一旧抄残本，内八卷，文有立起行伍，句上多赵字，较鲍本为胜，因校此本，乙起立为立起，文似顺矣，然初不知原文为赵立起行伍也。遂动校勘之兴，并忆所藏穴研斋抄本宋人说部有数种，此书在焉。取勘是本，所□实多，其最胜者，乃卷五《赵清献公充御试官日记》中文多几行也。观赵鲍本跋语，于此书雠勘至数回，而尚有脱误，信乎古书之难觑而校勘之不易也。惜鲍渌饮已作古人，不能语而□之，为一大恨事，只好与枚庵共为赏析尔（□系原刊本缺字）。

由此我们可以知道这三种抄本是具有相当的优点的，黄氏曾用以校知不足斋，有改正和补脱的地方，而他指出最明显的几条也正是蒋光煦所应用的。

此外，我们还可以找到另外的材料，用来证明蒋光煦所根据的旧抄本和上面所谈及的有密切关系，据《拜经楼藏书题跋记》中卷四《芦浦笔记》条：

> 《芦浦笔记》□卷，抄本，为同邑林善长（按知不足斋本作阮善长，俟考）先生所藏，有其手校及按语亲笔，又有渔洋山人借观一行，评语二

条，末有昌诗跋及龚蘅圃侍御曰居跋，谓此帙借抄于黄俞邰家者，与郁氏东啸轩藏本，当无大异，惟少按语一条，而多昌诗后跋及龚跋耳。先君子审定，复经简庄征君借鲍氏知不足斋本校。今岁重阳，征君又于吴中黄荛圃主事处见所藏旧抄，合校家枚庵先生手抄本，内第五卷《赵清献充御试官日记》，多三月三日、四日、五日事……为向来诸前辈所未及者，并详荛圃主事跋语中；其余字句之同异，更难枚举。征君得之，以校知不足斋新刊本，归而见示，聆受之下，获益宏多，因照录于是本。是本字句行款多与黄本同者，然脱误尚所不免，得此校补，洵称完善矣。

由此我们可知拜经楼主人吴骞所藏抄本也是出自黄虞稷的，和郁氏东啸轩的藏本没有多大差异，而他的校抄本是照录自陈鳣的，陈鳣则是用黄丕烈的穴研斋抄本和吴枚庵的抄本来校知不足斋本的，所以吴骞的校抄可称为完善的本子了。

又据《拜经楼藏书题跋记》中蒋光煦的跋文：

光煦少孤，先人手泽，半为蠹鱼所蚀，顾自幼即好购藏……而旧刻旧抄本之中，苕贾弊更百出，割首尾，易序目，剔画以就讳，刻字以易名……反覆变幻，殆不可枚举，故必假旧家藏本，悉心雠勘，然后可安。而吾邑藏书家，近数陈简庄君士乡堂，吴兔床明经拜经楼，顾余生也晚，均不获接其绪论。微君没，书籍亦亡失；惟吴氏犹世守之，泊与其孙鲈乡茂才交，乃得假拜经楼善本，以校所藏之缺失焉。……道光丁未九月朔蒋光煦识。

可知蒋光煦和吴鲈乡是好朋友，蒋氏常常借拜经楼的善本书籍用来校对自己的藏书。由此我们推定蒋光煦是见过拜经楼吴骞的《芦浦笔记》校抄本的，而他在《斠补隅录》中所用的旧抄本，也出于吴氏藏本，当无疑问了。

我曾以知不足斋本，《学海类编》本，库校底本原文及其删改处，参照《斠补隅录》中蒋光煦据旧抄本的校记，相互比勘。在这五种不同本子的《芦浦笔记》中，找出一百七十五个异同之处。大体上说来，库校底本的原本错字极多，行款格式也有些不合理，不过经过多次改正以后，当然要好得多；《学海类编本》最坏；知不足斋本比较详明，尤其单字的错误是很少存在的。总之，这几种本子确实有互见优劣的地方，而它们中间的某些大的异同，是颇为值得讨论的。如在卷五的《赵清献公充御试官日记》，《学海类编本》根本就没有这篇的记载，知不足斋本和四库底本所载的日记也有一部分的遗漏，那就是脱落了九行字，缺了从三月二日起到五日止的日记，而蒋光煦却根据旧抄本，将它校正在《斠补隅录》的《芦浦笔记》里，今抄录如下："考到诸科卷子，三日晴，上巳日，圣驾幸覆考所，起居，赐上巳酒各二，果子一。四日微雨春寒，圣驾幸覆考所，起居，赐酒食果子。五日阴寒，驾幸覆考所，起居。"其实这个大的脱误，远在蒋氏以前，黄丕烈早就用过穴研斋抄本校知不足斋本（见于《荛圃藏书题识》），他明确的指出鲍本所脱落的九行日记，而且他感慨的说出，在鲍氏生前可惜没有见到穴研斋抄本，以至于知不足斋本虽然校勘再三，但仍然不能达到尽善尽美的地步。《学海类编》卷五中既然没有这篇日记，为得避免这卷内容的缺乏，因此卷十的《上元词》《念奴娇》等数篇被列在卷五中，并且又将卷八中卞氏二牒摆在卷十里，这个编排上的大调动，是不见于其他本子的。不过《学海类编》卷七中，关于《豫让传》及《张耳传》的记载却较其他几种本子要详明的多。又卷八《资政壮节公家传》中："……疲民费财，请一切罢之。岁余除知颍昌府，移陕府。陕石民号难理……"，这是有关王复的做官经历的。经历在传记中应当占有重要的地位，而谢兆申本曹溶本都脱落了这段记载，只鲍廷博却根据谢肇淛小草斋旧抄本补上了这十六个字，这是知不足斋本几经校雠的成果。四库底本的校雠者虽然觉得那一段中似乎有脱句的地方，但他们只补上了少数的单字，说明了一部分的官历，却无法全部的找出来，只是在书眉上批写着"此行有脱误"五字。又在传的末段中，"起立行伍"一句，只有蒋氏的旧抄本改正为"赵立起行伍"。校四库底本的人，也认为这句有毛病，所以改为"立起行伍"，但仍然不知道"立"就是"赵立"。另外在卷四巴丘节中，蒋氏据旧抄本在"崇仁县"之下，补有脱文九字，其他的本子都没有这九字的记载。

由于以上的种种情形，我们可以知道四库本所根据的并不一定是最好的本子，因为古书的流传颇广，最好的书籍不一定准会缴送到四库馆内的；但是书籍一经送入四库馆，便似乎"一登龙门，身价百倍"，因为它是纂修四库全书蓝本之一，有着原始史料的价值。四库全书的内容，常常由于纂修人的更改而与原本不同，所被删改的字句的真面目，以及何以要删改的理由，我们都可以从原始史料——库校底本上找得，至少也可以得到一部分的帮助。根据《办理四库全书档案》和《四库全书纂修考》的记载，我们知道乾隆三十七年到五十二年中，四库馆动用了几百名高级职员和三千多名誊录的人员，集书三千四百七十种，七万九千一十八卷，总计抄成书籍三十一万二千九百零二册，这是历史上仅有的巨大工程，在保存文献方面，具有莫大的功劳。然而高宗之所以诏访遗书，编纂四库，当然也有许多政治作用存在。简单的说，一方面是延揽人才去修纂四库全书，使当时的人们在笔墨的生涯中去消磨悠长的岁月，借以减免汉族反满的思潮；一方面借着这个机会，尽力搜索汉人数千年以来的典籍，凡不合于自己意见的，也就是不利于满清政府的，一概毁灭干净。因此高宗对于如何搜集天下的遗书以及如何检定抄写校对等工作，都定有极详尽的办法并且严格的执行，对于任何一种书籍都要经过数人多次的校正，有所谓分校覆校总校的次序，而正副总裁担任着更多的更重要的职务。高宗常常亲自查询，有时他认为工作情况很好的话，便给与若干赏赐以资鼓励，倘若有错误发生的话，他就给总裁以及总裁以下的工作人员轻重不同的处罚。在四库馆职员记过统计表中，有人被记过竟达三七二八次之多。而所谓错误，大多半是因为书籍中有些忌讳的字句，没有被抽毁删改挖补，这被认为极大的疏忽，是必然遭受处罚的；就以现有的《芦浦笔记》库校底本来说吧，我们可以看出四库馆的校雠工作确实是经过几番手续的；书中的错字和脱误改正了不少；行款格式也有重新圈定的地方；某些对满清不礼貌的字句，都被校雠者一一加以删改，如"虏"字都改成"敌"字，"寇"字改为"围"字，"虏贼毋诱我"改为"若辈毋诱我"，"北胡犯顺"改为"北兵侵境"，"粘罕"改为"尼雅满"等。尤其卷九的《祭蝗虫文》一篇，是宋朝人仿韩昌黎《祭鳄鱼文》而做的，中有"道安丰而西北，走曰（"曰"字，知不足斋本作"四"）十里即虏人之界。彼其暴虐无道，弑君弑母，无所不有，蝗虫舍此而去彼，谁为不可者？今与蝗虫约，三日北归，三日不能，五日，五日不能，七日，若七日不归，是终不肯归矣，是狃蕃夷之余习，以害我圣朝之善治……"，满清政府是来自北方的，不幸这篇文章中写出了这么多唾骂的话，的确是非删不可的，所以这篇《祭蝗虫文》，先将字改过，并且在"虏人之界，彼其暴虐无道，弑君弑母"数字的旁边，注上符号，表明这些字句忌讳太大；但是后来仍然觉得不甚妥当，又用笔墨将整篇圈掉，并且在书眉上批写着"此篇语多忌讳，已于正本删去，嗣后不允抄入。总裁刘识"。由此可以知道在四库本中是不会有这祭蝗虫文存在的，而在乾隆以后出版的书籍也应该将这篇删掉，但是事实不然，在嘉庆年间印行的知不足斋本和道光年间出版的《学海类编》中，仍然将《祭蝗虫文》刊载出来，只是有些少数违碍的字样略经改过。是否仁宗宣宗对于这些事不太注意了呢？或者是朝政繁乱，他们无暇顾及这些区区忌讳之语？其实文化的流传是极广泛的，短时间内片面的摧毁或淹没，只是一种笨拙的手段而已。

《芦浦笔记》各种版本传抄校刊关系图

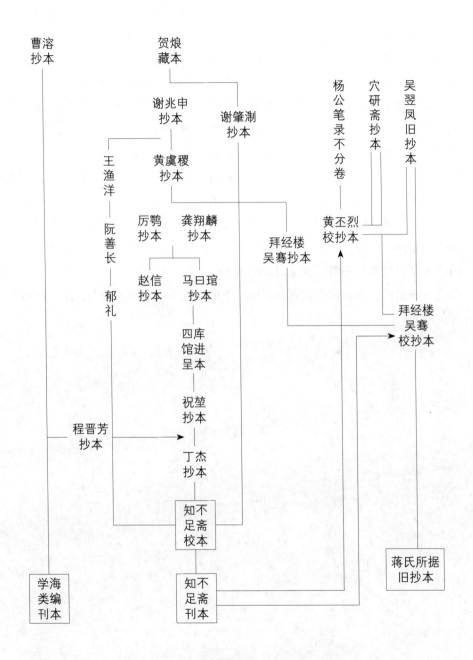

又从库校底本上，我们可以发现校雠者常常轻意的涂改原文，如卷二《汉砖篇》"谢居砖"的"居"字，第一次改为"君"字而且在书眉上写明"君疑

居"。又如卷五《赵清献公日记》中的"贯之杂端"要合理些。但其实不然。后来又有人将"事"字圈去，再用"端"字，并且在书眉上黏一张小纸签，上面写着："唐宋最重知杂事御史，谓之杂端，亦曰台端，又曰端公。赵璘因话录载之最详，不可改。"又在卷十的《上元词》中"卷尽红莲十里风"的"莲"字，最初被改为"楼"字，后又有一签条上写着："正本仍是莲字，纂修卢遂。"按卢遂是福建福州府侯官县人，乾隆四十年二甲进士，在四库馆内担任纂修之职。由这条签注，我们又可以知道《芦浦笔记》的正本至晚必在乾隆四十六年抄成，因为卢遂是乾隆四十六年死的，见于《办理四库全书档案》。

总合以上所说，可知《芦浦笔记》的几种版本是互有优劣和同异的，而四库所用底本不如穴研斋的精善，可以证明修四库全书所根据的有时并不一定是最好的本子。同时修纂者常常加以无知妄改，比如他们不知道宋代知杂事御史的称为杂端，就将"贯之杂端"改为"贯之杂事"。又有某些有意的修改，比如删去《祭蝗虫文》一篇，就是最好的例子，不过这篇文章当时虽被删掉，后来却仍有刊出的。这正可以说明，想用一手的力量去毁坏天下的书，是一件愚不可及的事。

原载《大陆杂志》第七卷五期

春秋战国战史

春秋和战国的战争面目，不太相同。春秋每一战役，所用的人数少，时间亦短，通常只须一日的功夫，即可判定胜负；而战国每一战役，所用兵力有时十倍于春秋时，且作战时间总是连绵至几天或十几天之久。因为这二时期面目的不同，形势的不同，可将它分成一、二两节。

一　春秋战史

春秋最重要的一次大战，无疑是城濮之战。因为那时楚国的势力，方在极度膨胀，操纵到黄河以北的国家，中原的局势，非常危殆。但经过晋文公竭力挽救这狂澜，遂使楚国的势力，不只在春秋时候，最北停顿于现在河南省许昌的左近，并且一直到战国之末，仍旧如此。

（一）城濮战前的二次战役举例

在没有说到划时代的城濮之战之前，先以繻葛之战与泓之战作为城濮战前若干战役的举例。

（一）繻葛之战　鲁桓公五年（公元前七〇七年），周桓王率诸侯之师伐郑，与郑庄公之兵战于繻葛（旧说在今河南长葛县境）。据《左传》所记载，周军的阵容如下：

> 王为中军。虢公林父将右军，蔡人、卫人属焉。周公黑肩将左军，陈人属焉。

这种三军并列的阵式，是一直到春秋之末，仍旧保持使用的。郑人应付的战略，也将军队分成三军，用左拒以抵制周人的右军，用右拒以抵制周人的左军，并且"为鱼丽之陈，先偏后伍，伍承弥缝"。据司马法：二十五乘兵车为一偏。先偏后伍，是将兵车按偏的编制，列在前面，而以五人为伍的步兵，列在后面。而兵车与兵车之间的间隙，则弥之以步兵。以上是郑国军队的阵容。到了合战的时候，郑人因为陈国那时有内争，战斗意志不强，遂以右拒先攻击周左军的陈人；果然，陈人先溃。又以左拒攻击周右军，右军所属的蔡人和卫人，看见陈人的崩溃，阵容亦即紊乱，以至于溃乱。至此，周人只剩余中军，郑国三军遂以全力去攻击它，周人大败。由以上郑人的战略来看，是先攻其虚，而后攻其实；周王的精锐在中军，是所谓实。此种战略，一直到春秋之末，常被使用。

（二）泓之战　公元前六三八年，宋襄公伐郑，楚人往救，与宋人相遇于泓。（今河南柘城县有泓水）宋的阵势已经列成，而楚军尚未完全渡过泓水。宋人乃建议于宋襄公说："彼众我寡，及其未既济也请击之。"襄公不听。楚国军队既渡过泓水，尚未成列，宋人又请襄公下令攻击，襄公又不听。及楚军列成阵势，方始合战，宋军遂大败。这次战役的失败，完全由于宋襄公之不懂战略。但它却显示乘敌军半渡而加以攻击，也常被春秋时代的人所采用。

（二）城濮之战

在城濮之战以前，楚成王力谋向北方发展。在南方的陈（今河南淮阳县）、蔡（今河南上蔡县），久已归到他的势力范围；河南中部的郑（今河南新郑县），也与楚人有勾结；山东的鲁国（今山东曲阜县），因为常受齐国的侵扰，故亦也求援于楚国。楚国曾派兵会同鲁国去讨伐齐国的谷城（今山东东阿县），遂将其势力伸入山东。在今山东定陶境的曹国，也早与楚国结好；在黄河以北的卫国（今河北滑县），也与楚国通婚姻。这时楚国虽尚未能囊括中原，但中原各国多已服从，不服从楚国的，只有宋国（今河南商邱县）。若没有城濮之战，楚国必将渐渐并含诸国。周室的覆亡，中国的统一，不必等到秦始皇时方才实现，而且统一中国的将是楚而不是秦。刘项虽然能够颠覆秦国，但汉及以后各代，所有制度皆承秦而来，秦楚制度不同，若楚统一中国，后世政治的面貌，必与秦所统一者不同。而楚之不能统一中国，城濮之战实为其重要因素，也就是说，这一战役关系于我国后来的历史，亦极重大。故本节的述说不厌其详明。

因为不服从楚国的只有宋，在鲁僖公二十七年（公元前六三三年），楚人遂围宋都。宋国请援于晋，晋国的战略不直接救宋，反先伐曹、卫。次年，攻入曹都。晋人以为如此，楚人必移师救曹、卫，则宋围可解。但是楚国的元帅子玉，仍旧围宋不却。到了三月，宋又派遣使者求救于晋。这时，齐国和秦国虽然都站在晋国的一方，反对楚国，但是并未决意作战。故晋文公不得不用外交手段，"使宋舍我，而赂齐、秦，藉之告楚。我执曹君，而分曹、卫之田以赐宋人。楚爱曹、卫，必不许也。喜赂怒顽，能无战乎？"（《左传》僖公二十八年）齐、秦得宋贿赂以后，要求楚国停战；但晋国并不愿楚国应允停战，所以，另一方面，故意拘执曹君，又将曹、卫之田，分与宋人，以激怒楚国，使楚国不允停战。齐、秦既喜得宋的贿赂，又怒楚的冥顽，自然愿意作战。楚帅子玉果然坠入晋的计策中。但子玉也是一个能手，提出反和平条件；假如晋侯使曹、卫复国，他便不再围宋。晋人对这一条件，是应允与拒绝两难，于是使用第二次外交策略。晋一面暗中与曹、卫交涉，答应他们复国；另一面将楚国使者拘禁，以再激怒子玉。曹、卫因为与晋地势相近，也就与楚国断绝，子玉果然大怒，战事遂不可阻止。

夏四月，晋楚二军会于城濮（旧说在山东濮县南临濮集，但其地望似嫌过北，另一说在河南陈留县境，似较合理）。楚以元帅子玉将中军，子西将左军，子上将右军，右军中且杂有陈、蔡二国的军队。晋以原轸、郤溱将中军，狐毛、狐偃将上军，胥臣佐下军，各对楚军为阵。栾枝则以下军将的地位率领下军的一部，列于上军阵后。晋国军队的组织，每军各有一将一佐，各率有一部分军队。当时晋楚二方合战前的阵容略如右图。

既合战，晋下军佐胥臣"蒙马以虎皮"，先攻击楚右军所属的陈、蔡，陈、蔡溃乱，楚右军遂败。晋上军设二帅旗退行，下军栾枝更用车曳柴，使尘土飞扬，因此楚人疑惑晋上军已经败退，遂往前追逐。晋上军乃用旋转行军式突击楚左军侧翼，晋中军则攻击其另一侧翼，以收夹击之效，而栾枝的下军则攻击楚左军的正面，于是楚左军陷入三面包围中。楚帅子玉观上下二军皆败，独力难支，遂收兵而退。合战中的形势图若右。

城濮战役楚的失败，有几种原因。第一：楚成王本意就不愿作战，所以他

"使子玉去宋，曰：'无从晋师'"；等到子玉不从，请成王增加军队时，王又"少与之师"，可见楚王与将兵的元帅，其战略根本不同。在将要合战的时候，因为晋军稍退，楚国的众军官亦想就此不战而罢，但子玉坚持不可，可见前方将领的意志，亦不见得一致。在晋国方面，则上下一致主战，故楚国的战斗意志可说低于晋国。第二：晋国用种种的策略以激动子玉，其详情已见前述，而子玉不能忍耐，策略不免有些紊乱。第三：楚若出倾国之兵，亦未必失败，可惜楚王不肯多遣预备队，以至前方兵力不足。观晋文公在战前之畏惧战败，及子玉在败后之尚能保全中军的完整退却，楚国若不犯以上几点错误，则胜负实未可知。古人说："师克在和"，可于此役见之。

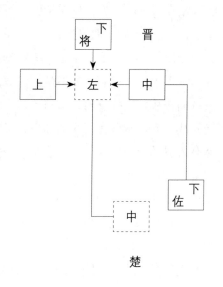

（三）殽之战

城濮之战，是晋人阻拦楚人北上的主要战役，而殽之战，是晋人阻拦秦人东向的开始。殽之战以后，一直到秦孝公时代，秦人方能大规模向东发展。就是说，秦人东渐的势力因殽之战而延缓了三百年之久（由公元前六二七年至三四〇年）。

当时秦国派去戍守郑国的人，与郑国的官吏勾结，预备秦国军队抵达郑国时，作为内应。于是秦穆公就想藉此为东出之策，暗暗地派遣军队，经过周国，去偷袭郑都。这是一种冒险的举动。由陕西到河南的新郑，途程辽远的行军，真是蹇叔所说："劳师以袭远，非所闻也；师劳力竭，远主备之，无乃不可乎？"（僖三十二年《左传》）果然就在途中被郑国往周经商的商人弦高所发觉，派人急骤地报告郑君，等到秦军到郑都时，郑国已经有了准备，作内应的人也畏惧逃去，秦军遂不得不撤退。

秦伐郑的这一年（公元前六二八年）晋文公卒，秦穆公之敢于东出，大约也因为晋国正在易君之际。秦国班师而退，是在第二年。城濮之战时晋国的元帅原轸，这时仍旧当政。他得到秦国伐郑的消息后，就发出动员令，至四月在殽遇见秦国退回的军队。殽在今河南洛宁县境，南负东西二殽山，北逼黄河，为东西往南孔道，形势至险。晋军即在彼处截击秦军，秦军不防，遂大败，秦三军统帅皆被俘。城濮之战战于平原，且系正面攻击，而殽之战则在丘陵地带，且属侧面攻击，是此二战役之大不同处。

（四）邲之战与鄢陵之战

秦人既不敢东出，晋国的国策，仍在抵制楚国的北上。这种国策，绵亘到晋国六卿争权时代方告结束。其中有无数次小战役，而重大者有二，即邲之战（公元前五九七年）与鄢陵之战（公元前五七五年），二者皆由争郑而起。晋败于邲而胜于鄢陵。

鲁宣公十二年，即公元前五九七年，春，楚兵围郑都，三月后而城陷落，郑国投降，与楚国订立条约。是夏六月，晋以"荀林父将中军，先縠佐之"，（《左传》）军行至黄河，得到郑已投降的消息，荀林父意欲不渡河，就此撤兵回国，但先縠极力反对。他说："闻敌强而退，非夫也。命为军帅而卒以非夫，唯群子能，我弗为也。"（《左传》）就率领中军的一部分，独自渡河。荀林父亦未能制止。有的将帅对荀林父说，以半军独自抵挡楚师，这是极危险的事。先縠若败，元帅也应负重责；不如三军一齐渡河。荀林父原无坚定的主张，又不能使他人服从自己的命令，就只好全师渡河。这些皆足证明晋军号令之不严，战斗意志之不振，统帅之无能，失败之机已伏于此。

楚庄王与郑和以后，已经班师南旋，得到晋师渡河的消息，楚王和令尹孙叔敖初不欲战，但嬖臣伍参力劝楚王旋军迎敌，楚王从之，薄晋师于邲（今河南郑县）。未合战，晋师见楚师突至，荀林父"不知所为，鼓于军中日：'先济者有赏。'"因为事先既未设防，且未尝预备充足的渡河工具，以备退师，遂致中军与下军因争船而自相斫杀，楚军不战而获胜。

鲁成公十六年，即公元前五七五年，晋侯伐郑，因为郑国背晋服楚。郑人听到晋侯来伐的消息，求救于楚。这时楚国的政治情形恰如邲之战时的晋国一样，譬如中军元帅子反与左军元帅子重的不相和协等是。是年六月，晋楚两军遇于鄢陵（今河南鄢陵县西北），楚军紧压晋师而阵，晋军欲战无地，又不能退，于是"塞井夷灶"，设阵于营中。既合战，晋国的贵族将中军的栾氏、范氏，会合公族力犯楚军，自晨交战，至夜未已，楚王被射中目。楚元帅子反另补充死亡的军队，修整甲兵，预备次日复战，晋军亦复如是。但是夜楚王欲召子反商讨战略，适子反饮醉，不得见，楚王遂率军退却。

鄢陵之战楚国失败的原因，亦为统帅之不和，已如前所述；而子反当统帅之任，处在战争紧急的时候，竟然酗酒自醉，皆证明纪律之不严明。《左传》上又说："郑陈而不整，蛮军而不陈"，可见楚军中又杂有郑军和蛮军，此恰与城濮之战时楚军中之杂有陈、蔡的军队相同。城濮之战，楚国失败的最初原因，由于晋人先犯陈、蔡，陈、蔡先溃，而连及楚右军。《左传》对鄢陵之战的记载，虽不如描述城濮之战的详细，但仍不难推测晋人必用旧战略，先犯郑人蛮人，恰和城濮之战时的情形一样。城濮之战，晋文公纪律严明，故能战胜，而邲之战时的晋帅和鄢陵之战时的楚帅，皆御军无方，是以战败，足见纪律对战争的重要。

（五）吴入郢之战

春秋末期战役的形态，与以上诸役亦略有不同。规模的广大虽然尚不及战国之世，但与春秋时期的一次合战即分胜负者远不相同。兹以吴入郢之战作为举例。

鲁定公四年（公元前五〇六年），蔡国请求吴国出兵帮助伐楚。吴国的军队，由淮水乘船西上，至今河南潢川县左近，舍舟登陆。楚左司马戌对元帅囊瓦献策说："子沿汉而与之上下，我悉方城外以毁其舟，还塞大隧、直辕、冥阨；子济汉而伐之，我自后击之，必大败之。"（《左传》）意思是使囊瓦守住汉水，不令吴兵西渡，司马戌则用方城外的兵力，先毁掉吴国的船，使吴军没有退路，然后复堵塞大隧、直辕、冥阨等三阨（俱在今湖北应县与河南信阳县之间），将吴军拘缩在今豫、鄂边境至汉水间的狭长地带；最后囊瓦渡汉水迎击吴军，而司马戌则由背面夹击，吴军欲退无路，必趋崩溃。囊瓦听信谗言，恐司马戌成功，因此就不用其策。于是楚军渡过汉水迎吴军而阵，经过三次小接触，楚军已深感吴军强盛，颇有惧心。吴楚二军遂对阵于柏举（今湖北麻城县），吴王之弟夫槩率其所属五千人直犯囊瓦所率之军，楚军大败而奔。吴军追逐至清发（水名，在今湖北安陆县），楚军渡水西却，吴军乘其半济，又狙击之，再败楚军。更前复败楚军于雍澨（今湖北京山县），由是五战而直抵楚都郢（今湖北江陵县）。楚王出奔，吴军遂入郢。

这次战役，由柏举之战至攻陷楚都，共历十日之久，与以前各战役多半接触一日者不同；并且中间经过无数次的战斗，也与从前之接战一次即决定胜负者不同。又从吴军之舍舟登陆来看，吴国所用的军队，至少当有一大部分属于步卒，而江南多水，似亦不宜于车战。也许这是吴入郢战役的特殊形态。总之，时间之长，与作战地域之广，皆显示春秋末期的战略，已逐渐接近于战国的。

二 战国战史

战国的战争，与春秋的面目完全不同。春秋用车战，而战国军队的主力在于步卒及骑兵。因为用车战，所以仅适用于平原，而不能驰骋于山险。骑兵和步卒则不然，且骑兵和步卒的设置，亦远较战车为易。在城濮之战时，晋国作战的兵力是七百乘。每乘所包括的兵力，司马法原有两说，其一说为革车百乘，甲士千人，步卒二千人，则每百乘包括甲士及步卒三千人；另一说是每乘有甲士三人，步卒七十二人。以此而论，城濮之战晋国的兵力，最多不过五万人，少则当在二万一千人之谱。号称春秋中期的大战役，人数不过如此。至鲁昭公五年，楚人所说晋国的兵力共约四千九百乘，以司马法二说来估计，多则三十五万人，少则十五万。鲁昭公五年已届春秋末期，固然其兵力较诸城濮之战时增加甚多，但若与战国时代各大战役相较，仍为数甚少。如长平之战，赵国合伤亡及被俘的军队即达四十五万之多，远非春秋时代的人所能想象。再以作战时间而论，赵括之被秦军围于长平，凡历四十六日之久，亦与春秋时之速战速决者不同。

可惜六国的史记皆为秦人焚毁，至司马迁作《史记》时，所能看见战国的记载，仅有秦纪。据说，其中的记载多半仅有年而无月日，更无对战事的详细描写。《战国策》虽然是战国时代的作品，但所记多半是游说之士的谈论，对于战事的描述，更无补益。故秦灭六国的大方策虽然能够知道，但对每一战役的细节，所能知道的只有马陵之战与长平之战而已。

（一）马陵之战

公元前三四一年，魏、赵联合攻韩，韩求救于齐，齐使田忌统兵往救。田忌用孙膑之策，直趋魏都大梁（今河南开封县境）。魏统帅庞涓知道这个消息后，就撤回攻韩的军队，返救本国。孙膑又献策说："彼三晋之兵，素悍勇而轻齐，齐号为怯，善战者因势而利导之。兵法百里而趣利者蹶上将，五十里而趣利者军半至。"意在引诱魏军相信齐军疲劳，以致轻敌。于是齐军入魏境以后，先为十万灶作饭，第二日，减为五万灶，第三日，减为三万灶。庞涓得到齐军减灶的消息，大喜说："我固知齐军怯，入吾地三日，士卒亡者过半矣。"于是将其步卒留在后面，自将精锐兼程而行，追击齐军。孙膑预料当日晚间，庞涓军队可到马陵（在今河北大名县与山东濮县间）。马陵道甚狭隘，两边多山，齐军善射者皆埋伏在山上，又在山谷中斫大树，去其皮，写着"庞涓死于此树下"数字在上面，并预令伏兵见燃火则射，庞涓至此，果燃火欲观树上之字，于是万弩齐发，魏兵在狭隘中无所逃避，乃大乱，庞涓自杀。齐军乘胜追击，大败魏军。

马陵之战以前，魏国军力强盛，孟子所谓"晋国天下莫强焉"。晋即指魏而言。因此秦欲东进，每受魏之阻拦。马陵之役，魏受重创，秦遂于次年大举伐魏，用计掳魏元帅，迫魏献河西之地以和，秦之国境遂东至黄河，东方的门户因而洞开。而魏之不能御秦，实由于马陵之败，可谓战国时代的重要战役。

（二）长平之战

韩赵魏三家分晋以后，强者首推魏，次推赵，而韩国最弱。长平之战，使赵国受重创，与马陵战役之影响于魏者相似，皆为战国时代国际形势转变之重要关键。

公元前二六二年，秦攻韩之河内，将山西的上党与韩都（是时韩都在今河南新郑县）割断。上党无法与韩联络，遂投降于附近的赵国。次年，赵更派兵军至长平（今山西高平县）以为上党声援。赵国元帅廉颇用坚守的战略，筑垒壁坚守。秦屡出挑战，赵军偶出应战，虽有损失，但廉颇仍采取坚守的策略，使战争变为阵地战。他的用意，以为秦军久劳于外，运输给养，必有一日感觉困难，势不至退兵不止。秦国亦深以赵用这种策略为患，于是使间谍至赵国散布流言，说秦并不怕廉颇，秦只怕赵括。赵括是赵国宿将赵奢之子，赵奢

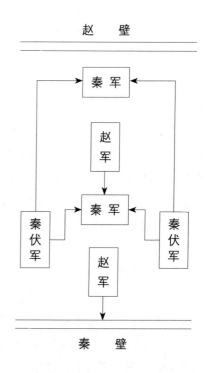

常常批评他只懂战争的理论，而不善将兵。赵王对廉颇之不出战，本已不满，又听信秦国间谍的话，遂以赵括代廉颇为元帅，秦乃暗中遣其名将白起至长平，担负统帅的职务。赵括代将以后，立即反廉颇的策略，出兵攻击秦军。秦军正面假作败退，而于两侧另设伏兵。赵军以为得胜，追逐秦国假败的军队，直抵秦壁。秦军坚守壁垒，赵军不得入。同时，秦两侧的伏兵，包抄赵军；另一队由侧面直抵赵壁。于是在秦壁和赵壁之间的赵军被切成两截，而赵军与赵壁中的军队亦失去联络，当时秦赵二军形势如右图。

秦国更以骑兵攻击赵国被围的军队。战事进行的结果于赵括不利，赵括的两截军队遂各自筑壁坚守。秦国又征召河内年十五以上的壮丁皆到长平，遮拦赵国的救兵及给养的供给。如是者经过四十六日，赵军屡突围不能出，食粮皆尽，赵括率其精锐突围，为秦军所射杀。于是赵卒四十万悉降，白起尽坑杀之。此役赵国的损失前后共四十五万人，国力大削，此公元前二六〇年事。

这次战役，人数之众，绝非春秋各役所能想象。并且这次战役另有一特征，即秦赵二军各筑有壁垒，可以坚守。筑壁垒以资坚守的阵地战，实开始于战国时代。公元前二七〇年，秦围赵之阏与（在今山西东南部），赵遣赵奢往救，赵奢出赵都邯郸三十里，即筑壁垒，固守其中凡二十八日。其意盖欲令秦将相信赵军欲与秦军相持而不急救阏与。另方面又故意将此意使秦谍报得知道，而俟秦将获到谍报时，赵奢遂令赵军尽一日夜之急速行军，抵距阏与五十里处，筑起坚垒，然后出兵以击秦军，秦军遂溃。可见筑垒壁是战国通行的战略。下至项羽钜鹿之战，诸侯作壁上观，当亦沿用同类的战略；又下降至于清末，围攻捻匪，亦曾在运河边筑长墙以堵其流窜，仍是一脉相传的。

（三）秦灭六国

秦自孝公变法以后，国富兵强，当时与秦接壤的有二国，北有魏，南有楚。因魏据有河西之地，为赵韩二国的屏障，故商鞅对秦孝公说，魏与秦不能两立，不是魏并吞秦，就是秦并吞魏。因此，第一期的战略，侧重对魏。恰巧自梁惠王以来，几乎每年与四邻战斗，国力颇受损失，尤在公元前三四一年被齐败于马陵之后，国力日削，商鞅乃能于次年率兵伐魏，用计俘魏帅公子卬，大败魏军，迫魏献河西之地予秦。秦之势力遂达到黄河西岸，而魏亦急从安邑（今山西安邑县）迁都大梁。于是秦开始第二期战略。河西之地既已归秦，赵、韩皆不能复受魏之掩护，秦乃能以主力对付韩赵魏三国，渡河而东，时侵赵，时侵魏，或在黄河以南侵略韩境。如是者经过四十年之久，在公元前三〇一年，三国之力不止不敢与秦争，韩、魏且服从于秦，常与秦王会盟。至次年，魏、韩反连合秦军伐楚，大败楚军。于是第三期战略开始。在这一期中，秦人南进，侧重对楚，而以北方之韩、赵、魏为次要。其间重要战役，如公元前二八〇年秦败楚，楚割汉水以北地求和。次年，秦又攻下楚之西陵（今湖北宜昌县境）及邓（今河南邓县），又次年，秦遂陷楚都郢，焚烧夷陵（今湖北宜昌）楚王的陵寝，以所取楚地置为南郡。楚遂东遁，迁都于陈（春秋陈国地）。公元前二七七年，秦又取楚之黔中（今湖南西部），设为黔中郡，至是楚暂不能为秦患，第四期战略遂转而北进，再集主力于韩赵魏三国。第四期以长平之战为最主要，赵人大败，损失至四十余万，其详情已于前节论及。次年（公元前二五九年），秦又发兵围攻赵都邯郸（今河北邯郸县），历时八九月，终未能拔。邯郸是战国时代的大都，与齐之临淄、楚之郢等皆为人口极盛之区。故仅以邯郸本城所能征发的兵力，尚能固守。至次年，魏、楚皆发兵救赵，秦军不得不暂时撤退。邯郸之役以后数年，秦军屡出伐魏及赵，并灭周，于是进入第五期。此期可以秦始皇元年为始，即公元前二四六年。至是秦已并吞西方的巴蜀，汉水以北的汉中，湖北西部的南郡（楚旧都区域）及湖南西部的黔中，北直达陕西北部的上郡，并跨有现在山西全省，设河东、太原、上党等郡，在黄河以南，设三川郡。其疆域东至荥阳（今河南荥阳县），与韩为界，其兵力足以东灭六国。六国之灭，始于韩（公元前二三〇年），韩本多山地，人虽善战而物力不足，故秦先灭韩，而使魏都大梁在形势上暴露于秦军势力之下。公元前二二八年，秦灭赵，赵公子嘉逃奔代（今山西北部）。韩、赵既灭，魏本可受秦夹击，而秦之原来战略，必即进军灭魏，但恰遇燕太子丹使荆轲刺秦王，遂于公元前二二六年先灭燕，燕退保辽东。次年，遂灭魏。至是秦之敌国所剩只有齐、楚。公元前二二四年，秦以其将李信和蒙恬将兵二十万伐楚，虽攻克数城，但李信终为楚军击败。于是秦又以王翦将兵六十万大举伐楚，楚亦悉倾国之兵抗之。王翦先用坚壁战略以劳楚师，然后方以精兵出击，大败楚军，杀楚帅项燕，楚人退保淮南。次年，遂灭楚。公元前二二二年，秦又北进追击辽东之燕及逃于代之赵，灭之。于是所余只有齐。公元前二二一年，即秦始皇二十六年，遂灭齐，统一中国。

以上略述春秋和战国的战史，两时期战略实在不尽相同。譬如军队数目，战国则十倍于春秋时；而春秋以战车为主力，战国则多用步卒，更加以骑兵；骑兵作战，是春秋时所未尝有的。此外，壁垒战则非春秋人所知，而为战国所始创。这种种演变的原因，当然由于两时期社会的不同。春秋时小国林立，人口不集中；战国时则有若干集中人口的大都邑，因此征集军队能众且速。另在兵器方面，虽然看不出春秋至战国间有何改进，但战国兵器的生产，无疑必较春秋为速，同时，因人工增加，更能大量制造。是以两时期战略之不同，其基础仍建筑在社会的演变上。

上古的大学教育

秦以前的大学教育约可分为两个时期，即孔子以前与孔子以后，孔子可以说是，在教育上等于在若干其他事物上，划时代的伟大人物。

一 孔子以前的大学教育

孔子以前的教育有两种特殊现象，这与孔子以后的正相反，就是：（1）官师合一；（2）只贵族能受教育，平民不必受教育，亦无受教育的机会。至少他们不能受大学教育。

（1）官师合一据《学记》说："能为师，然后能为长；能为长，然后能为君。师也者，所以学为君也。"这即是官师合一。官各有所守，所守的是古代典籍册府，欲学的人舍其处无由；亦只掌典籍的官能习知典籍方能教人。所以韩宣子观于鲁太史氏而说"周礼尽在鲁矣"（昭公二年《左传》）。盖古人所习以礼为最要，这些典籍皆为太史所掌，可以说太史是官兼师，合官师为一之中的一个人。他所教的是当时大学生所应习者，所以《内则》说："二十而冠始学礼，可以衣裘帛，舞大夏。"男子冠后始为成年，所以始学礼，以别于小学之"学书计"，"学乐、诵诗、舞勺"，"舞象，学射御"（皆《内则》语）。为何大学教育注重学礼呢？因为礼是天人性命之学，《左传》刘康公所说可证："刘子曰：吾闻之，民受天地之中以生，所谓命也。是以有动作礼义威仪之则，以定命也。能者养之以福，不能者败以取祸。是故君子勤礼，小人尽力。"（《左传》成公十三年）孟僖子亦说："礼，人之干也。不学礼无以立。"（昭公七年《左传》）后一句与《论语》所载孔子对伯鱼所说的相同，这当是古代贵族普遍的见解。孟僖子并嘱其二师事孔子，学礼"以定其位"，这与刘文公所说"君子勤礼，

248

小人尽力"的意思相似。

官师合一直至秦仍旧存在,《史记·秦始皇本纪》说:"欲学法令者以吏为师",即仍遵守古制度也。另外《汉书·艺文志》论诸子九流,谓"儒家者流盖出于司徒之官"。"道家者流盖出于史官"。"阴阳家者流盖出于羲和之官"。"法家者流盖出于理官"。"名家者流盖出于礼官"。"墨家者流盖出于清庙之守"。"从横家者流盖出于行人之官"。"杂家者流盖出于议官"。"农家者流盖出于农稷之官"。《艺文志》所记本于刘歆《七略》,当出自更古的传说。所谓某家出自某官固不能定其必然,但春秋战国各家学说皆出自王官则不误,这是古代官师合一教学的必然结果。并且汉代的博士仍旧是官。《汉书·百官公卿表序》:"博士:秦官,掌通古今,员多至数十人。"盖博士起自战国,《宋书·百官志》:"六国时往往有博士。"且为设弟子若干员,《汉书·贾山传》:"祖祛,故魏王时博士弟子也。"足证汉之博士除授业及课试以外,或奉使,(《汉武帝纪》《成帝纪》等)或议政(废昌邑王时,"遂召丞相御史将军列侯中二千石大夫博士会议未央宫"见《霍光传》,即其例),博士不专以教授为业而兼其他的事务,就因为更古官师原是合一,至汉虽变为两职,但仍未能完全划分清楚。这亦可以证明秦以前在教育上,官师的合一。

(2)受教育者只有贵族而无平民:因为大学教育所习是天人性命之学——礼——及治民之学,平民在一方面习学他毫无用处,而在另一方面"庶人力于农穑"(襄公九年),亦无余闲去习学他。在贵族方面则必须学,比如《左传》昭公十六年记有下列故事,足证对贵族的重要:

> 晋韩起聘于郑,郑伯享之。子产戒曰:"苟有位于朝,无有不恭恪。"孔张后至,立于客间。执政御之,适客后;又御之,适县间。客从而笑之。事毕,富子谏曰:"……孔张失位,吾子之耻也。"子产怒曰"……孔张,君之昆孙,子孔之后也,执政之嗣也。为嗣大夫,承命以使,周于诸侯,国人所尊,诸侯所知,立于朝而祀于家,有禄于国,有赋于军;丧祭有职,受脤归脤,其祭在庙,已有著位。在位数世,世守其业,而忘其所,侨焉得耻之!"

"孔张失位"之"位"就是孟僖子使其二子从孔子学礼"以定其位"之"位",亦即昭公二十九年《左传》仲尼所说的"民是以能尊其贵,贵是以能守其业。贵贱不愆,所谓度也"。并且这句中的"业",亦就是"世守其业"的"业"。小人（平民）既无位又无业可守，所以不必学天人性命及治民之学，而君子（贵族）必须世守其业，不可忘其所，就必须学了。这是孔子以前的大学教育。

二 孔子以后的大学教育

孔子以后与孔子以前大学教育的实质并无大不同处，只是官师既不必合一而平民的优秀分子亦可求学，与贵族同。因为事务日繁，社会的环境日渐复杂，官不能再有暇以兼师，于是在官以外，亦有私人的讲学，至晚孔子是创始者。这与平民的优秀分子亦可学两事互相循环。《论语》记载孔子"学不厌而教不倦"，孔子又说："自行束脩以上，吾未尝无诲焉。"可见孔子对任何阶级，无论他是君子，是小人，只要来请益，皆可教以所欲学，所谓"有教无类"。这种精神与孔子以前大不相同，开后来官学与私学并立的风气。比如以两汉说，既有官立的博士，亦有民间的传习（《春秋公羊传》有颜、严两家博士，《左传》在西汉时皆传习于民间）。其来源皆始于东周，此风历各朝而不改，是中国大学史的主流。历代虽略有损益，然百变仍不离其宗，此孔子之所以称先师也。

为何说实质并无不同呢？孔子讲学首重仁，《论语》中处处可见。"颜渊问仁，子曰：'克己复礼为仁。'"可见孔子的大学教育仍以礼为要，与以前的教育实质相同。并且孔子所谓礼指礼的深义而不只揖让进退之节，盖欲通天人而以之立身立国。"子曰：礼云，礼云，玉帛云乎哉？"（《论语·阳货》）这与昭公二十五年《左传》所记郑国子太叔（游吉）的话相类。游吉述子产所说曰"夫礼，天之经也，地之义也，民之行也。天地之经而民实则之"（礼是天人性命之学）。又曰："礼，上下之纪，天地之经纬也，民之所以生也，是以先王尚之。"（礼又是治民安邦之学）再加以孔子说"不学礼，无以立"。立身立国皆在于此，所以说大学教育的实质与昔相同，不过若干平民亦可以学，学者不只贵族而已。从此以后，学过大学的成为"士"，一种新的士，混合贵族平民的士，亦即后所称"士、农、工、商"的"士"，这与以前贵族最低阶级的"士"（卿大夫士之"士"）名同而含量不同。因为他们亦学懂贵族所知的礼，从此他们亦就能仕宦了。

三　古代大学的组织

古代大学的组织，其官师合一处虽为后世太学、国子监组织所从出，但其地位在表面上则与太学、国子监不尽相同。何以知其如此呢？在秦以前，西周只有文化的统一，尚无政治的统一，此亦人所共知。既无政治的统一，则诸侯各邦林立，邦各有大学，亦自然之理。诸侯邦中之学与天子之学大小或异，其性质则相同，并非天子之学在各学之上也。若以现代大学相比拟，则中央大学纵然学生人数有时不妨超越其他大学，然所授课程及其性质仍与各省大学无少差异，这与两汉太学之高于郡国学及明清国子监之高于府县学不同。可以说古代的大学是多数的，无等差的，各国各有他的大学。虽然如此，周同姓各国最早的官师不妨为周所派遣，譬若伯禽封鲁及康叔封卫时皆由周派去"祝、宗、卜、史"，并给他们"备物典策"。前者皆是能教学的官师，后者皆教学所必需用者（皆见《左传》）。但这些人以后就在鲁、卫世传其业，以教授鲁卫的贵族，就不必由周再派遣了。

至于大学的名称，亦约略能知道。譬若周王之学曰辟廱，《毛诗·大雅·灵台》云："于论鼓钟，于乐辟廱。"即是。又若《鲁颂·泮水》云："在泮饮酒"，注以为是泮宫，鲁侯之学。在这里亦可"养老"（行敬老之礼），可见大学与礼关系的密切。《孟子》曰："夏曰校，殷曰序，周曰庠，学则三代共之。"这皆是贵族的学校。《左传》记有郑人游于乡校，讥议国政。按孔子曰："天下有道，则庶人不议。"议国政者必是君子，则乡校仍旧是贵族（君子）的学校而非庶民的。

《周礼》一书，"其真伪亦纷如聚讼，不可缕举"（《四库全书提要》语）。谈上古大学者不敢轻于引用。兹只引其有关教育者二条，以免读者讥其遗漏。"师氏，掌以以媺王，以三德教国子"，郑注："国子，公卿大夫之子弟。"又"掌国中失之事以教国子弟，凡国之贵游子弟学焉"。杜子春以"中"当为"得"，以得失之事教国子，即以历史教贵族子弟；以德教国子，即以礼教国子也。后一官保氏"养国子以道，乃教之六艺，……乃教之六仪……"。这两官所教皆国子，皆是贵族。这与此文最初所说官师合一及只贵族能受大学教育者亦合，这仍是孔子以前的大学教育。《周礼》所保存有较古的记载，有较晚的增加，这两条尚是较早而非晚至战国的。

总之，上古大学教育最初只有官学，至孔子以后始官私并立，定中国历代大学教育的基础。

齐禊亭先生《三字经简注》跋

　　用数字一句编成韵语，使儿童容易讽读，容易记忆，这种方式由来甚古。现所能知道的最早当推《史籀篇》，自班固以至颜师古，皆认为周宣王时所作，虽颇难证明其确实，大抵总是战国时的古书。其后有李斯所作《苍颉篇》，赵高所作《爰历篇》，胡毋敬所作《博学篇》。汉书师合三篇为一，总名《苍颉篇》，凡五十五章，其字多取自《史籀篇》，《汉书·艺文志》称汉武帝时，"司马相如作《凡将篇》，无复字"。至此方说无复字，则《史籀》以下四篇皆有重复字可知。《艺文志》又说杨雄"又乃苍颉中重复之字"，更可证明在杨雄未整理以前的形状。汉元帝时，史游作《急就》，成帝时李长作《元尚》：亦用《苍颉》中字。平帝时杨雄作《训纂》以续《苍颉》，至东汉班固更续《训纂》，贾鲂作《滂熹》，贾升郎更作《彦均》，（彦音盘）皆是同类的作品。这些除《急就》以外，现皆不存。段懋堂据《说文解字》叙所引《苍颉篇》中"幼子承诏"句，以为自《苍颉》至《彦均》皆每章六十字，凡十五句，句皆四字，只《凡将篇》不同。《蜀都赋》注所引"黄润纤美宜制禅"及《艺文类聚》所引"钟磬竽笙筑坎侯"，皆足证明他有七字句。或者他亦如《急就篇》的前三字，后七字为句，亦未可知。《苍颉》以下多佚于唐末，只《急就篇》今仍存在。

　　颜师古《急就篇注·叙》中说："至如蓬门野贱，穷乡幼学，递相承禀，犹竞习之，既无良师，只增僻谬。若夫缓绅秀彦，膏粱子弟，谓之鄙俚，耻于窥涉。"可见至隋唐之世，这类古著作已经不时兴。代之而起的是梁周兴嗣的《千字文》，亦是四字为句，无重复的字，与杨雄改定的《苍颉篇》相同。《百家姓》亦与相类，但性质专采《急就篇》开始所列的姓氏。最后则为《三字经》，每章二韵，改四字为三字，又颇似《急就》前数章。盖《千字文》始盛于隋唐（敦煌有唐写《千字文》注本），《百家姓》始于宋，而《三字经》行于明清。其实这些皆与《苍颉篇》等属于同一系统。不过国人薄今而厚古，遂贱视《三字经》

等书而尊视《苍颉篇》。清代村塾皆以三字经等三书为学童讽读入门之用，亦等于古代学童之讽读《苍颉篇》以识字。因为他们性质相同，结果亦如颜师古所说，渐为雅人所鄙视，号为村书。

今春赵元任先生贤梁孟莅台北，一日，约同访齐如山丈，座中赵夫人谈及《三字经》，如山丈因以禊亭太夫子所简注本出示。厥后余鼓励将之印行，由董彦堂先生商诸艺文主人，遂能实现。太夫子光绪壬辰进士，与蔡子民世丈同榜，仕至户部主事。后附数页用朱字印者，为所改定《三字经》，论时代则在章太炎改定本以前。太夫子生清末维新之际，亟赞成戊戌之变政，又精小学，于许氏《说文》可以随手翻出，不必用检字。侗十有六岁时喜读段王训诂诸书，时常请益，太夫子虽喜其幼年努力，亦尝加以指示，然心实不以为然，尝曰："汝尚年幼，应研究声光电化诸学，训诂则非所亟也。"改定本中所谓"泰西来，史学新，生乎今，必知今"。与此意合。又尝撰一联悬于舍间书斋曰："礼失而求诸野，官失则学在夷，要将古初既坠良谋，损之益之，仍著为令。""从周只述一时，继周能知百世，当思至圣复生今日，博我约我，又订何经？"亦此意也，可窥见太夫子之思想矣。

此本由齐氏族人守郎文书所缮写。太夫子自壬辰以后馆于舍间，授先君与家叔读。而王筱航丈照与为同年，因常来书斋。王丈戊戌所上《参礼部六堂官折》即起草于斯，而为守郎所代缮者，引起八月重新垂帘之远因实由是折。盖怀塔布尚书之妻为孝钦侄女，事发后遂入愬于宫中，则孝钦胸中久有成竹，不必待至项城告密方有所决定也，亦可见王折之重要矣。此对近代史有极大关系，附识之以备掌故。

如山丈以侗从学最晚，然对太夫子生平颇能有所窥见，属跋数语于后，因记其所记忆及《三字经》等书之系统，以告阅是书者。

一九五九年八月